Von Gott erzählen

KONKRETE LITURGIE

herausgegeben von Guido Fuchs

THOMAS HIEKE

Von Gott erzählen

Familiengottesdienste
mit Predigten für Kinder

VERLAG FRIEDRICH PUSTET
REGENSBURG

Bibliografische Information der Deutschen Nationalbibliothek

Die Deutsche Nationalbibliothek verzeichnet diese Publikation
in der Deutschen Nationalbibliografie;
detaillierte bibliografische Daten sind im Internet über
http://dnb.d-nb.de abrufbar.

ISBN 978-3-7917-2578-9
© 2014 by Verlag Friedrich Pustet, Regensburg
Umschlaggestaltung: Martin Veicht, Regensburg
Umschlagbild: © Tom Wang – Fotolia.com
Satz: MedienBüro Monika Fuchs, Hildesheim
Druck und Bindung: Friedrich Pustet, Regensburg
Printed in Germany 2014

Diese Publikation ist auch als eBook erhältlich:
eISBN 978-3-7917-6026-1 (epub)

Weitere Publikationen aus unserem Programm finden Sie auf
www.verlag-pustet.de
www.liturgie-konkret.de

INHALTSVERZEICHNIS

LESEJAHR B

VORWORT

Jeder, der den Namen des Herrn anruft, wird gerettet werden.
Wie sollen sie nun den anrufen, an den sie nicht glauben?
Wie sollen sie an den glauben, von dem sie nichts gehört haben?
Wie sollen sie hören, wenn niemand verkündigt?
Wie soll aber jemand verkündigen, wenn er nicht gesandt ist?
Darum heißt es in der Schrift:
Wie sind die Freudenboten willkommen, die Gutes verkündigen!

Verkündigung tut not! Paulus sagt es uns im Römerbrief (10,13–15) eindringlich und verwendet dabei gleich zwei Zitate aus dem Alten Testament (Joël 3,5 und Jes 52,7). Den Fragen des Paulus möchte man hinzufügen: Wie kann man verkündigen, wenn die Schrifttexte schwer verständlich sind, wenn die Zeit zur Vorbereitung knapp ist, wenn die Zielgruppe besondere Bemühungen erfordert? Gerade wenn Familien mit Kindern und Jugendlichen am Gemeindegottesdienst teilnehmen, wünscht man sich Texte und Predigten, die für diese Zuhörerschaft sensibel ist.

Vielleicht helfen Vorlagen als Ideengeber weiter ... dafür ist dieses Büchlein gedacht. Man kann mit ihnen Wort-Gottes-Feiern und Familiengottesdienste mit Eucharistiefeier gestalten; einiges kann direkt übernommen werden, manches bedarf der Anpassung und Umformung durch die verkündigende Person. Worauf es ankommt, sagt Paulus deutlich: Gutes zu verkündigen! Daher muss kein Prediger, keine Predigerin Bedenken dabei haben, eine Vorlage zu verwenden – die Inspiration zu einer gelingenden, geistvollen Verkündigung kann auch aus einer „Predigthilfe" kommen.

Die in diesem Buch zu den Lesejahren A, B und C zusammengestellten Auslegungen des Alten und Neuen Testaments für Kinder (und manchmal auch für Erwachsene) sind in den Jahren 2005 bis 2011 entstanden. Ich habe sie im Gottesdienst meiner Pfarrgemeinde zu Gehör gebracht. Damit sind sie „praxiserprobt". Leider ist die Gattung „Predigt" immer noch eine Einbahnstraße, so dass unmittelbare Rückmeldungen während oder nach dem Gottesdienst selten sind. Vorher jedoch habe ich die Entwürfe immer mit Frau Rita Schatz, der Leiterin des Kinder- und Jugendchores, die erfahrene Grundschulpädagogin ist, abgestimmt. Ihr und Frau Sabine Hofmann danke ich herzlich für die gute Zusammenarbeit.

Vom Entwurf für einen konkreten Gottesdienst in einer bestimmten (Jahres-)Zeit über die tatsächliche Darbietung hin zu einer Sammlung von Predigtvorschlägen liegt ein Wechsel in der Gattung vor. Daher habe ich z. B. konkrete Anreden (außer bei Fragevorschlägen), vor allem am Anfang, weggelassen. Wer sich den einen oder anderen Text zu eigen machen will, möge die angemessene Anrede an die jeweilige Zielgruppe ergänzen.

Neben die reine „Schriftauslegung" habe ich meist auch weitere Gottesdienstelemente hinzugefügt: Einführungen, Kyrierufe, Fürbitten. Auch die Schrifttexte werden hier mit abgedruckt. Das hat mehrere Gründe: Bisweilen ist die „Perikopierung", also die Auswahl der Abschnitte und vor allem die Kürzung mancher Texte, in der Leseordnung sehr zu hinterfragen, so dass bestimmte Verse über den Text im Lektionar hinaus ergänzt werden. Darüber hinaus musste die Übersetzung an einigen Stellen angepasst werden, sei es, dass die generell zugrunde liegende Einheitsübersetzung zu korrigieren war, sei es, dass mancher Satz kindgerechter (und doch richtig) formuliert werden konnte. Wer die Auslegungen nicht im Gottesdienst verwenden will, sondern nur einfach so lesen möchte, wird dankbar sein, den Schrifttext gleich zur Hand zu haben.

Thomas Hieke

LESEJAHR A

1. ADVENTSSONNTAG A
SCHWERTER ZU PFLUGSCHAREN

Jes 2,1–5; Mt 24,37–44

Einführung Wir feiern wieder Advent. Heute ist der erste der vier Sonntage. Advent heißt „Ankunft" – wir wollen uns vorbereiten, dass Jesus bei uns ankommen kann. Nicht immer machen wir ihm die Tür auf – manchmal sind wir sehr mit uns selbst beschäftigt, oder wir streiten, so dass kein Platz ist für Jesus, der den Frieden auf Erden bringen will.

Kyrie-Rufe Herr Jesus, du kommst in unsere Welt – wir warten auf dich.
Herr Jesus, du bringst den Frieden – wir hoffen auf dich.
Herr Jesus, du rufst uns aus unserem Alltag – wir wollen für dich bereit sein.

Gebet Herr, unser Gott, alles liegt in deinen Händen. Was immer wir tun können, du schenkst uns die Kraft dazu. Hilf uns, dass wir uns um Gerechtigkeit und Frieden bemühen, damit wir Jesus Christus entgegengehen und uns durch Liebe und gute Taten auf seine Ankunft vorbereiten. Dann hoffen wir, dass wir einen guten Platz in deinem Reich erhalten werden. Wir erbitten dies durch Jesus Christus, unseren Herrn, der mit dir und dem Heiligen Geist lebt und herrscht in alle Ewigkeit.

Hinführung zur Lesung

1991 singt Michael Jackson das Lied „Heal the World" – Heilt die Welt, macht sie zu einem lebenswerteren Ort. In diesem Lied, das recht erfolgreich und bekannt war, spricht Michael Jackson von der Hoffnung auf eine bessere Welt für alle Menschen, ohne Hunger, ohne Krieg – mit Nahrung, Kleidung, Bildung für alle. Schön wär's. Michael Jackson hat sich das nicht alles ausgedacht; mindestens eine Zeile in dem Lied stammt aus der Bibel: Die Völker werden ihre „Schwerter zu Pflugscharen schmieden". Der Satz kommt sogar zwei Mal im Alten Testament vor. Hören wir einmal die Lesung aus dem Buch des Propheten Jesaja. Dort steht der Satz ganz am Anfang, gleich im 2. Kapitel.

Lesung
Jes 2,1–5

Lesung aus dem Buch des Propheten Jesaja. Das Wort, das Jesaja, der Sohn des Amoz, in einer Vision über Juda und Jerusalem gehört hat.
² Am Ende der Tage wird es geschehen: Der Berg mit dem Haus des Herrn steht fest gegründet als höchster der Berge; er überragt alle Hügel. Zu ihm strömen alle Völker.
³ Viele Nationen machen sich auf den Weg. Sie sagen: Kommt, wir ziehen hinauf zum Berg des Herrn und zum Haus des Gottes Jakobs. Er zeige uns seine Wege, auf seinen Pfaden wollen wir gehen. Denn von Zion kommt die Weisung des Herrn, aus Jerusalem sein Wort.
⁴ Er spricht Recht im Streit der Völker, er weist viele Nationen zurecht. Dann schmieden sie Pflugscharen aus ihren Schwertern und Winzermesser aus ihren Lanzen. Man zieht nicht mehr das Schwert, Volk gegen Volk, und übt nicht mehr für den Krieg.
⁵ Ihr vom Haus Jakob, kommt, wir wollen unsere Wege gehen im Licht des Herrn.

Auslegung

Jedes Mal, wenn ich diese Worte höre, bin ich begeistert. Hier wird eine unglaubliche Zukunft beschrieben: Alle Völker kommen in einer friedlichen Wallfahrt in Jerusalem, auf dem Berg Zion, am Tempel zusammen. Dort hören sie alle das Wort Gottes. Davon sind sie so begeistert, dass sie Pflugscharen aus ihren Schwertern machen und Winzermesser aus ihren Lanzen. Wir müssen das in unsere Sprache übersetzen: Aus Waffen werden Arbeitswerkzeuge, aus Panzern werden Traktoren, aus Raketen werden Windräder, aus Gewehren werden Skistöcke usw. Stellt euch das mal vor! Und dann heißt es da: Man übt nicht mehr für den Krieg. Der Truppenübungsplatz wird zum Naturpark mit Wanderwegen und Wildbeobachtungsplätzen! – Ist das nicht ein verrückter Gedanke, wenn wir in den Nachrichten sehen, wie viele Kriege geführt werden; wenn wir sehen, welche riesige Summen für Waffen ausgegeben werden?

Ist die Bibel hier völlig verrückt? Ich hoffe nicht. Schließlich wissen wir doch tief in unserem Herzen, dass Krieg etwas Falsches ist, dass Waffen gefährlich sind. Tief in unserem Herzen hoffen wir doch auf Frieden, sehnen uns danach, in den Nachrichten einmal nicht von Toten und Verletzten durch Bomben und Schüsse zu hören. Die Lesung aus dem Jesajabuch spricht uns doch aus dem Herzen. Aber wann und wo wird das sein?

Am Ende der Tage – und auf dem höchsten Berg. Es wird also nicht übermorgen sein und nicht in der irdischen Stadt Jerusalem, die bereits viele Kriege erlebt hat und schon oft in der Geschichte zerstört worden war. Der höchste Berg – das ist ein Bild für ein Ziel, auf das alle Menschen schauen. Und so ist es doch: Nicht nur die Juden, nicht nur die Christen, alle Menschen sollen zum Frieden finden. Die „bessere Welt", von der Michael Jackson gesungen hat, soll doch für alle eintreffen. Wir haben hier ein gemeinsames Ziel.

„Heal the World" – Heilt die Welt, so sang Michael Jackson, und er meinte damit die Menschen. Aber ist das nicht ein bisschen viel verlangt? Du und du und ich, wir alle sollen die Welt besser machen? Das könnte schwierig werden. Wenn wir auf unseren Bibeltext schauen, dann müssen wir nicht alles selbst schaffen. Da ist von der „Weisung des Herrn" die Rede. Das ist das Wort Gottes, die Heilige Schrift, die Bibel. Diese Weisung Gottes bringt die Menschen dazu, ihre Schwerter zu Pflugscharen zu schmieden und nicht mehr für den Krieg zu üben. Kann das gehen? Zuerst ein ganz einfacher Gedanke: Wenn alle Menschen öfter und länger in der Bibel lesen würden, hätten sie weniger Zeit für Streit und Krieg. Sodann aber finden wir doch auch wichtige Sätze in der Bibel, die die Welt besser machen könnten, wenn sich alle daran halten würden: Gerecht handeln, gut sein, treu bleiben, Gott und den Nächsten lieben. Gott hat es uns gesagt, wie wir handeln sollen. Wir vergessen das nur immer wieder (oder es stört uns). Schwerter zu Pflugscharen – die große Hoffnung auf Frieden. Nehmen wir das in diese Adventszeit als ein Bild der Sehnsucht mit. Freuen wir uns nicht nur auf die Geschenke und die Plätzchen, sondern vielleicht auch darauf, dass Gott irgendwann einmal den Frieden Wirklichkeit werden lässt.

Schwerter zu Pflugscharen – das Bild ist aber auch eine Aufforderung, die wir in diese Adventszeit mitnehmen können. Was sind unsere „Schwerter"? Die kleinen und großen Streitigkeiten, die Eifersucht, der Neid – wie schnell sind wir alle, von den Geschwistern bis zur Schulklasse und zum Arbeitsplatz, mit Gehässigkeiten, bösen Worten und mit Gewalt dabei. Vielleicht fangen wir mal damit an, morgen oder in dieser Woche einmal nicht zurückzuschlagen, einmal auf ein böses Wort nicht mit einem noch böseren zu antworten. Schwerter zu Pflugscharen, das heißt auch, mal was ganz anderes und Verrücktes zu machen: Freundlich bleiben, auch wenn der andere Gift und Galle spuckt. Jemandem, der mich ärgert, etwas Gutes tun. Mal sehen, was passiert. Vielleicht wird ja Frieden.

Am Ende der Tage – wann wird das sein? Wir wissen es nicht, und auch Jesus hat es uns nicht gesagt. Aber Jesus sagt uns im Evangelium, dass er (der Menschensohn) zu einer völlig unerwarteten Zeit kommt. Wir sollen wachsam sein und uns bereithalten. Das heißt auch: Wir sollen immer wieder an Jesus denken, auf sein Wort hören, uns um Frieden und Gerechtigkeit mühen.

Evangelium
Mt 24,37–44

Aus dem heiligen Evangelium nach Matthäus.
In jener Zeit sprach Jesus zu seinen Jüngern:
Wie es in den Tagen des Noach war, so wird es bei der Ankunft des Menschensohnes sein.
[38] Wie die Menschen in den Tagen vor der Flut aßen und tranken und heirateten, bis zu dem Tag, an dem Noach in die Arche ging,
[39] und nichts ahnten, bis die Flut hereinbrach und alle wegraffte, so wird es auch bei der Ankunft des Menschensohnes sein.
[40] Dann wird von zwei Männern, die auf dem Feld arbeiten, einer mitgenommen und einer zurückgelassen.
[41] Und von zwei Frauen, die mit derselben Mühle mahlen, wird eine mitgenommen und eine zurückgelassen.
[42] Seid also wachsam! Denn ihr wisst nicht, an welchem Tag euer Herr kommt.
[43] Bedenkt: Wenn der Herr des Hauses wüsste, zu welcher Stunde in der Nacht der Dieb kommt, würde er wach bleiben und nicht zulassen, dass man in sein Haus einbricht.
[44] Darum haltet auch ihr euch bereit! Denn der Menschensohn kommt zu einer Stunde, in der ihr es nicht erwartet.

Fürbitten

Jesus hat uns versprochen, dass er wiederkommen wird und dann das Reich seines Friedens anbricht. Wir wollen uns bereithalten und Jesus um Hilfe bitten:

○ Wir beten für alle, die in dieser Adventszeit in große Hektik geraten und dabei das Wichtigste, die Liebe, vergessen.

Christus, Herr, erhöre uns.

○ Wir beten für alle, die unter Krieg und Elend zu leiden haben.

○ Wir beten für alle, die sich für Frieden und Gerechtigkeit einsetzen – in der Welt, in unserer Schule, in unserer Familie.

17

- Wir beten für unsere Chöre, dass die Lieder die Herzen der Menschen erreichen, sodass Jesus ankommen kann.

Bei Jesus sind unsere Bitten gut aufgehoben. Er ist immer bei uns, jetzt und bis zu dem Tag, wenn er wiederkommt in Herrlichkeit. Amen.

4. ADVENTSSONNTAG A
GOTT IST MIT UNS

Jes 7,10–14; Mt 1,18–24

Material   *Ein leerer Bilderrahmen ohne Bild*

Einführung   Nun haben wir ihn wieder hinter uns, den Advent. Bald ist Heiliger Abend. Geschafft, werden manche von den Müttern und Vätern denken. Und ihr Kinder freut euch sicher schon auf die Geschenke. Aber haben wir uns wirklich richtig auf das Fest vorbereitet? Ist nicht für viele das äußere Drumherum wichtiger als das, was wir an Weihnachten eigentlich feiern? Manchmal kommt mir das Weihnachtsfest, wie es so äußerlich gefeiert wird, wie ein Rahmen ohne Bild vor! Wir haben heute Zeit, darüber etwas nachzudenken.

Kyrie-Rufe   Herr Jesus, bald feiern wir das Fest deiner Geburt als Mensch. Kyrie eleison.
Herr Jesus, du bist die Mitte allen Feierns an Weihnachten. Christe eleison.
Herr Jesus, du lässt uns deine Nähe immer wieder spüren. Kyrie eleison.

Gebet   Guter Gott, mache unsere Herzen für das Geheimnis des Weihnachtsfestes bereit. Durch die Botschaft des Engels haben wir erkannt, dass dein Sohn, Jesus Christus, als Mensch auf diese Erde gekommen ist. Hilf uns zu einem lebendigen Glauben, damit wir stark werden durch deine Nähe. Darum bitten wir durch Jesus Christus.

Hinführung zur Lesung

Was machen denn die Leute so an Weihnachten? – Na, manche wollen einfach nur gut essen und auf dem Sofa ausruhen – oder lange fernsehen, manche brauchen teure Geschenke, deren Gebrauchsanleitungen man stundenlang lesen muss; modisch ist es auch, dass man zum Skifahren verreist oder dass man in ein Land mit viel Sonne fliegt. Weihnachten – ein Rahmen ohne Bild? Viele sind froh über die freie Zeit, endlich kann man tun, was einem selber Spaß macht. Viele verfolgen ihre eigenen Pläne – denkt noch jemand an Gott? Voll sind sie schon, die Kirchen an Weihnachten, das ist gut, aber müssten sie nicht noch viel voller sein? Und warum sind die Kirchen unterm Jahr so leer? Brauchen wir Gott eigentlich noch? Die Frage ist uralt. Schon mehr als 700 Jahre vor Christus gab es in Jerusalem einen König, den Ahas, der hatte seine eigenen Pläne, der brauchte Gott nicht. Er war in einer ziemlichen politischen Zwickmühle, aber er glaubte, dass er das schon alleine schaffen würde. Gott schickte den Propheten Jesaja zu König Ahas. Jesaja sollte ausrichten, dass Ahas nur fest auf Gott vertrauen sollte, dann bräuchte er sich keine Sorgen machen. Aber das war Ahas zu unsicher, er wollte selbst die Sache regeln. Und in dieser Lage spricht Jesaja ein wichtiges Wort, das bis heute gilt. Hören wir die Lesung.

Lesung

Jes 7,10–14

Lesung aus dem Buch Jesaja.

Der Herr sprach noch einmal zu Ahas; er sagte:
[11] Erbitte dir vom Herrn, deinem Gott, ein Zeichen, sei es von unten, aus der Unterwelt, oder von oben, aus der Höhe.
[12] Ahas antwortete: Ich will um nichts bitten und den Herrn nicht auf die Probe stellen.
[13] Da sagte Jesaja: Hört her, ihr vom Haus David! Genügt es euch nicht, Menschen zu belästigen? Müsst ihr auch noch meinen Gott belästigen?
[14] Darum wird euch der Herr von sich aus ein Zeichen geben: Seht, die Jungfrau wird ein Kind empfangen, sie wird einen Sohn gebären und sie wird ihm den Namen Immanuel (Gott mit uns) geben.

Ahas macht es Gott schwer, denn er will nichts von Gottes Beistand wissen. Er meint, er weiß selber, wie er es machen soll. Das kommt mir irgendwie bekannt vor. Wir leben, handeln und denken doch auch oft so, als bräuchten wir Gott nicht oder gar, als gäbe es Gott nicht. Wir schaffen alles selber, von ganz alleine. Wenn Kleinkinder groß werden, sind sie stolz, wenn sie etwas „ganz alleine" können: laufen, sich anziehen, mit Besteck essen usw. „Ich schaff das schon, ich schaff das schon, ich schaff das ganz alleine …". Das ist schon gut, aber was ist, wenn diese Einstellung überhand nimmt? Ist es nicht schlimm, wenn sich ein Mensch nicht helfen lässt? Wenn einer meint, er kann alles ganz alleine? Wer so denkt, braucht auch keinen Gott, der braucht auch kein Weihnachten, dem reicht der Rahmen ohne Bild. Gott aber bietet uns seine Nähe und seine Hilfe an. Nicht so, dass da plötzlich ein Engel vom Himmel rauscht und alle unsere Wünsche erfüllt. Aber habt ihr das nicht auch schon erlebt, dass in schwierigen Situationen, wenn wir Angst und Sorgen und Probleme haben, sich plötzlich irgendeine Lösung anbietet, dass da einer ist, der einen guten Satz sagt, z. B. jemand von den Eltern oder den älteren Geschwistern oder ein Freund, eine Freundin. Es kommt nun drauf an, dass wir dafür auch hellhörig werden, ein offenes Ohr und ein offenes Herz haben – statt zu sagen: Nein, das brauch ich nicht, ich weiß das schon, ich kann das alleine. Manchmal sind wir doch so bockig (wie der König Ahas), und dann kann uns keiner mehr helfen – auch Gott nicht. Wenn wir also erfahren wollen, dass Gott mit uns ist, brauchen wir ein waches Herz, Aufmerksamkeit, Zeit zum Nachdenken, Freundschaft, Liebe. Dann sehen wir plötzlich die kleinen Zeichen, dass wir nicht allein sind, dass Gott bei uns ist mit seinen Engeln, die oft wie uns sehr bekannte Menschen aussehen. Ein Mensch im Neuen Testament war besonders vorbildlich und hat die Mahnung des Propheten Jesaja gut umgesetzt: der heilige Josef. Er war schon in einer ganz schönen Zwickmühle: Da ist er mit einer Frau verlobt, die ein Kind erwartet, und er ist sicher nicht der Vater. Normalerweise müsste Josef mit Maria Schluss machen. Aber dann würde er nur seine eigenen Pläne verfolgen. Josef hat ein waches Herz, selbst wenn er schläft: Irgendwie – die Bibel sagt: im Traum – merkt er, dass er auf Gott vertrauen soll und sich auf Maria und das Kind einlassen soll. Gut, dass Josef das gemacht hat – so kann Weihnachten werden: Gott kommt uns Menschen ganz nahe in seinem Sohn, in Jesus in der Krippe. Das ist das Bild, auf das es ankommt, alles andere ist nur Rahmen. Und für uns kommt es darauf an, dass wir uns darauf einlassen, dass Gott uns helfen will, dass wir die Zeichen seiner Nähe entdecken: Wenn uns jemand hilft, wenn uns jemand lieb hat, wenn uns jemand braucht. Dann ist Gott mit uns.

Evangelium
Mt 1,18–24

Aus dem heiligen Evangelium nach Matthäus.
Mit der Geburt Jesu Christi war es so: Maria, seine Mutter, war mit Josef verlobt; noch bevor sie zusammengekommen waren, zeigte sich, dass sie ein Kind erwartete – durch das Wirken des Heiligen Geistes.
[19] Josef, ihr Mann, der gerecht war und sie nicht bloßstellen wollte, beschloss, sich in aller Stille von ihr zu trennen.
[20] Während er noch darüber nachdachte, erschien ihm ein Engel des Herrn im Traum und sagte: Josef, Sohn Davids, fürchte dich nicht, Maria als deine Frau zu dir zu nehmen; denn das Kind, das sie erwartet, ist vom Heiligen Geist.
[21] Sie wird einen Sohn gebären; ihm sollst du den Namen Jesus geben; denn er wird sein Volk von seinen Sünden erlösen.
[22] Dies alles ist geschehen, damit sich erfüllte, was der Herr durch den Propheten gesagt hat:
[23] Seht, die Jungfrau wird ein Kind empfangen, einen Sohn wird sie gebären, und man wird ihm den Namen Immanuel geben, das heißt übersetzt: Gott ist mit uns.

²⁴ Als Josef erwachte, tat er, was der Engel des Herrn ihm befohlen hatte, und nahm seine Frau zu sich.

<table>
<tr><td>**Fürbitten**</td><td>

Gottes Sohn Jesus ist als Mensch auf diese Erde gekommen, um uns zu zeigen, wie sehr Gott alle Menschen liebt. Wie tragen ihm unsere Anliegen vor. Treuer Gott: Wir bitten dich, erhöre uns.

</td></tr>
</table>

Fürbitten

Gottes Sohn Jesus ist als Mensch auf diese Erde gekommen, um uns zu zeigen, wie sehr Gott alle Menschen liebt. Wie tragen ihm unsere Anliegen vor. Treuer Gott: Wir bitten dich, erhöre uns.

o Wir beten für alle Menschen, die an dich glauben und sich auf das Weihnachtsfest vorbereiten – lass sie deine Nähe erfahren.

o Wir beten für alle, die allein sind und sich vor den Feiertagen fürchten – lass sie eine frohe Überraschung erleben.

o Wir beten für alle, die dich vergessen, weil sie zu viel Stress und Sorgen haben oder alles alleine machen wollen.

o Wir beten für alle, die Hilfe brauchen, bei uns und in der Welt, wo es viel Not und Leid gibt – lass diese Menschen nicht allein.

Du, Gott, erfüllst unsere Sehnsucht nach Glück und Liebe. Wir brauchen dich. Wir danken dir für alle Zeichen deiner Nähe. Amen.

VON DER KRIPPE ZUM KREUZ

Apg 6,8–10; 7,54–60; Mt 10,17–22

Einführung

Hattet ihr ein schönes Weihnachtsfest? Habt ihr viel Freude erlebt? – Oder gab es auch mal Streit? – Weihnachten ist ja keine Garantie dafür, dass immer nur Friede, Freude, Eierkuchen ist. Und wenn wir uns daran erinnern, was wir an Weihnachten aus der Bibel gehört haben, dann war da nicht alles in Ordnung! Denkt mal an die Herbergssuche: War das etwa ok, dass Maria und Josef dauernd abgewiesen wurden und in einem armseligen Stall unterkommen mussten? Und eine Futterkrippe ist eigentlich für das Vieh, nicht für ein neugeborenes Baby. Es ist zu befürchten, dass die Sache mit Jesus nicht ganz so einfach und glatt abgeht. Darüber müssen wir heute nachdenken, wenn wir das Fest des heiligen Stephanus feiern, der als der erster, der sich zu Jesus bekannt hat, für seinen Glauben getötet wurde.

Kyrie-Rufe

Jesus,
du bist der Grund unserer Freude an Weihnachten.
Jesus, du bist wahrer Mensch geworden.
Jesus, du willst, dass wir uns zu dir bekennen.

Gebet

Allmächtiger Gott, wir ehren am heutigen Fest den heiligen Stephanus als den ersten Märtyrer deiner Kirche. Gib, dass auch wir unsere Feinde lieben und so das Beispiel des heiligen Stephanus nachahmen, der für seine Verfolger gebetet hat. Darum bitten wir durch Jesus Christus.

Hinführung zur Lesung

Wenn wir am zweiten Weihnachtstag zum Gottesdienst kommen, dann wollen wir eigentlich noch einmal Weihnachten feiern: Es soll nachklingen, was wir am Fest der Geburt Jesu gehört und gefeiert haben. Vor allem die schönen Lieder wollen wir singen – oder haben wir davon schon die Nase voll, weil sie dauernd in den Wochen vorher gedudelt wurden?

Ich muss euch aber warnen: Das Fest des heiligen Stephanus, das wir heute feiern, ist gar nicht so kuschelig. Stephanus hat sehr früh den Glauben an Jesus Christus angenommen: Er hat noch von den Aposteln die Hände aufgelegt bekommen und war ein Diener der Kirche – griechisch nennt man das „Diakon". Und er ist recht erfolgreich, was wiederum einer Reihe von Leuten, die die Kirche Jesu Christi verfolgt haben, gar nicht passte. Stephanus bezeugt seinen Glauben an Jesus mit seinem Leben – und wird am Ende wie Jesus selbst hingerichtet.

Lesung

Apg 6,8–10

Lesung aus der Apostelgeschichte.

Stephanus, voll Gnade und Kraft, tat Wunder und große Zeichen unter dem Volk.

⁹ Doch einige von der sogenannten Synagoge der Libertiner und Zyrenäer und Alexandriner und Leute aus Zilizien und der Provinz Asien erhoben sich, um mit Stephanus zu streiten;

¹⁰ aber sie konnten der Weisheit und dem Geist, mit dem er sprach, nicht widerstehen.

Apg 7,54–60

Als sie [seine lange Predigt und sein Bekenntnis zu Jesus] hörten, waren sie aufs Äußerste über ihn empört und knirschten mit den Zähnen.

⁵⁵ Er aber, erfüllt vom Heiligen Geist, blickte zum Himmel empor, sah die Herrlichkeit Gottes und Jesus zur Rechten Gottes stehen

⁵⁶ und rief: Ich sehe den Himmel offen und den Menschensohn zur Rechten Gottes stehen.

⁵⁷ Da erhoben sie ein lautes Geschrei, hielten sich die Ohren zu, stürmten gemeinsam auf ihn los,

⁵⁸ trieben ihn zur Stadt hinaus und steinigten ihn. Die Zeugen legten ihre Kleider zu Füßen eines jungen Mannes nieder, der Saulus hieß.

⁵⁹ So steinigten sie Stephanus; er aber betete und rief: Herr Jesus, nimm meinen Geist auf!

⁶⁰ Dann sank er in die Knie und schrie laut: Herr, rechne ihnen diese Sünde nicht an! Nach diesen Worten starb er.

Auslegung Die weihnachtliche Welt scheint von einem Tag auf den anderen verändert. Wir hören von Hass und Verfolgung und schließlich vom Mord an dem Diakon Stephanus. Muss das denn sein, dass wir die Gegensätze so aufeinander prallen lassen: gefühlvolle Weihnacht mit Gedanken des Friedens und brutale Gewalt mit tödlichem Ausgang? Sind wir darauf nicht vorbereitet, haben wir damit nicht gerechnet? Wie war das denn mit unseren Vorbereitungen auf Weihnachten? Wir haben zu Hause und hier in der Kirche den Tannenbaum geschmückt und die Krippe aufgestellt. Vielleicht stehen Christbaum und Krippe manchmal genau unter dem Kreuz. Niemand von uns kommt auf die Idee, das Kreuz abzuhängen, weil es vielleicht nicht so ganz zur weihnachtlichen Stimmung passt. Als Christen haben wir schon sehr früh gelernt, dass das echte Weihnachten nicht ein Kinderspiel ist, dass es nicht nur um Schafhirten auf Betlehems Feldern geht. Weihnachten ist das Geburtsfest von Jesus – und damit der Anfang einer einzigartigen Rettungsaktion Gottes für alle Menschen. Gott will damit alle Menschen aus Not und Elend, aus Angst und Verzweiflung herausholen. Und so geht Gottes Sohn Jesus keiner Not und keiner Härte aus dem Weg. Jesus hat keine Angst vor irgendwelchen mächtigen Leuten, die die Armen terrorisieren, Jesus schweigt nicht, wenn Unrecht geschieht. Jesus kriegt Schwierigkeiten, aber er geht seinen Weg, er kneift nicht, bis er am Kreuz endet. Wenn wir einfach von Weihnachten aus weiterdenken und sehen, was aus dem Jesus-Kind geworden ist, dann merken wir, dass zur Krippe auch das Kreuz gehört. Und so feiern wir in der Kirche zu Weihnachten auch den ersten Märtyrer, den Diakon Stephanus. Er war einer der sieben Diakone, die in der Gemeinde von Jerusalem eingesetzt wurden: Er sollte das Wort

Gottes verkünden und sich besonders um die Armen kümmern. Man kann sich gut vorstellen, dass Leute mit einer solchen Aufgabe in die Schusslinie und in die Kritik geraten. Stephanus redet und handelt aus seinem Glauben heraus. Er hilft allen, die in Not geraten sind, den Kranken und Armen. So macht er sich einen Namen in der Öffentlichkeit und gewinnt an Einfluss.

Gerade das ist bestimmten Leuten immer verdächtig, die auf Macht und Einfluss versessen sind. Wir hören, wie solche Leute auf die Worte von Stephanus reagieren: Sie fangen ein großes Geschrei an und halten sich die Ohren zu, um nur ja nichts mehr von den wichtigen Worten des Stephanus hören zu müssen.

Nicht nur Kinder handeln manchmal so bockig, sondern auch Erwachsene: Sie wollen einfach nicht mehr zuhören, weil sie unbedingt recht behalten wollen. So kommt es zum Streit, im schlimmsten Fall zu Gewalt. Wir sollten daraus lernen. Aber das, was Stephanus erleiden musste, mussten viele Menschen nach ihm auch erfahren.

Der Tod des Stephanus war der Anfang einer Verfolgung: Viele Christen wurden aus Jerusalem aufs Land vertrieben. Und genau das führte zur Ausbreitung der neuen Botschaft von Jesus: Jesus wurde ein Mensch unter Menschen, einer von uns. So rettet Gott alle Menschen aus Trauer, Not, Verzweiflung – und auch aus dem Tod.

Evangelium
Mt 10,17–22

Aus dem heiligen Evangelium nach Matthäus.

In jener Zeit sagte Jesus: Nehmt euch aber vor den Menschen in Acht! Denn sie werden euch vor die Gerichte bringen und in ihren Synagogen auspeitschen.

[18] Ihr werdet um meinetwillen vor Statthalter und Könige geführt, damit ihr vor ihnen und den Heiden Zeugnis ablegt.

[19] Wenn man euch vor Gericht stellt, macht euch keine Sorgen, wie und was ihr reden sollt; denn es wird euch in jener Stunde eingegeben, was ihr sagen sollt.

[20] Nicht ihr werdet dann reden, sondern der Geist eures Vaters wird durch euch reden. [21] Brüder werden einander dem Tod ausliefern und Väter ihre Kinder, und die Kinder werden sich gegen ihre Eltern auflehnen und sie in den Tod schicken. [22] Und ihr werdet um meines Namens willen von allen gehasst werden; wer aber bis zum Ende standhaft bleibt, der wird gerettet.

Fürbitten

Jesus Christus, Gottes Sohn, ist Mensch geworden und trägt unsere Bitten und Anliegen vor Gott hin:

○ Wir beten für alle Christen, die wegen ihres Glaubens verfolgt und vor Gericht gestellt werden: Herr, hilf ihnen, mutig Zeugnis für dich abzulegen.

Christus, höre uns.

○ Wir beten für alle Gegner der Kirche: Befreie sie von Hass und Vorurteilen und schenke ihnen gute Erfahrungen.

○ Wir beten für uns selbst: Hilf uns immer tiefer zu verstehen, was Weihnachten bedeutet: dass du Mensch geworden bist.

○ Wir beten für alle, die im Glauben an dich gestorben sind: Nimm sie auf in das Reich deines Friedens.

Jesus, du bist bei uns alle Tage, auch dann, wenn wir in Schwierigkeiten kommen. Für deine Hilfe und Nähe danken wir dir von Herzen. Amen.

Hinweis

Allen, die Stephan/Stefan oder Stephanie/Stefanie heißen, wünschen wir alles Gute zum Namenstag.

HÖR AUF GOTTES STIMME!

Gen 2,7–9.16–17; 3,1–6; Mt 4,1–11

Einführung Alles Mögliche wird uns täglich eingeflüstert. Die Werbung sagt uns, wir sollen unbedingt dieses tolle Spiel kaufen, die Freunde wollen, dass man bei dieser Sache auf jeden Fall mitmacht (sonst gehörst du nicht mehr zu uns!). Dann sagen auch noch die Lehrer und die Eltern, man solle jenes tun und dieses lassen worauf sollen wir noch hören?

Am Beginn unseres Gottesdienstes rufen wir zu Jesus, der jetzt in unserer Mitte ist, und uns mit seiner Botschaft Worte für unser Leben schenkt.

Kyrie-Rufe Herr Jesus, du bist uns nahe und zeigst uns den richtigen Weg.

Herr Jesus, du lässt uns umkehren, zu Gott, wenn wir den Weg verfehlt haben.

Herr Jesus, du sprichst zu uns, wenn wir uns entscheiden müssen.

Gebet Großer und guter Gott, du schenkst uns nun vierzig Tage, in denen wir besonders über unser Leben nachdenken sollen. Sei uns in dieser Zeit besonders nahe, dass wir auf dich und die Botschaft Jesu Christi hören und uns für das entscheiden, was uns und unserer Gemeinschaft und Familie gut tut. Darum bitten wir durch Jesus Christus.

Hinführung zur Lesung

Frage (an die Erwachsenen)

Welches ist das erste Gebot? …

Nein, ich meine das erste, das in der Bibel steht, wenn man vorne anfängt?

Die Antwort lautet: „Vom Baum der Erkenntnis von Gut und Böse darfst du nicht essen!" So steht es im ersten Buch der Bibel, dem Buch Genesis.

Lesung	Lesung aus dem Buch Genesis.
Gen 2,7–9	Damals formte Gott, der Herr, den Menschen aus Erde vom Ackerboden und blies in seine Nase den Lebensatem. So wurde der Mensch zu einem lebendigen Wesen.

Lesung   Lesung aus dem Buch Genesis.

Gen 2,7–9   Damals formte Gott, der Herr, den Menschen aus Erde vom Ackerboden und blies in seine Nase den Lebensatem. So wurde der Mensch zu einem lebendigen Wesen.
[8] Dann legte Gott, der Herr, in Eden, im Osten, einen Garten an und setzte dorthin den Menschen, den er geformt hatte.
[9] Gott, der Herr, ließ aus dem Ackerboden allerlei Bäume wachsen, verlockend anzusehen und mit köstlichen Früchten, in der Mitte des Gartens aber den Baum des Lebens und den Baum der Erkenntnis von Gut und Böse.

Gen 2,16–17   Dann gebot Gott, der Herr, dem Menschen: Von allen Bäumen des Gartens darfst du essen,
[17] doch vom Baum der Erkenntnis von Gut und Böse darfst du nicht essen; denn sobald du davon isst, wirst du sterben.

Frage   Und? Wird sich der Mensch daran halten?

Gen 3,1–6   Die Schlange war schlauer als alle Tiere des Feldes, die Gott, der Herr, gemacht hatte. Sie sagte zu der Frau: Hat Gott wirklich gesagt: Ihr dürft von keinem Baum des Gartens essen?
[2] Die Frau entgegnete der Schlange: Von den Früchten der Bäume im Garten dürfen wir essen;
[3] nur von den Früchten des Baumes, der in der Mitte des Gartens steht, hat Gott gesagt: Davon dürft ihr nicht essen und daran dürft ihr nicht rühren, sonst werdet ihr sterben.
[4] Darauf sagte die Schlange zur Frau: Nein, ihr werdet nicht sterben.
[5] Gott weiß vielmehr: Sobald ihr davon esst, gehen euch die Augen auf; ihr werdet wie Gott und erkennt Gut und Böse.
[6] Da sah die Frau, dass es köstlich wäre, von dem Baum zu essen, dass der Baum eine Augenweide war und dazu verlockte, klug zu werden. Sie nahm von seinen Früchten und aß; sie gab auch ihrem Mann, der bei ihr war, und auch er aß.

Und? Werden die beiden gleich tot umfallen? (–)

Überleitung zum Evangelium

Ich habe mich immer gefragt, was dieses seltsame Gebot bedeutet: Ausgerechnet von einem bestimmten Baum dürfen die Menschen im Paradies nicht essen. Wahrscheinlich geht es gar nicht um das Essen von Obst. Vielmehr ist das Gebot, nicht von diesem Baum zu essen, ein Bild. Es ist ein Platzhalter für alle Weisungen, die uns Gott gibt: Wir sollen auf Gott hören (und nicht auf irgendjemanden anderen!), dann ist das gut für unser Leben.

Und wenn wir es nicht tun? Wir fallen nicht gleich tot um. Gott gibt uns noch eine Chance.

Im Evangelium heute flüstert jemand (die Bibel nennt diesen „jemand" „Teufel") dem Jesus allerlei ein. Mal sehen, wie sich Jesus dagegen wehrt.

Evangelium
Mt 4,1–11

Aus dem heiligen Evangelium nach Matthäus.

In jener Zeit wurde Jesus vom Geist in die Wüste geführt; dort sollte er vom Teufel in Versuchung geführt werden.

[2] Als er vierzig Tage und vierzig Nächte gefastet hatte, bekam er Hunger.

[3] Da trat der Versucher an ihn heran und sagte: Wenn du Gottes Sohn bist, so befiehl, dass aus diesen Steinen Brot wird.

[4] Er aber antwortete: In der Schrift heißt es: Der Mensch lebt nicht nur von Brot, sondern von jedem Wort, das aus Gottes Mund kommt.

[5] Darauf nahm ihn der Teufel mit sich in die Heilige Stadt, stellte ihn oben auf den Tempel

[6] und sagte zu ihm: Wenn du Gottes Sohn bist, so stürz dich hinab; denn es heißt in der Schrift: Seinen Engeln befiehlt er, dich auf ihren Händen zu tragen, damit dein Fuß nicht an einen Stein stößt.

[7] Jesus antwortete ihm: In der Schrift heißt es auch: Du sollst den Herrn, deinen Gott, nicht auf die Probe stellen.

⁸ Wieder nahm ihn der Teufel mit sich und führte ihn auf einen sehr hohen Berg; er zeigte ihm alle Reiche der Welt mit ihrer Pracht
⁹ und sagte zu ihm: Das alles will ich dir geben, wenn du dich vor mir niederwirfst und mich anbetest.
¹⁰ Da sagte Jesus zu ihm: Weg mit dir, Satan! Denn in der Schrift steht: Vor dem Herrn, deinem Gott, sollst du dich niederwerfen und ihm allein dienen.
¹¹ Darauf ließ der Teufel von ihm ab und es kamen Engel und dienten ihm.

Auslegung

Das war kein Teufel aus dem Kasperltheater, mit dem sich Jesus da unterhalten hat. „Teufel" – das steht hier für all das, was uns Menschen (und Jesus ist da ganz einer von uns) so alles eingeflüstert wird oder auch das, was uns einfällt, von dem wir eigentlich genau wissen, dass es schlecht ist (und wir möchten es doch gerne tun ...)
Was soll Jesus alles tun?
Zaubern: Aus Steinen Brot machen, das heißt, alles haben wollen. Das ist nicht gut für uns, weil wir dann immer noch mehr haben wollen und gar nicht glücklich werden ...
Mal ausprobieren, ob Gott doch auf ihn aufpasst ...
Wollen wir nicht auch manchmal Gott auf die Probe stellen? Wir sagen: Wird schon gut gehen – und machen dann ganz waghalsige Sachen, von denen wir genau wissen, dass es nicht gut ist (z. B. mit dem Fahrrad rasend schnell den Berg runterfahren oder irgendwo raufklettern ...). Gott wird schon auf mich aufpassen. Vorsicht!
Den Teufel anbeten, damit er König der Welt wird. Wie oft versprechen uns alle möglichen Leute dieses und jenes, wenn wir nur tun, was sie wollen. „Wenn du zu uns gehören willst, dann musst du uns aus dem Laden eine CD klauen" – du weißt genau, dass es falsch ist. Dann höre auf die Stimme, die dir sagt, was falsch ist und tue es nicht! Auch wenn dir deine angeblichen Freunde versprechen, dass sie immer zu dir halten werden! Ihr wisst, was gut ist – Gott

sagt es euch in euer Herz! Hören wir auf diese Stimme – und nicht auf große Versprechungen von irgendwelchen Leuten.

Fürbitten Zu Gott, der uns in der Bibel gesagt hat, was gut für uns ist und es auch heute in unser Herz sagt, bringen wir unsere Anliegen und bitten ihn:

○ Guter Gott, hilf deinen Gläubigen, auf dich und dein Wort zu hören, damit sie richtig handeln und tun, was für alle gut ist.

Wir bitten dich, erhöre uns.

○ Guter Gott, führe alle Menschen, die Falsches und Böses getan haben, wieder auf den richtigen Weg zurück.

○ Guter Gott, sei allen nahe, die in große Not geraten sind.

○ Guter Gott, tröste alle, die um verstorbene Angehörige trauern, und gib uns allen die Hoffnung auf ein Leben bei dir ins Herz.

Großer Gott, stärke in den vierzig Tagen der Fastenzeit unseren Glauben, sprich uns an, dass wir dich hören. Darum bitten wir durch Jesus Christus, unsern Herrn. Amen.

KOMM, GEH MIT MIR, WIR FINDEN DEN SCHATZ

Lev 26,3–6.10–13; Mt 13,44–46

Einführung Wir begrüßen heute besonders die Kommunionkinder dieses Jahres und ihre Eltern im Gottesdienst. Das Thema der Vorbereitung auf die Erstkommunion ist „Komm, geh mit mir, wir finden den Schatz". Wir machen uns heute auf eine Schatzsuche. Ihr könnt schon mal überlegen, wo in unserer Kirche hier der allergrößte und wertvollste Schatz aufbewahrt ist. – Zuerst aber wollen wir uns vorbereiten und Jesus um Hilfe und Erbarmen anrufen.

Kyrie-Rufe Herr Jesus, du kommst jetzt zu uns und wir kommen zu dir.
Herr Jesus, bei dir erfahren wir Gemeinschaft und Freude.
Herr Jesus, hilf uns in unseren Sorgen und Fragen.

Gebet Großer und guter Gott, du bist der Herr über Himmel und Erde, du kennst die Herzen der Menschen. Wir kommen mit Vertrauen und Hoffnung zu dir. Hilf uns zu erkennen, dass der Glaube an dich und deine Weisung den Weg zu Gerechtigkeit und Frieden führt. Darum bitten wir durch Jesus Christus.

Hinführung zur Lesung

Liebe Kinder, wenn ihr euch unsere Kirche so anschaut, dann ist es doch eigentlich sehr leicht zu sehen, wo in unserer Kirche ein wertvoller Schatz versteckt ist. Wollen wir mal raten?

Blicke allmählich auf den Tabernakel hinlenken

Das Wertvollste, das man in einer (katholischen) Kirche findet, ist – der Tabernakel. Hier bewahren wir katholischen Christen das auf, was uns das Wichtigste und Wertvollste ist: das heilige Brot, der Leib Christi. So, jetzt habe ich euch schon das Ende unserer Schatzsuche verraten.

Aber so einfach ist das natürlich nicht. Frage an die Erwachsenen: Haben Sie das eigentlich verstanden, warum das heilige Brot das Wertvollste ist, das wir aufzubewahren haben? Ja, so einfach ist das nicht! Ich glaube, wir müssen uns noch einmal auf die Schatzsuche machen und miteinander suchen, warum unser Schatz dort ist, und was das überhaupt alles bedeutet.

Machen wir dazu mal einen Ausflug in eine andere Religion, die unserem christlichen Glauben vorausgeht: Wenn man jemanden aus dem Judentum fragt, was ihnen in ihrer Synagoge das Wertvollste ist, dann wird er auch auf einen Schrank an der Wand verweisen. Was ist da drin? Die Tora, das ist eine große Rolle mit der Heiligen Schrift, den fünf Büchern des Mose. Und warum ist das so wertvoll? Im Judentum freut man sich darüber, dass in der Tora geschrieben steht, was Gott will – und Gott hat versprochen, dass es einem gut gehen wird und dass einem alles gelingt, wenn man sich daran hält. Das hören wir jetzt in der Lesung.

Lesung
Lev 26,3–6

Lesung aus dem Buch Levitikus.
So spricht Gott, der Herr, zu den Israeliten:
Wenn ihr nach meinen Satzungen handelt, auf meine Gebote achtet und sie befolgt,
⁴ so gebe ich euch Regen zur rechten Zeit; die Erde liefert ihren Ertrag, und der Baum des Feldes gibt seine Früchte;
⁵ die Dreschzeit reicht bei euch bis zur Weinlese und die Weinlese bis zur Aussaat. Ihr esst euch satt an eurem Brot und wohnt in eurem Land in Sicherheit.
⁶ Ich schaffe Frieden im Land: Ihr legt euch nieder und niemand schreckt euch auf. Ich lasse die Raubtiere

aus dem Land verschwinden. Kein Schwert kommt über euer Land.

Lev 6,10–13 Ihr werdet noch von der alten Ernte zu essen haben und das Alte hinausschaffen müssen, um Platz für das Neue zu haben.

[11] Ich schlage meine Wohnstätte in eurer Mitte auf und habe gegen euch keine Abneigung.

[12] Ich gehe in eurer Mitte; ich bin euer Gott und ihr seid mein Volk.

[13] Ich bin der Herr, euer Gott, der euch aus dem Land der Ägypter herausgeführt hat, sodass ihr nicht mehr ihre Sklaven zu sein braucht.

Überleitung zum Evangelium

Die Menschen im Judentum freuen sich, weil sie von Gott die Weisung für ihr Leben bekommen haben. Danach leben sie und werden glücklich – oder auch nicht: Sie leben nicht danach und erleben viel Unglück. Je nach dem. Trotzdem freuen sie sich über die Tora. Sie sind froh, dass sie Gottes Wort in einem Buch haben. Dieses Buch ist für sie wie ein Schatz.

Auch für uns Christen ist das Wort Gottes, die Bibel, sehr wertvoll. Wir lesen daraus jeden Sonntag. Wer wissen will, was es heißt, an Gott zu glauben, auf Gott zu vertrauen, der findet in der Bibel viele Schätze. Jesus selbst erzählt von einem Schatz im Acker, von einer besonders wertvollen Perle. Wir hören davon im Evangelium.

Evangelium Aus dem heiligen Evangelium nach Matthäus.

Mt 13,44–46 In jener Zeit sagte Jesus: Mit dem Himmelreich ist es wie mit einem Schatz, der in einem Acker vergraben war. Ein Mann entdeckte ihn, grub ihn aber wieder ein. Und in seiner Freude verkaufte er alles, was er besaß, und kaufte den Acker.

[45] Auch ist es mit dem Himmelreich wie mit einem Kaufmann, der schöne Perlen suchte.

[46] Als er eine besonders wertvolle Perle fand, verkaufte er alles, was er besaß, und kaufte sie.

Auslegung Jesus erzählt von einem Schatz und von einer wertvollen Perle. Ein Mensch findet dieses wertvolle Teil, und er gibt alles her, was er bisher hatte, um den wertvollen Schatz, die kostbare Perle zu bekommen. Jesus meint damit „das Himmelreich", das Reich Gottes. Es geht nicht darum, dass wir irgendwo eine Kiste mit Gold, Perlen und Edelsteinen aus der Erde holen. Der Schatz, von dem Jesus spricht, ist der Glaube an Gott, das Vertrauen darauf, dass es Gott gibt und dass er es gut mit uns meint. „Himmelreich" nennt Jesus das. Und das soll ein Schatz sein? Das soll etwas Wertvolles sein? Ich denke schon. Wir haben uns am Elternabend der Kommunionkinder gefragt: Was ist uns am Glauben an Gott und Jesus so wertvoll, so wichtig? Die Eltern haben Folgendes gesagt:

Der Glaube an Gott und Jesus ist für mich wertvoll/ wichtig,
weil ich dann eine Hoffnung habe (z. B. über den Tod hinaus),
weil ich Gemeinschaft erlebe,
weil ich Wertmaßstäbe habe,
weil ich von Gott/Jesus eine Weg-Weisung habe,
weil ich mit Gott/Jesus nie allein bin (Wer glaubt, ist nie allein),
weil ich weiß, dass ich geliebt werde,
weil ich durch den Glauben Kraft erfahre,
weil ich mich bei Gott geborgen fühle.
Die Eltern haben mit ihren Kindern darüber gesprochen. Unsere Kommunionkinder werden sich nun vorstellen und dabei auch einen Satz sagen, warum der Glaube an Jesus für sie ein wertvoller Schatz, eine kostbare Perle ist.

Beispiel Ich heiße Michael und komme aus ...
Der Glaube an Jesus ist für mich wertvoll, weil ich da Gemeinschaft mit anderen erfahre.

Fürbitten

Wir glauben daran, dass das Himmelreich ein wertvoller Schatz ist. Unser Glaube soll uns Kraft geben. Daher sprechen wir unsere Anliegen vor Gott aus:

○ Guter Gott, hilf allen, die an dich glauben, deine Weisung, dein gutes Wort, immer tiefer zu verstehen.

Wir bitten dich, erhöre uns.

○ Guter Gott, lass in unserer Pfarrei und allen christlichen Gemeinschaften Liebe und Frieden im Gottesdienst und im Alltag erfahrbar werden.

○ Guter Gott, gib allen Menschen die Kraft, andere zu lieben und ihnen Gutes zu tun.

○ Guter Gott, stärke in allen Glaubenden die Hoffnung auf das Leben bei dir und gib unseren Verstorbenen den ewigen Frieden in deinem Reich.

Großer und guter Gott, diese Anliegen und alles, was wir an Freude und Sorgen in unseren Herzen tragen, bringen wir vor dich hin. Bei dir wissen wir uns gut aufgehoben, jetzt und alle Zeit unseres Lebens. Amen.

DER SCHATZ DES GLAUBENS

Apg 2,42–47; Joh 20,19–31

Einführung
Zu unserem Erstkommuniongottesdienst heißen wir die Kinder, ihre Eltern, Verwandte und Freunde herzlich willkommen. Die Erstkommunionkinder haben sich auf die Suche nach dem Schatz gemacht, und ich glaube, sie haben ihn gefunden. Es ist der Schatz des Glaubens: In dem heiligen Brot kommt Jesus ganz nahe zu uns. Wir feiern dieses Fest in der großen Gemeinschaft von allen, die an Jesus glauben. Am Beginn dieser Feier rufen wir zu Jesus:

Kyrie-Rufe
Herr Jesus, du kommst zu uns, wenn wir uns in der Gemeinschaft der Glaubenden versammeln.
Herr Jesus, der Glaube an dich verbindet uns und ist wertvoller als Gold.
Herr Jesus, du bist der Schatz und das Ziel unseres Lebens.

Gebet
Guter Gott, wenn wir Ostern feiern, erneuerst du unseren Glauben. Lass uns immer tiefer erkennen, dass der Glaube an dich und deinen Sohn Jesus Christus der Schatz unseres Lebens ist. Schenke unserer Gemeinschaft Kraft, Hoffnung und Liebe. Darum bitten wir durch Jesus Christus.

Hinführung zur Lesung
Wie lange schon kommen die Christen als glaubende Gemeinschaft zusammen und brechen miteinander das Brot? Schon immer. Seit es Christen gibt, tun sie, was Jesus getan hat: Mahlhalten, Brot brechen. Die Apostelgeschichte erzählt uns davon. Die Liebe der ersten Christen machte diese Gemeinschaft sehr beliebt. Viele wollten ihr angehören.

Lesung

Apg 2,42–47

Lesung aus der Apostelgeschichte. Die Gläubigen hielten an der Lehre der Apostel fest und an der Gemeinschaft, am Brechen des Brotes und an den Gebeten.

[43] Alle wurden von Furcht ergriffen; denn durch die Apostel geschahen viele Wunder und Zeichen. [44] Und alle, die gläubig geworden waren, bildeten eine Gemeinschaft und hatten alles gemeinsam. [45] Sie verkauften Hab und Gut und gaben davon allen, jedem so viel, wie er nötig hatte. [46] Tag für Tag verharrten sie einmütig im Tempel, brachen in ihren Häusern das Brot und hielten miteinander Mahl in Freude und Einfalt des Herzens. [47] Sie lobten Gott und waren beim ganzen Volk beliebt. Und der Herr fügte täglich ihrer Gemeinschaft die hinzu, die gerettet werden sollten.

Überleitung zum Evangelium

Fast 2000 Jahre ist es her, dass Lukas das in der Apostelgeschichte geschrieben hat. Und wir heute sind unter denen, die der Herr zur Gemeinschaft der Glaubenden hinzugefügt hat. Ja, wir gehören zu dieser wunderbaren Gemeinschaft dazu. Wir gehören zusammen, weil wir an Jesus Christus glauben. Das gibt uns Hoffnung und Kraft, das ist wertvoller als Gold. Im Neuen Testament wird das ausdrücklich gesagt: Durch die Auferstehung Jesu Christi von den Toten haben wir eine lebendige Hoffnung. Gottes Macht behütet uns durch den Glauben, und darüber dürfen wir uns freuen. Sicher ist das Leben nicht immer eitel Sonnenschein, aber unser Glaube an Jesus wird uns helfen, wenn es schwierig wird. Dann werden wir merken, dass unser Glaube wertvoller ist als Gold (1 Petr 1,7). – Ein großes Vorbild in diesem Glauben, der ein kostbarer Schatz ist, ist der gläubige Apostel Thomas. Von ihm werden wir gleich im Evangelium hören.

Evangelium

Joh 20,19–31   Aus dem heiligen Evangelium nach Johannes.
Am Abend dieses ersten Tages der Woche, als die Jünger aus Furcht vor den Juden die Türen verschlossen hatten, kam Jesus, trat in ihre Mitte und sagte zu ihnen: Friede sei mit euch!
20 Nach diesen Worten zeigte er ihnen seine Hände und seine Seite. Da freuten sich die Jünger, dass sie den Herrn sahen.
21 Jesus sagte noch einmal zu ihnen: Friede sei mit euch! Wie mich der Vater gesandt hat, so sende ich euch.
22 Nachdem er das gesagt hatte, hauchte er sie an und sprach zu ihnen:Empfangt den Heiligen Geist!
23 Wem ihr die Sünden vergebt, dem sind sie vergeben; wem ihr die Vergebung verweigert, dem ist sie verweigert.
24 Thomas, genannt Didymus (Zwilling), einer der Zwölf, war nicht bei ihnen, als Jesus kam.
25 Die anderen Jünger sagten zu ihm: Wir haben den Herrn gesehen. Er entgegnete ihnen: Wenn ich nicht die Male der Nägel an seinen Händen sehe und wenn ich meinen Finger nicht in die Male der Nägel und meine Hand nicht in seine Seite lege, glaube ich nicht.
26 Acht Tage darauf waren seine Jünger wieder versammelt und Thomas war dabei. Die Türen waren verschlossen. Da kam Jesus, trat in ihre Mitte und sagte: Friede sei mit euch!
27 Dann sagte er zu Thomas: Streck deinen Finger aus – hier sind meine Hände! Streck deine Hand aus und leg sie in meine Seite und sei nicht ungläubig, sondern gläubig!
28 Thomas antwortete ihm: Mein Herr und mein Gott!
29 Jesus sagte zu ihm: Weil du mich gesehen hast, glaubst du. Selig sind, die nicht sehen und doch glauben.
30 Noch viele andere Zeichen, die in diesem Buch nicht aufgeschrieben sind, hat Jesus vor den Augen seiner Jünger getan.

³¹ Diese aber sind aufgeschrieben, damit ihr glaubt, dass Jesus der Messias ist, der Sohn Gottes, und damit ihr durch den Glauben das Leben habt in seinem Namen.

Auslegung Wir lernen drei Dinge vom Apostel Thomas: Erstens, er plappert nicht alles nach und läuft einfach hinterher, sondern will sich selbst informieren. Als die anderen sagen „Wir haben Jesus gesehen", glaubt er das erst einmal nicht. Er will die Sache untersuchen und ihr auf den Grund gehen. Thomas macht sich auf die Suche. So habt auch ihr Erstkommunionkinder euch auf die Suche gemacht und habt euch informiert: in der Schule, in den Kommunionstunden, bei euren Eltern. Ich wünsche euch, dass ihr weiterhin wie Thomas im Evangelium nicht einfach alles nachplappert, sondern euch selbst ein Bild von der Welt und vom Leben macht.

Zweitens: Thomas bleibt in der Gemeinschaft. Auch wenn er erst einmal nicht glaubt, so geht er doch nicht einfach weg. Thomas bleibt da und ist acht Tage nach Ostern in der Gemeinschaft der Freunde dabei. So seid auch ihr Erstkommunionkinder dabei geblieben und seid jetzt da. Ihr seid bereit – wie Thomas – für die Begegnung mit Jesus. Ich wünsche euch, dass ihr weiterhin dabei bleibt; dass ihr auch in acht Tagen, am nächsten Sonntag wieder da seid, um Jesus und die anderen zu treffen. Ich wünsche euch, dass ihr die Kirche als einen Ort der Gemeinschaft, der Freude und der Geborgenheit erfahrt.

Drittens: Thomas findet den Schatz seines Lebens bei Jesus. Als er Jesus sieht, weiß er, dass seine Suche an ihr Ziel gekommen ist: Jetzt hat er alles gefunden, er sagt nur noch: „Mein Herr und mein Gott." Liebe Kommunionkinder, ihr trefft heute auch Jesus – aber nicht so wie Thomas, der ihn gesehen hat. Was ihr seht, ist das heilige Brot. Das ist ein wertvoller Schatz, denn in diesem Brot kommt Jesus zu euch. Dann könnt auch ihr sagen: „Mein Herr und mein Gott" – und froh sein, dass ihr Jesus zum Freund habt. „Selig, glücklich, sind die, die nicht sehen und doch glauben", sagt Jesus. Diesen Glauben, der wertvoller ist als Gold, habt ihr gemeinsam mit euren Eltern, Großeltern, Verwandten, Freunden, mit allen, die heute hier sind und die an Jesus glauben seit 2000 Jahren. Ich wünsche euch, dass ihr spürt, dass Jesus euch heute besonders nahe ist. Ich wünsche euch, dass dieser Glaube an Jesus euch euer ganzes Leben lang trägt und euch Kraft gibt. Wer weiß, was kommt und wohin es euch verschlägt ... Der heilige Apostel Thomas ist bis Indien gekommen. Mit ihm und mit allen Christen auf der Welt sind wir verbunden durch den Schatz des Glaubens in unserem Herzen.

Fürbitten Mit dem Glauben an Gott haben wir einen Schatz gefunden. Unserem Gott wollen wir unsere Bitten anvertrauen:

○ Im Alltag gibt es viel Ablenkung und viele Forderungen. Hilf allen, das Gute vom Nutzlosen zu unterscheiden.

Wir bitten dich, erhöre uns.

○ Die Gemeinschaft der Glaubenden ist eine wertvolle Stütze. Stärke die Verbindungen unter allen, die sich zu dir bekennen, und mache durch deine Gegenwart die Gottesdienste zu Orten der Freude.

○ Wir empfangen heute Jesus im heiligen Brot. Hilf allen, die zur Kommunion gehen, heute und zu aller Zeit Kraft und Geborgenheit im Glauben zu erfahren.

○ Unsere Verstorbenen sind uns zu dir vorausgegangen. Tröste alle, die trauern, und führe einst uns alle in dein ewiges Reich.

Das, guter Gott, sind unsere Anliegen. Noch manches andere haben wir auf dem Herzen. Sei in unserer Mitte, stärke unsere Gemeinschaft – heute und allezeit.

JESUS – BROT UND QUELLE DES LEBENS

Joh 6,24–35

Material   *Korb, ausgeschnittene Wassertropfen aus Tonpappe, Pinnwand*

V 1 = Vorbeter/in 1; V 2 = Vorbeter/in 2; P = Priester; K = Kind; E = Erwachsener; A = Alle; S = Sprecher

Eröffnung

P/V 1   Eröffnung/Begrüßung

Gebet der Kinder

K 1   Herr Jesus Christus, heute haben wir dich im Zeichen des heiligen Brotes zum ersten Mal empfangen. Du bist in uns, und wir sind in dir.
Herr, wir danken dir für deine Liebe. Lass uns immer mehr mit dir verbunden bleiben.

K 2   Herr Jesus Christus, wir haben das heilige Brot gegessen, das du deinen Jüngern gegeben hast, um ihnen zu zeigen, wie sehr du sie liebst.
Herr, wir danken dir für deine Liebe. Lass unsere Liebe zu dir immer stärker werden und so leben, wie du es uns gesagt hast.

K 3   Herr Jesus Christus, wir haben das heilige Brot gegessen, das für uns Kraft von oben ist. Alle, die von diesem Brot essen, sollen eins sein und einander lieben. Dafür danken wir dir. Amen.

Gebet nach Psalm 36

V 2/A   Herr, bei dir ist die Quelle des Lebens.

V 2   Sei uns Quelle des Trostes,
wenn Angst und Sorge uns überfallen
und wir keinen Weg mehr sehen.

V 1	Sei uns Quelle des Heils, wenn Wunden und Verletzungen in uns aufreißen und Schmerzen uns den Atem zum Leben nehmen.
V 2	Sei uns Quelle der Güte und Liebe, wenn Streit und Eifersucht unsere Gemeinschaft mit anderen zu zerbrechen drohen.
A	Herr, bei dir ist die Quelle des Lebens.
V 1	Herr, du Quelle des Lebens, mache uns zu Menschen der Zuversicht und Hoffnung, damit wir das nahende Morgenlicht nicht übersehen, das du uns sendest als Zeichen deiner Gegenwart.
V 2	Mache uns zu Menschen der Freude, damit wir den Regenbogen am Himmel entdecken, den du uns sendest als Zeichen deiner Vergebung.
V 1	Mache uns zu Menschen des Friedens, damit wir aufmerksam werde für die Stille, die du uns sendest als Zeichen deiner Liebe.
A	Herr, bei dir ist die Quelle des Lebens.
V 2	Herr, du Quelle des Lebens, lass uns in allem, was ist und lebt auf dieser Erde, dein schöpferisches Tun erkennen; denn bei dir allein ist die Quelle des Lebens und in deinem Licht sehn wir das Licht.
A	Herr, bei dir ist die Quelle des Lebens.
V 2	*tritt auf mit Korb, in dem sich aus Tonpapier ausgeschnittene Wassertropfen befinden. Die entsprechend beschrifteten Wassertropfen werden an der Pinnwand angeheftet.*
S	Wasser des Lebens! Wer sucht Wasser des Lebens?
E	Ich! Ich hätte gern Wasser des Lebens! Meine Mutter ist krank. Ich möchte so gerne, dass sie wieder gesund wird. Für sie hätte ich gerne Wasser des Lebens.

Tropfen mit Hoffung, Geborgenheit, Verständnis

S Wasser des Lebens! Wer braucht Wasser des Lebens?

K Ob ich Wasser des Lebens brauche? Ich fühle mich so alleine. Überall habe ich nur Ärger. In der Schule lästern alle über mich, weil ich nicht gut rechnen kann. Ich brauche kein Wasser – ich brauche einen Freund!

Tropfen mit Zuneigung, Vertrauen, Freund

S Wasser des Lebens! Wer sucht Wasser des Lebens?

E Ich! Ich habe etwas falsch gemacht. Jetzt ist es zu spät. Ich kann die Tat nicht rückgängig machen. Ich weiß nicht mehr weiter. Kann ich Wasser des Lebens haben?

Tropfen mit Vergebung, Neuanfang, Schutz, Sicherheit

V 1 Wir haben uns gefragt, was das Wasser des Lebens ist. Auf den Tropfen stehen jetzt ganz verschiedene Antworten; alles, was die Menschen, die wir eben hörten, brauchen. Es geht beim Wasser des Lebens offenbar nicht um überflüssige Dinge, sondern um das, was jeder Mensch ganz nötig hat. Es geht auch um nichts, was man kaufen kann, was neuen Durst macht. Jesus hat uns gesagt: Wer Durst hat, komme zu mir, und es trinke, wer an mich glaubt. Jesus hat uns also etwas ganz wichtiges mitgeteilt. Er ist der Messias, der Retter. Von ihm können wir dieses Wasser bekommen. Er liebt uns, versteht uns, ist unser Freund, schenkt uns Vergebung. So viel davon, dass wir von diesem Wasser abgeben können. Dass wir seine Liebe weitergeben können. – Jesus, du bist die Quelle unseres Lebens.

Aussetzung des Allerheiligsten

V 1 Hochgelobt und gebenedeit sei der Herr im allerheiligsten Sakrament

A Von nun an bis in Ewigkeit.

Aus dem heiligen Evangelium nach Johannes.
In jener Zeit suchten die Leute Jesus.
[25] Als sie ihn am anderen Ufer des Sees fanden, fragten sie ihn: Rabbi, wann bist du hierhergekommen?
[26] Jesus antwortete ihnen: Amen, amen, ich sage euch: Ihr sucht mich nicht, weil ihr Zeichen gesehen habt, sondern weil ihr von den Broten gegessen habt und satt geworden seid.
[27] Müht euch nicht ab für die Speise, die verdirbt, sondern für die Speise, die für das ewige Leben bleibt und die der Menschensohn euch geben wird. Denn ihn hat Gott, der Vater, mit seinem Siegel beglaubigt.
[28] Da fragten sie ihn: Was müssen wir tun, um die Werke Gottes zu vollbringen?
[29] Jesus antwortete ihnen: Das ist das Werk Gottes, dass ihr an den glaubt, den er gesandt hat.
[30] Sie entgegneten ihm: Welches Zeichen tust du, damit wir es sehen und dir glauben? Was tust du?
[31] Unsere Väter haben das Manna in der Wüste gegessen, wie es in der Schrift heißt: Brot vom Himmel gab er ihnen zu essen.
[32] Jesus sagte zu ihnen: Amen, amen, ich sage euch: Nicht Mose hat euch das Brot vom Himmel gegeben, sondern mein Vater gibt euch das wahre Brot vom Himmel.
[33] Denn das Brot, das Gott gibt, kommt vom Himmel herab und gibt der Welt das Leben.
[34] Da baten sie ihn: Herr, gib uns immer dieses Brot!
[35] Jesus antwortete ihnen: Ich bin das Brot des Lebens; wer zu mir kommt, wird nie mehr hungern, und wer an mich glaubt, wird nie mehr Durst haben.

Fürbitten

V 2

Unser Herr Jesus Christus hat gesagt: Wer zu mir kommt, wird nie mehr hungern, und wer an mich glaubt, wird nie mehr Durst haben. So kommen wir jetzt mit unseren Bitten zu ihm:

K	○ Wir beten für unsere Eltern und Verwandten: Herr, schenke ihnen Gesundheit und erfülle ihr Leben mit Segen.
A	Wir bitten dich, erhöre uns.
K	○ Wir beten für alle, die uns auf die Kommunion vorbereitet haben: Stärke sie im Glauben und bewahre sie in deiner Liebe.
K	○ Wir beten für unsere Freunde und Mitschüler. Lass sie deine Nähe spüren und beschütze sie.
K	○ Wir beten für die Menschen, die krank oder arm sind: Steh ihnen bei und mach uns immer hilfsbereit.
E	○ Wir beten für unsere Kommunionkinder: Bewahre ihnen die Freude am Glauben und lass sie zu guten Christen heranwachsen.
E	○ Wir beten für uns als Eltern: Stärke uns, damit wir unseren Kindern ein gutes Beispiel geben.
V 2	Unser Herr Jesus Christus hat gesagt: Bittet, und ihr werdet empfangen; klopft an, und es wird euch geöffnet. Ihm sei Lob und Dank jetzt und in Ewigkeit.
A	Amen.

Dank

V 1	Herr Jesus Christus, ein schöner Tag geht zu Ende. Lass uns gerne und oft an diesen Erstkommuniontag zurückdenken.
V 2	Herr Jesus Christus, du liebst uns, und du sorgst für uns. Wir danken dir.
A	Herr, wir danken dir.
V 1	Viele Menschen erzählen uns vom Evangelium.
A	Herr, wir danken dir.
V 2	Viele Leute helfen uns zu einem christlichen Leben.
A	Herr, wir danken dir.

V 1	Viele Helfer haben den heutigen Tag zu einem Fest gemacht.
A	Herr, wir danken dir.
V 2	Jesus, du bist die Quelle des Lebens, von der wir leben können.
A	Herr, wir danken dir.
V 1	Du gibst uns dein Wort und willst für uns da sein.
A	Herr, wir danken dir.

Einladung zur Stille und Vaterunser

| V 1 | Wir wollen noch einige Zeit in Stille zu Jesus beten, der im heiligen Brot unter uns gegenwärtig ist. |

Stille

V 1	Unseren Dank und unsere Bitten fassen wir zusammen im Gebet, das Jesus selbst uns gelehrt hat.
A	Vater unser …
V 1	Hochgelobt und gebenedeit sei der Herr im allerheiligsten Sakrament
A	Von nun an bis in Ewigkeit.
P	Herr Jesus Christus, im wunderbaren Sakrament des Altares hast du uns das Gedächtnis deines Leidens und deiner Auferstehung hinterlassen. Gib uns die Gnade, die heiligen Geheimnisse deines Leibes und Blutes so zu verehren, dass uns die Frucht der Erlösung zuteil wird. Der du in der Einheit des Heiligen Geistes mit Gott dem Vater lebst und herrschst in Ewigkeit.
A	Amen.

Eucharistischer Segen

Entwurf der Dankandacht: Maria Schatz

5. OSTERSONNTAG A
DABEI BLEIBEN (BILDER VON JESUS)

1 Petr 2,4–9; Joh 14,1–12

Material *ein Backstein und ein Navigationsgerät*

Einführung Wir feiern immer noch Ostern – heute schon am fünften Sonntag hintereinander! Wir freuen uns darüber, dass Jesus auferstanden ist. Deswegen habe ich euch heute zwei Bilder von Jesus mitgebracht. Aber kein Gebetbildchen oder Gemälde. Nein, schaut mal hier: Ein schwerer Backstein – und ein Navi. Das sollen Bilder von Jesus sein? Ja! Da seid ihr aber gespannt ... Bevor wir aus der Bibel Näheres über diese Jesus-Bilder hören, rufen wir zu Jesus selbst. Er ist in unsere Mitte.

Kyrie-Rufe Herr Jesus, wenn wir zu dir rufen, hörst du uns.
Herr Jesus, wenn wir den Weg zu Gott verfehlen, kommst du uns entgegen.
Herr Jesus, wenn wir in Angst und Sorgen sind, stärkst und tröstest du uns.

Gebet Gott, unser Vater, du hast uns durch deinen Sohn Jesus frei und froh gemacht. Du nimmst uns als deine Kinder an und liebst uns. Schau mit Freude und Liebe auf alle, die an Christus glauben, und schenke ihnen festen Halt und ein klares Ziel. Darum bitten wir durch ihn, Jesus Christus.

Hinführung zur Lesung

Was kann man mit so einem Stein alles machen?

kurzes Gespräch: Haus bauen, Weg pflastern usw. ...kleines „Drama": den Stein hinlegen und darüber stolpern.

Ja, stolpern kann man auch über so einen Stein. In der Lesung hören wir gleich davon, dass Jesus, der

Herr, mit einem solchen Stein verglichen wird. Jesus ist der „lebendige Stein". Was ist damit gemeint? Gott will für die Menschen etwas aufbauen, ein Haus des Lebens, das Schutz und Geborgenheit gibt. Und dazu legt Gott einen Eckstein: das ist der wichtigste Stein, der die Grundmauern zusammenhält. Dieser Eckstein ist Jesus: Der Glaube an Jesus hält uns alle zusammen. Aber nicht alle haben Jesus geglaubt, ja, man hat ihn an Karfreitag sogar getötet. Man hat ihn weggeworfen, wie Bauleute, die sich einen Stein anschauen und sagen: Den kann man nicht brauchen. Gott aber ist mächtiger als die Menschen damals, die Jesus getötet haben: Gott hat Jesus auferweckt und seinen Plan verwirklicht· Jesus ist der Eckstein. Für manche ist Jesus ein „Stein des Anstoßes": Das ist eine Redensart, wenn man sagen will, dass sich Leute über jemanden ärgern. Bis heute gibt es Leute, die nicht an Jesus glauben, die unseren Glauben für Geschwätz halten. Sie nehmen Anstoß an Jesus, sie stolpern über diesen Eckstein. Wir aber wollen zu Jesus gehören, wir bauen unser Leben auf diesen Stein. So wird Jesus zum festen Fundament unseres Lebens. Und wenn wir dabei bleiben, am Glauben festhalten und immer wieder zusammenkommen, dann merken wir, wie wir getragen werden, wie wir sicheren Boden unter den Füßen haben. Das ist großartig. Jetzt hören wir diese Lesung aus dem Neuen Testament, die von Jesus als dem auserwählten Stein spricht.

Lesung
1 Petr 2,4–9

Lesung aus dem ersten Brief des Apostels Petrus. Schwestern und Brüder! Kommt zum Herrn, dem lebendigen Stein, der von den Menschen verworfen, aber von Gott auserwählt und geehrt worden ist. [5] Lasst euch als lebendige Steine zu einem geistigen Haus aufbauen, zu einer heiligen Priesterschaft, um durch Jesus Christus geistige Opfer darzubringen, die Gott gefallen. [6] Denn es heißt in der Schrift: Seht her, ich lege in Zion einen auserwählten Stein, einen Eckstein, den ich in Ehren halte; wer an ihn glaubt, der geht nicht zugrunde. [7] Euch, die ihr glaubt, gilt diese Ehre. Für jene aber, die nicht glauben, ist dieser Stein, den die Bauleute verworfen haben, zum Eckstein geworden, [8] zum Stein, an den man anstößt, und zum Felsen, an dem man zu Fall kommt. Sie stoßen sich an ihm, weil sie dem Wort nicht gehorchen; doch dazu sind sie bestimmt.

[9] Ihr aber seid ein auserwähltes Geschlecht, eine königliche Priesterschaft, ein heiliger Stamm, ein Volk, das sein besonderes Eigentum wurde, damit ihr die großen Taten dessen verkündet, der euch aus der Finsternis in sein wunderbares Licht gerufen hat.

Überleitung zum Evangelium

Wir gehören zu Jesus, so hat es die Lesung geschildert. Vom Aufbauen, Hausbauen und Wohnungbauen ist auch im Evangelium heute die Rede. Achtet auf das Wort „Wohnungen"!

Evangelium
Joh 14,1–12

Aus dem heiligen Evangelium nach Johannes.
In jener Zeit sprach Jesus zu seinen Jüngern:
Euer Herz lasse sich nicht verwirren. Glaubt an Gott und glaubt an mich!
[2] Im Haus meines Vaters gibt es viele Wohnungen. Wenn es nicht so wäre, hätte ich euch dann gesagt: Ich gehe, um einen Platz für euch vorzubereiten?
[3] Wenn ich gegangen bin und einen Platz für euch vorbereitet habe, komme ich wieder und werde euch zu mir holen, damit auch ihr dort seid, wo ich bin.
[4] Und wohin ich gehe – den Weg dorthin kennt ihr.
[5] Thomas sagte zu ihm: Herr, wir wissen nicht, wohin du gehst. Wie sollen wir dann den Weg kennen?
[6] Jesus sagte zu ihm: Ich bin der Weg und die Wahrheit und das Leben; niemand kommt zum Vater außer durch mich.
[7] Wenn ihr mich erkannt habt, werdet ihr auch meinen Vater erkennen. Schon jetzt kennt ihr ihn und habt ihn gesehen.

⁸ Philippus sagte zu ihm: Herr, zeig uns den Vater; das genügt uns.
⁹ Jesus antwortete ihm: Schon so lange bin ich bei euch und du hast mich nicht erkannt, Philippus? Wer mich gesehen hat, hat den Vater gesehen. Wie kannst du sagen: Zeig uns den Vater?
¹⁰ Glaubst du nicht, dass ich im Vater bin und dass der Vater in mir ist? Die Worte, die ich zu euch sage, habe ich nicht aus mir selbst. Der Vater, der in mir bleibt, vollbringt seine Werke.
¹¹ Glaubt mir doch, dass ich im Vater bin und dass der Vater in mir ist; wenn nicht, glaubt wenigstens aufgrund der Werke!
¹² Amen, amen, ich sage euch: Wer an mich glaubt, wird die Werke, die ich vollbringe, auch vollbringen und er wird noch größere vollbringen, denn ich gehe zum Vater.

Auslegung

Ich habe euch noch ein Jesus-Bild mitgebracht: das „Navi" – ein Navigationsgerät. Was macht man damit? *(kurzes Gespräch ...)* Das Navi zeigt uns den Weg, wenn wir jemanden besuchen wollen oder in den Urlaub fahren. Gibt es denn für unseren Lebensweg auch ein Navi? Manchmal wäre das gut, wenn man vor wichtigen Entscheidungen steht. Auf welche Schule soll ich gehen? Soll ich den Neuen in unserer Klasse zum Spielen einladen? Wenn ihr älter werdet, werden die Fragen mehr und anders: Welchen Beruf soll ich ergreifen?" Und so weiter. Die Erwachsenen kennen viele solche Fragen. Da wäre ein „Navi" schon recht. Wir könnten andere Leute fragen: die Eltern, die Lehrer, besondere Berater. Man kann viele Gespräche führen. Aber die Entscheidung muss man selber treffen. Wen kann ich noch fragen, ob ich das Richtige tue, ob ich mich richtig entscheide? Jesus sagt uns im Evangelium, dass er das „Navi" unseres Lebens sein will: „Ich bin der Weg, die Wahrheit und das Leben." Im Glauben an Jesus finden wir den richtigen Weg. Für ein „Navi" braucht man Kartenmaterial – was ist das „Kartenmaterial", wenn wir Jesus als „Navi" haben? Woher erfahren wir etwas über Jesus? Aus der Bibel – in ihr lesen wir, aus ihr hören wir im Gottesdienst. Ein Navi braucht noch etwas: ein Signal vom Satelliten. Es muss mit dem Satelliten am Himmel in Verbindung bleiben, damit es weiß, wo wir gerade sind. Mit Jesus als Navi ist es genauso: Jesus steht in ganz enger Verbindung zu Gott, dem Vater. Jesus kommt von Gott und ist wieder zu Gott gegangen – und zugleich ist er bei uns und zeigt uns den Weg. Das geht aber nur, wenn auch wir in Verbindung zu Jesus bleiben, wenn wir dabei bleiben. Suchen wir also immer wieder (wie ein Navi) unser Signal und kommen wir zum Gottesdienst zusammen. Bleiben wir untereinander und mit Jesus in Kontakt, informieren wir uns über den Glauben (denkt an den Religionsunterricht!), lesen wir etwas, sprechen wir miteinander – und Jesus wird in unserer Mitte sein und uns den Weg weisen.

Fürbitten   Jesus ist mit Gott, dem Vater, in enger Verbindung. Wir sind mit Jesus in Kontakt. Daher können wir ihm unsere Bitten und Anliegen vortragen.

o Jesus, sei du das Fundament des Lebens aller, die an dich glauben. Du bist der Eckstein, der alles zusammenhält: Stärke den Glauben der Christen.

Wir bitten dich, erhöre uns.

o Jesus, zeige allen Glaubenden den richtigen Weg, damit ihr Leben gut wird.

o Jesus, sei bei allen, die Orientierung brauchen, die ratlos und mutlos sind. Stärke ihre Hoffnung.

o Jesus, tröste alle, die über einen Verstorbenen trauern. Wir hoffen auf ein Wiedersehen in den Wohnungen des Vaters im Himmel.

Das sind unsere Bitten, und noch manches andere haben wir auf dem Herzen. Begleite uns, Jesus, auf unserem Lebensweg. Amen.

DER HEILIGE GEIST GIBT KRAFT UND MUT

Apg 2,1–24; Joh 20,19–23

Einführung
Vor wie vielen Tagen haben wir Ostern gefeiert? Hat jemand mitgezählt? – Vor 50 Tagen. Da haben wir gefeiert, dass Jesus auferstanden ist von den Toten. Dann ist er seinen Freunden erschienen. Und dann ist er in den Himmel aufgefahren. Seine Freunde haben ihn nicht mehr gesehen, Jesus war „weg". Das wäre eigentlich sehr, sehr traurig – wenn es nicht das Fest von heute, 50 Tage nach Ostern, geben würde – und das Versprechen, dass Jesus seine Jünger, seine Freunde und uns alle nicht allein lässt. Der 50. Tag heißt griechisch Pentekoste, und daraus ist unser „Pfingsten" geworden. An diesem Tag ist jemand gekommen – wer? – Der „Heilige Geist". Wie das war und wie das ist, davon hören wir heute.

Kyrie-Rufe
Herr Jesus Christus, du lässt uns Menschen nicht allein.
Dein Heiliger Geist kommt in unser Leben mit seiner Kraft.
Du sendest uns als Zeugen in die Welt.

Gebet
Großer Gott, am heutigen Pfingsttag denken wir daran, dass wir nicht allein sind. Dein Heiliger Geist hat den Aposteln Kraft und Mut gegeben, von deiner Liebe allen Menschen zu erzählen. Wir bitten dich, sende deinen Geist auch in unser Herz, damit wir froh und mutig uns zu dir bekennen. Darum bitten wir durch Jesus Christus, unseren Herrn.

An den Tagen, als Jesus gestorben und auferstanden war, feierten die Juden ihr wichtigstes Fest: das Pascha- oder Pessachfest, die Befreiung aus Ägypten. Auch wir Christen feiern eine Befreiung: Jesus ist von den Toten auferstanden, und daher ist mit dem Tod nicht alles aus. Auch wir werden auferstehen. Das feiern wir an Ostern. Nun hatten die Juden genau 50 Tage nach dem Pascha- oder Pessachfest wieder ein Fest: Das Wochenfest („sieben Wochen"). Da kamen viele Leute in Jerusalem zusammen, von überall her, und die hatten viele verschiedene Sprachen. Und genau da, am 50. Tag nach Pessach und Ostern, nach der Himmelfahrt des auferstandenen Jesus, merken die Jünger, dass sie nicht mehr allein sind. Sie werden von einer Kraft und einem Mut erfüllt, und so reißen sie die Türen auf und erzählen allen von Jesus und dass er auferstanden ist und den Tod besiegt hat. Diese Geschichte hören wir jetzt, wie sie uns Lukas in der Apostelgeschichte aufgeschrieben hat.

Lesung

Apg 2,1–24

V 1–14abc: Lektor 1 (L); V 14d–16: Lektor 2 (Petrus – P); V 17–21: Lektor 3 (Joël – J); V 22–24: wieder P

L

Als der Pfingsttag gekommen war, befanden sich alle am gleichen Ort.

² Da kam plötzlich vom Himmel her ein Brausen, wie wenn ein heftiger Sturm daherfährt, und erfüllte das ganze Haus, in dem sie waren.

³ Und es erschienen ihnen Zungen wie von Feuer, die sich verteilten; auf jeden von ihnen ließ sich eine nieder.

⁴ Alle wurden mit dem Heiligen Geist erfüllt und begannen, in fremden Sprachen zu reden, wie es der Geist ihnen eingab.

⁵ In Jerusalem aber wohnten Juden, fromme Männer aus allen Völkern unter dem Himmel.

⁶ Als sich das Getöse erhob, strömte die Menge zusammen und war ganz bestürzt; denn jeder hörte sie in seiner Sprache reden.

⁷ Sie gerieten außer sich vor Staunen und sagten: Sind das nicht alles Galiläer, die hier reden?

⁸ Wieso kann sie jeder von uns in seiner Muttersprache hören: ⁹ Parther, Meder und Elamiter, Bewohner von Mesopotamien, Judäa und Kappadozien, von Pontus und der Provinz Asien, ¹⁰ von Phrygien und Pamphylien, von Ägypten und dem Gebiet Libyens nach Zyrene hin, auch die Römer, die sich hier aufhalten, ¹¹ Juden und Proselyten, Kreter und Araber, wir hören sie in unseren Sprachen Gottes große Taten verkünden. ¹² Alle gerieten außer sich und waren ratlos. Die einen sagten zueinander: Was hat das zu bedeuten? ¹³ Andere aber spotteten: Sie sind vom süßen Wein betrunken.

¹⁴ Da trat Petrus auf, zusammen mit den Elf; er erhob seine Stimme und begann zu reden:

P Ihr Juden und alle Bewohner von Jerusalem! Dies sollt ihr wissen, achtet auf meine Worte! ¹⁵ Diese Männer sind nicht betrunken, wie ihr meint; es ist ja erst die dritte Stunde am Morgen; ¹⁶ sondern jetzt geschieht, was durch den Propheten Joël gesagt worden ist:

J ¹⁷ In den letzten Tagen wird es geschehen, so spricht Gott: Ich werde von meinem Geist ausgießen über alles Fleisch. Eure Söhne und eure Töchter werden Propheten sein, eure jungen Männer werden Visionen haben, und eure Alten werden Träume haben. ¹⁸ Auch über meine Knechte und Mägde werde ich von meinem Geist ausgießen in jenen Tagen und sie werden Propheten sein. ¹⁹ Ich werde Wunder erscheinen lassen droben am Himmel und Zeichen unten auf der Erde … ²¹ Und es wird geschehen: Jeder, der den Namen des Herrn anruft, wird gerettet.

[22] Israeliten, hört diese Worte: Jesus von Nazaret, den Gott vor euch beglaubigt hat durch machtvolle Taten, Wunder und Zeichen, die er durch ihn in eurer Mitte getan hat, wie ihr selbst wisst –
[23] ihn, der nach Gottes beschlossenem Willen und Vorauswissen hingegeben wurde, habt ihr durch die Hand von Gesetzlosen ans Kreuz geschlagen und umgebracht.
[24] Gott aber hat ihn von den Wehen des Todes befreit und auferweckt; denn es war unmöglich, dass er vom Tod festgehalten wurde.

Auslegung

Soweit erst mal. Petrus hat noch viel mehr gesagt – er hat den vielen Leuten in Jerusalem eine lange Predigt gehalten und erklärt, wie das mit Jesus ist. Das Problem war nur: Petrus war ein armer Fischer vom See Gennesaret in Galiläa, der einen fürchterlichen Dialekt sprach. In Jerusalem aber waren Leute von überall her, vom einen Ende der bekannten Welt bis zum anderen, Ausländer mit vielen verschiedenen Sprachen. Und alle verstehen sie den armen Fischer Petrus. Die Leute merken: Der hat etwas Wichtiges zu sagen! Dem hören wir zu! Nein, betrunken sind die nicht. Und die Leute erinnern sich an das, was vor vielen hundert Jahren der Prophet Joël verkündet hat: Alle werden den Geist Gottes erhalten, alle, ob arm oder reich, alt oder jung, Männer oder Frauen, Jungen oder Mädchen, alle werden Propheten sein und Gottes Wort verkünden. Normalerweise war es Sache der Experten, von Gott zu sprechen. Propheten und Priester haben das gemacht. Und jetzt auf einmal spricht der Fischer aus Galiläa, dieser Petrus, von Gott und von Jesus und dass Jesus auferstanden ist! Petrus hat doch erst Jesus verleugnet und ist davongelaufen, als es ernst wurde! Dass er sich das jetzt traut, ist ein Wunder. Es ist das Wunder des Heiligen Geistes. Petrus und seine Freunde wissen jetzt: Sie sind nicht mehr allein, Jesus ist bei ihnen im Heiligen Geist, den sie bekommen haben. Sie, die armen Fischer vom See in Galiläa. Und jetzt können sie allen Menschen verkünden: Jesus ist auferstanden, der Tod kann ihn nicht festhalten.

Joël, der Prophet, hatte mal wieder recht: Gott schickt seinen Geist, so dass alle, wirklich alle, von Gott sprechen können – und selbst wenn es in der Welt noch so schlimm zugehen wird, wer den Namen des Herrn anruft, wird gerettet werden. Wer auf Gott vertraut, zu Gott hält, geht nicht unter. Das spürten die ersten Christen ganz besonders. So konnten sie in aller Welt mit großem Mut von Jesus erzählen und allen sagen, dass wir durch Jesus gerettet sind. Haben wir auch den Heiligen Geist? Ja. Jesus lässt auch uns heute nicht allein. Schon in der Taufe haben wir den Heiligen Geist bekommen, die Firmung bekräftigt das, und an Pfingsten denken wir besonders daran: Wann immer wir von Jesus und Gott sprechen, ist der Heilige Geist da; wann immer wir beten, ist der Heilige Geist da. Wann immer wir besonders mutig sind und für das Gute eintreten, ist der Geist in uns: Wenn du siehst, dass jemand verspottet wird und gemein und ungerecht behandelt wird – und du schaust nicht weg, sondern gehst mutig dazwischen und hilfst dem, der unterlegen ist, dann ist der Heilige Geist bei dir. Wann immer wir aufatmen können, wann immer es gerechter zugeht, wann immer Menschen, die sich gestritten haben, sich wieder versöhnen, wann immer wir die Liebe spüren – ist der Heilige Geist da.

Vorschlag   *Man könnte hier die Pfingst-Sequenz vortragen, eventuell immer je eine lateinische und eine deutsche Strophe abwechselnd.* ·

Alternative   *Das Lied „Komm herab, Heiliger Geist" mit Einführung:*

Wie der Heilige Geist wirkt, hat der Erzbischof von Canterbury, Stephan Langton, vor vielen hundert Jahren in einem schönen lateinischen Gedicht beschrieben. Es beginnt mit: Veni, Sancte Spiritus, „Komm herab, Heiliger Geist" – wir singen nun dieses Lied.

59

Im Evangelium erzählt uns der Evangelist Johannes, dass die Jünger den Heiligen Geist von Jesus schon bekommen haben, als er ihnen nach der Auferstehung erschienen ist. Aber es hat wohl etwas gedauert, bis die Jünger wirklich merkten, was der Heilige Geist ist und wie er wirkt. Das geht uns auch oft so. Komm, Heiliger Geist, gib uns Kraft und Hoffnung!

Evangelium

Joh 20,19–23

Aus dem heiligen Evangelium nach Johannes.
Am Abend dieses ersten Tages der Woche, als die Jünger aus Furcht vor den Juden die Türen verschlossen hatten, kam Jesus, trat in ihre Mitte und sagte zu ihnen: Friede sei mit euch!
[20] Nach diesen Worten zeigte er ihnen seine Hände und seine Seite. Da freuten sich die Jünger, dass sie den Herrn sahen.
[21] Jesus sagte noch einmal zu ihnen: Friede sei mit euch! Wie mich der Vater gesandt hat, so sende ich euch.
[22] Nachdem er das gesagt hatte, hauchte er sie an und sprach zu ihnen: Empfangt den Heiligen Geist!
[23] Wem ihr die Sünden vergebt, dem sind sie vergeben; wem ihr die Vergebung verweigert, dem ist sie verweigert.

Fürbitten

Wir wollen beten zu Jesus Christus, der uns den Heiligen Geist geschickt hat, damit wir nicht allein sind, sondern seinen Beistand haben:

○ Herr, dein Geist schenkt Kraft und Mut: Lass die Christen für Gerechtigkeit, Frieden und Versöhnung eintreten.

Wir bitten dich, erhöre uns.

○ Dein Geist erneuere die Erde: Hilf, dass die Völker wieder miteinander sprechen und zu Frieden und Freundschaft finden.

○ Dein Geist stifte neues Leben: Hilf allen, die vor Traurigkeit und Kummer stumm geworden sind, zu neuer Lebensfreude.

○ Dein Geist gibt uns Hoffnung: Tröste alle, die um einen Verstorbenen trauern; schenke uns allen den tiefen Glauben an die Auferstehung.

○ Wir denken heute besonders an unsere Mütter und beten für sie: Gib ihnen viel Kraft und gute Nerven – und belohne ihre große Liebe.

Guter und großer Gott, Jesus hat uns versprochen, dass er immer bei uns ist und uns hört, wenn wir zu dir rufen. Darauf vertrauen wir und darauf hoffen wir, jetzt und allezeit.

GOTT WILL FREUNDSCHAFT MIT ALLEN MENSCHEN

Jes 49,3.5–6; Joh 1,29–34

Einführung

Hat dich schon mal jemand gefragt: „Willst du mein Freund sein?" (oder: meine Freundin?). – Vielleicht kennt ihr das aus eigener Erfahrung, oder aus dem Fernsehen, oder aus euren Jugendbüchern: Manchmal möchte ein Mädchen ein bestimmtes anderes Mädchen unbedingt zur Freundin haben, zum Beispiel die Neue in der Klasse. Aber die ist erst einmal hochnäsig und lehnt ab: Mit dir spiele ich nicht. So einfach ist die Geschichte meist nicht zu Ende, es gibt ein Hin und Her, vielleicht Streit, vielleicht abenteuerliche Erlebnisse, und am Ende hat das Mädchen, das beharrlich nachgefragt hat, doch das Ziel erreicht: Sie sind Freundinnen geworden. Man könnte die Geschichte auch mit Jungs erzählen oder mit größeren Jugendlichen oder Erwachsenen, es ist immer das gleiche: Einer wirbt um die Freundschaft, Zuneigung und Liebe des anderen, kommt nicht zum Zuge, gibt aber nicht auf, hin und her – und am Ende: Happy-End. –

Wenn wir für den, der da um Freundschaft und Liebe wirbt, Gott sagen, dann finden wir dieses Thema auch in der Bibel immer wieder, und da ist es ein großes Thema: Gott wirbt um die Liebe der Menschen. Wir haben aber meist anderes zu tun. Daher bitten wir daher Jesus Christus um sein Erbarmen.

Kyrie-Rufe

Herr, du willst mit den Menschen Freundschaft schließen.

Jesus, du hast die Liebe Gottes zu allen Menschen verkündet.

Herr, du willst, dass wir deine Liebe an andere weitergeben.

Guter Gott, du kennst den Himmel und die Erde, du kennst auch die Herzen der Menschen. Wir kommen mit Vertrauen zu dir; stärke alle, die sich um Freundschaft, Liebe und Frieden bemühen. Schenke unseren Familien und unserer ganzen Welt deinen Frieden. Darum bitten wir durch Jesus Christus.

Hinführung zur Lesung

In der Bibel sind es nicht Mädchen, die nicht Freundinnen sein wollen, oder ein Mann und eine Frau, die nicht zueinander kommen (und dann am Ende vielleicht doch), sondern Gott und die Menschen: Immer wieder geht es darum, dass Gott um die Menschen wirbt, dass Gott seine Liebe und Freundschaft anbietet und die Gegenliebe von den Menschen erwartet. Doch die Liebesbeziehung scheitert schon im Paradies: Die ersten Menschen entscheiden sich dafür, Gottes Weisung nicht zu gehorchen. Dennoch ist die Menschheitsgeschichte damit nicht zu Ende. Immer wieder bietet Gott seine Freundschaft an. Ein großer Höhepunkt ist die Erwählung des Volkes Israel am Sinai nach dem Auszug aus Ägypten (Ex 19,5–6). Dieses Volk erwählt sich Gott als sein besonderes Eigentum, als sein Lieblingsvolk; Gott will mit diesem Volk eine ganz besondere Beziehung haben – nicht, weil dieses Volk die besseren Menschen wären, sondern weil Gott dieses Volk besonders liebt und mit der Hilfe dieses Volkes die zerbrochene Freundschaft zu allen Menschen wieder aufnehmen will.
Israel, Gottes erwähltes Volk, soll Gott ganz nahe sein und so die Botschaft von Gott zu allen Menschen bringen. Aber das Volk Israel schafft es nicht, auf Gottes Wort zu hören. Weite Teile der Bibel erzählen von dieser Geschichte: Gott schließt einen Bund mit Israel, doch Israel läuft lieber anderen Göttern nach. Da wird Gott zornig und eifersüchtig: Feindliche Völker bedrängen Israel – Israel schreit zu seinem Gott um Hilfe, und Gott lässt sich erweichen und schickt einen Retter. So erzählt etwa das Buch der Richter immer wieder die gleiche Geschichte. Später hat

Israel auch einen König, wie die anderen Völker. Aber diesen Königen gelingt es nicht, das umzusetzen, was Gott angeordnet hat: In Gottes Weisung steht, dass niemand verarmen darf und dass die Reichen in der Pflicht sind, den Armen zu helfen. Was aber passiert in Wirklichkeit? Die Reichen werden noch reicher und beuten die Armen aus. Die Menschen hören einfach nicht auf Gott. Soll Gott nun dieses Volk einfach sein lassen und „Schluss machen"? Zunächst sieht es so aus: Die Babylonier erobern Jerusalem, und das Volk Gottes muss in die Gefangenschaft in die ferne Stadt Babylon. Aber Gott wirbt wieder um sein Volk, weil Gott immer noch seinen alten Plan verwirklichen will. In dem Teil des Buches Jesaja, der das Exil behandelt, taucht eine geheimnisvolle Gestalt auf: der Gottesknecht. Dieser Gottesknecht hat die wichtige Aufgabe zu verkünden, dass Gott die Freundschaft mit allen Menschen will. Wir hören in der Lesung einen Abschnitt aus dem zweiten Lied vom Gottesknecht:

Lesung
Jes 49,3

Jes 49,5–6

Lesung aus dem Buch Jesaja.
Der Herr sagte zu mir: Du bist mein Knecht, Israel, an dem ich meine Herrlichkeit zeigen will.
Jetzt hat der Herr gesprochen, der mich schon im Mutterleib zu seinem Knecht gemacht hat, damit ich Jakob zu ihm heimführe und Israel bei ihm versammle. So wurde ich in den Augen des Herrn geehrt und mein Gott war meine Stärke.
[6] Und der Herr sagte: Es ist zu wenig, dass du mein Knecht bist, nur um die Stämme Jakobs wieder aufzurichten und die Verschonten Israels heimzuführen. Ich mache dich zum Licht für die Völker; damit mein Heil bis an das Ende der Erde reicht.

Auslegung

„Mein Heil bis ans Ende der Erde" – das heißt: Gott will Freundschaft mit allen Menschen schließen! Aber wer ist dieser „Gottesknecht"? Rätselhafterweise legt sich die Bibel nicht fest, wer dieser Gottesknecht ist. Zuerst heißt es: „Du bist mein Knecht, Israel, an dem ich meine Herrlichkeit zeigen will" – ist also das Volk Israel selbst der Gottesknecht? Das würde sehr gut zur Erwählung passen: Israel ist Gottes Lieblingsvolk, um diese Nähe zu Gott an alle Menschen weiterzugeben. Wenn wir aber weiterlesen, scheint eher eine Einzelgestalt gemeint zu sein: Vom Mutterleib an ist der Knecht Gottes auserwählt, um Israel zu Gott zurückzuführen. Ist der Knecht also doch ein einzelner Retter? Wir finden keine eindeutige Antwort.

Eindeutig ist aber, was Gott will: Der Knecht soll nicht nur das in Babylon in der Ferne lebende Volk Israel heimführen, sondern er soll das „Licht für die Völker" sein, damit Gottes Heil bis ans Ende der Erde reicht. Das ist der Wille Gottes von Anfang an: Heil und Freundschaft für alle Völker der Erde, für alle Menschen. Gottes Liebe gilt allen Menschen, nicht nur ein paar besonders Frommen. Und wenn immer Gott jemanden erwählt – das Volk, Israel, oder eine Einzelgestalt, einen Propheten, den Gottesknecht oder den Messias – ist das Ziel nie nur eine kleine Gruppe, sondern es sind immer alle Menschen gemeint. Gott sei Dank. – Für uns Christen ist Jesus der Retter. Jesus als der Sohn Gottes ist der Höhepunkt davon, dass Gott zu den Menschen sagt: Seid meine Freunde! Wir können die Texte über den Gottesknecht auch auf Jesus hin lesen – dann sehen wir, dass durch Jesus Gottes Heil bis an die Enden der Erde reicht. Alle sind eingeladen, sich auf Gottes Freundschaft und Liebe einzulassen. Wir sind alle berufen, mit Gott Freundschaft zu schließen und diese Freundschaft an andere weiterzugeben. Das fängt schon damit an, dass wir niemanden ausschließen, sondern alle in unsere Gemeinschaft aufnehmen. Wenn wir uns immer wieder klar machen, dass Gottes Heil für alle da ist, dass alle Menschen von Gott geliebt sind und Gott um alle wirbt, dann werden wir gelassener und weitherziger. Gott bemüht sich um alle Menschen. Wir müssen und sollen nicht sortieren, hier die Guten, da die Bösen, hier die Netten, da die, die wir nicht mögen. Eigentlich können wir alle auch Gottes Knechte sein und Gottes Liebe zu allen Menschen tragen. Eine große Aufgabe – aber wir können schon an der nächsten Ecke, in unserer Familie, in unserer Schulklasse, gleich nebenan damit anfangen.

Evangelium
Joh 1,29–34

Aus dem heiligen Evangelium nach Johannes. In jener Zeit sah Johannes der Täufer Jesus auf sich zukommen und sagte: Seht, das Lamm Gottes, das die Sünde der Welt hinwegnimmt.

^{30} Er ist es, von dem ich gesagt habe: Nach mir kommt ein Mann, der mir voraus ist, weil er vor mir war.

^{31} Auch ich kannte ihn nicht; aber ich bin gekommen und taufe mit Wasser, um Israel mit ihm bekanntzumachen.

^{32} Und Johannes bezeugte: Ich sah, dass der Geist vom Himmel herabkam wie eine Taube und auf ihm blieb.

^{33} Auch ich kannte ihn nicht; aber er, der mich gesandt hat, mit Wasser zu taufen, er hat mir gesagt: Auf wen du den Geist herabkommen siehst und auf wem er bleibt, der ist es, der mit dem Heiligen Geist tauft.

^{34} Das habe ich gesehen und ich bezeuge: Er ist der Sohn Gottes.

Fürbitten

Jesus, der Sohn Gottes, hat sich zum Knecht Gottes gemacht, denn er will die Freundschaft Gottes zu allen Menschen bringen. Er wird an uns denken, wenn wir zu ihm rufen:

○ Lass alle Menschen erfahren, dass Gott mit ihnen Freundschaft schließen will.

Jesus, Sohn Gottes:
Wir bitten dich, erhöre uns.

○ Mache uns und alle Christen eifrig darin, mit den anderen Menschen Freundschaft zu schließen, damit alle Feindschaften überwunden werden. Jesus, Sohn Gottes:

o Führe alle Christen zur Einheit zusammen und hilf uns, dass wir es immer wieder zeigen: Gott will das Heil für alle Menschen. Jesus, Sohn Gottes:

o Denke an unsere Verstorbenen, denn sie haben in ihrem Leben auf dich vertraut. Tröste alle Trauernden. Jesus, Sohn Gottes:

Jesus, du hast den Heiligen Geist empfangen und an deine Freunde weitergegeben. Auch wir wurden in der Taufe und Firmung damit erfüllt. Hilf uns, in diesem Geiste zu leben, jetzt und allezeit.

GOTT VERGISST DICH NIE

Jes 49,14–15; Mt 6,25–34

Einführung Habt ihr schon mal was vergessen? Ja, schon oft. Den Turnbeutel, das Federmäppchen. Aber habt ihr auch schon mal jemanden vergessen? Da wird es schon schwieriger. Wir Erwachsene ärgern uns, wenn wir den Geburtstag eines lieben Menschen vergessen haben. Das tut schon mal weh. Aber Menschen sind nun mal vergesslich. Kann die Mama dich vergessen? Nein. Nie. Hoffentlich nie. Ums Vergessen, und ums Nicht-Vergessen geht es heute in unseren Lesungen aus der Bibel. Am Anfang des Gottesdienstes wollen wir nicht vergessen, dass wir zu Jesus gehören und er in unserer Mitte ist.

Kyrie-Rufe Herr Jesus, du bist uns nahe, wenn wir zu dir rufen.
Herr Jesus, du kommst heute in unsere Mitte.
Herr Jesus, wir können alle unsere Sorgen vor dich hintragen.

Gebet Gott, Vater im Himmel, du weißt, was wir brauchen. Stärke unseren Glauben an deine Nähe, damit die täglichen Sorgen uns nicht erdrücken und wir dir und den Menschen dienen können. Darum bitten wir durch Jesus Christus.

Hinführung zur Lesung

Vergessen zu werden, tut weh. Eine kleine Geschichte dazu: Meike ist die Freundin von Jana. Und Meike freut sich schon darauf, auf Janas Geburtstagsfeier zu gehen. Sie hat sogar schon ein Geschenk gebastelt. Aber sie wundert sich, dass sie keine Einladung bekommt. Und so geht sie nicht auf die Geburtstagsfeier. Jana hat vergessen, Meike eine Einladung zu geben. Jana hat viele Gäste, und erst im Laufe der Feier merkt sie, dass Meike nicht da ist. Als sie sich

am Montag in der Schule wieder treffen, sind beide sehr traurig. ...
Also, Jana und Meike haben das wieder geklärt, keine Angst. Aber es war schon doof, dass Jana Meike vergessen hat. So was tut weh. Kennt ihr eigentlich noch diese Poesiealben, in die man Gedichte reinschreibt und auch, dass man die alte Schulfreundin, den alten Schulfreund nie vergessen wird?

Ein Kind zeigt ein Poesiealbum und liest vor:

Bis die Flüsse aufwärts fließen, bis die Hasen Jäger schießen, bis die Mäuse Katzen fressen, solang werd' ich dich nicht vergessen!

Solche Sachen schreibt man da rein. Ob's hilft? Vom Vergessen – besser: Nicht-Vergessen – handelt auch unsere heutige Lesung. Was war passiert? Das Volk Israel war in einer schlimmen Lage: Ein großes fremdes Volk, die Babylonier, haben das Land erobert, die Stadt Jerusalem zerstört und den Tempel Gottes angezündet. Und große Teile des Volkes Israel haben die Babylonier mitgenommen und in das Land Babel, weit weg im Osten, verschleppt. Was sagt das Volk Israel dazu? Gott hat uns vergessen. Das kann doch nicht sein, dass wir so schreckliches Unglück erleben müssen. Gott hat uns vergessen. Der Prophet, der das Volk in Babel trösten soll, kennt diese Gedanken – und er überliefert die Antwort Gottes an das Volk.

Lesung
Jes 49,14–15

Lesung aus dem Buch Jesaja.
Das Volk Israel sagt: Der Herr hat mich verlassen, Gott hat mich vergessen. –
[15] Kann denn eine Frau ihr Kindlein vergessen, eine Mutter ihren leiblichen Sohn? Und selbst wenn sie ihn vergessen würde: Ich vergesse dich nicht.

Überleitung zum Evangelium

Habt ihr gehört, was Gott dem Volk Israel sagt? Kann denn eine Mutter ihr Kind vergessen? Nein, so sagen wir, eine Mutter vergisst ihr Kind nicht. Freilich, wenn wir die Zeitung aufschlagen, so lesen wir schon mal von schrecklichen Tragödien, bei denen Eltern ihre Kinder vernachlässigen oder sogar sterben lassen. Aber das sind ganz furchtbare Ausnahmen. Ja, und Gott weiß sogar darum: Selbst wenn eine Mutter ihr Kind vergessen sollte: ICH vergesse dich nicht! Ein ganz wichtiges Wort, das wir uns tief in unser Herz schreiben sollen. Gott vergisst dich nie. Selbst wenn es dir gar nicht gut geht, selbst wenn du Kummer ohne Ende hast: Gott vergisst dich nie. Eigentlich könnten wir hier Schluss machen und diesem Gedanken nachhängen. Aber Jesus macht im Evangelium noch mehr daraus. Jesus sagt uns heute, was daraus folgt, dass Gott uns nicht vergisst.

Evangelium
Mt 6,25–34

Aus dem heiligen Evangelium nach Matthäus.
In jener Zeit sagte Jesus: Sorgt euch nicht um euer Leben und darum, dass ihr etwas zu essen habt, noch um euren Leib und darum, dass ihr etwas anzuziehen habt. Ist nicht das Leben wichtiger als die Nahrung und der Leib wichtiger als die Kleidung? [26] Seht euch die Vögel des Himmels an: Sie säen nicht, sie ernten nicht und sammeln keine Vorräte in Scheunen; euer himmlischer Vater ernährt sie. Seid ihr nicht viel mehr wert als sie? [27] Wer von euch kann mit all seiner Sorge sein Leben auch nur um eine kleine Zeitspanne verlängern? [28] Und was sorgt ihr euch um eure Kleidung? Lernt von den Lilien, die auf dem Feld wachsen: Sie arbeiten nicht und spinnen nicht. [29] Doch ich sage euch: Selbst Salomo war in all seiner Pracht nicht gekleidet wie eine von ihnen. [30] Wenn aber Gott schon das Gras so prächtig kleidet, das heute auf dem Feld steht und morgen ins Feuer geworfen wird, wie viel mehr dann euch, ihr Kleingläubigen! [31] Macht euch also keine Sorgen und fragt nicht: Was sollen wir essen? Was sollen wir trinken? Was sollen wir anziehen? [32] Denn um all das geht es den Heiden. Euer himmlischer Vater weiß, dass ihr das alles braucht.

³³ Euch aber muss es zuerst um sein Reich und um seine Gerechtigkeit gehen; dann wird euch alles andere dazugegeben.

³⁴ Sorgt euch also nicht um morgen; denn der morgige Tag wird für sich selbst sorgen. Jeder Tag hat genug eigene Plage.

Auslegung „Macht euch keine Sorgen", sagt Jesus. Toll, werden manche antworten, ich hab aber einen ganzen Sack voll Sorgen und Kummer. Erinnern wir uns an die Lesung: Gott vergisst dich nicht. Das heißt doch auch: Gott kennt meine Sorgen – wie die Mutter die Sorgen ihres Kindes kennt.

Was habt ihr Kinder für Sorgen? – Ich will nicht näher fragen, ich überlege einfach mal: die nächste Probearbeit in der Schule; das nächste Fußballspiel gegen einen starken Gegner; dass ich wieder gesund werde und der Husten aufhört; dass die Oma wieder gesund wird. Ja, wir alle haben so unsere Sorgen. Aber wird das alles besser, wenn wir uns darüber den Kopf zerbrechen und das Herz schwer machen? Wäre es nicht gut, einfach mal durchzuatmen und den Gedanken von der Lesung aufzuwärmen: Gott vergisst mich nie?

Machen wir jetzt mal eine kleine Übung: Wir denken in einer kurzen Stille an unsere ärgste Sorge, dann atmen wir tief durch, und beim Ausatmen sagen wir im Stillen Gott, was unsere Sorge ist. Wir vertrauen diese Sorge Gott an. Gott wird uns nicht vergessen.

– – –

Fühlt ihr, wie das Vertrauen wieder wächst? Es ist doch gut, sich immer wieder klar zu machen: Gott vergisst uns nicht, Gott lässt uns nicht allein. So dürfen wir uns von Jesus sagen lassen: Macht euch keine Sorgen, nicht um die kleinen Dinge und auch nicht um die großen. Werft alle Sorgen auf Gott, Gott kümmert sich darum. Das heißt natürlich nicht, dass wir jetzt gar nichts mehr tun sollen: für Mathe lernen, für das Fußballspiel trainieren, das sollen wir schon. Auf die eigene Gesundheit schauen und sich warm anziehen. Für die Oma beten, an sie denken, sie besuchen, das können wir tun. Und wenn wir nichts mehr tun können, dann vertrauen wir uns Gott an: Gott vergisst uns nicht.

Fürbitten

Der gute Gott vergisst uns nicht. Daher dürfen wir voll Vertrauen unsere Bitten vortragen:

○ Guter Gott, wir bitten dich für alle, die sich einsam und vergessen fühlen: Schenke ihnen die Kraft deiner Nähe.

Wir bitten dich, erhöre uns.

○ Guter Gott, wir bitten dich für alle, die große Sorgen haben und sehr traurig sind: Hilf ihnen, dass sie aufatmen können und wieder Hoffnung schöpfen.

○ Guter Gott, wir bitten für uns und unsere Familien: Hilf uns, dass wir zusammenhalten und uns gegenseitig vertrauen.

○ Guter Gott, wir bitten für unsere Verstorbenen: Nimm sie auf in dein ewiges Reich des Friedens und der Freude.

Das sind unsere Bitten. Du, guter Gott, vergisst uns nicht und bist uns immer nahe. Dafür danken wir durch Christus, unseren Herrn.

FÜR GOTT SIND WIR ALLE SUPERSTARS

Sach 9,9–10; Mt 11,25–30

Einführung Wer möchte nicht einmal ein Superstar sein? Auf der Bühne stehen, wenn alle einem zujubeln? Manche jungen Leute, die heiraten, machen eine riesige Hochzeitsfeier, weil sie wenigstens dann einmal im Mittelpunkt stehen und von allen bewundert werden. Meistens sind wir alle aber doch eher kleine Lichter; wir machen unsere Sache, so gut es geht, aber große Bewunderung ernten wir dafür nicht. Und manchmal sind wir darüber etwas traurig, dass wir so unbedeutend sind. Wie ist das hier in der Kirche? Wer zählt etwas vor Gott, auf wen schaut Gott ganz besonders?

Kyrie-Rufe Herr Jesus, du kennst die Wünsche und Sehnsüchte der Menschen.
Herr Jesus, du in Liebe auf jeden Menschen.
Herr Jesus, du machst jeden von uns ganz besonders wertvoll.

Gebet Guter Gott, dein Sohn Jesus ist ein einfacher Mensch wie wir geworden, und so hast du jeden von uns zu deinem Kind gemacht. Vor dir müssen wir keine besonderen Leistungen bringen, wir dürfen zu dir kommen, wie wir sind. Das ist ein großes Geschenk. Lass uns das erkennen und gib uns Freude darüber ins Herz. Darum bitten wir durch Jesus Christus.

Hinführung zur Lesung
Gleich hören wir eine Lesung aus der Schrift des Propheten Sacharja. Der Prophet kündigt für Jerusalem eine große Freude an: Der König kommt! Alle sollen jubeln und sich freuen. Aber irgendwas ist seltsam an diesem König. Hört mal gut zu; hinterher fragen wir uns, was an diesem König nicht passt.

Lesung

Sach 9,9–10

Lesung aus dem Buch des Propheten Sacharja.
Juble laut, Tochter Zion! Jauchze, Tochter Jerusalem!
Sieh, dein König kommt zu dir. Er ist gerecht und
hilft; er ist demütig und reitet auf einem Esel,
auf einem Fohlen, dem Jungen einer Eselin.
[10] Ich vernichte die Streitwagen aus Efraim und die
Rosse aus Jerusalem, vernichtet wird der Kriegsbogen.
Er verkündet für die Völker den Frieden; seine Herr-
schaft reicht von Meer zu Meer und vom Eufrat bis
an die Enden der Erde.

Überleitung zum Evangelium

Habt ihr gemerkt, was an diesem König, der da nach
Jerusalem kommen soll, seltsam ist? – Wie kommt
der König daher? Auf einem Esel, ja, auf einem Esels-
fohlen! Das ist ja eigenartig! Ein König reitet doch
auf einem Pferd mit prächtigem Sattel! Aber er – auf
einem Esel kommt er daher! Das ist ja wie wenn
ein Schauspieler bei der Oscar-Verleihung auf einem
Fahrrad vorfährt. Oder wenn der Bundespräsident
zum Staatsbesuch mit dem Tretroller ankommt. Ein
seltsamer König. Das ist kein Superstar, oder?
Im zweiten Teil der Lesung klingt das aber wieder
anders. Da sagt der Prophet schon, dass dieser König
auf dem Esel große Macht hat – aber die zeigt er
nicht darin, dass er viele Kriege führt und immer
gewinnt. Nein, dieser mächtige König auf dem Esel
bringt den Menschen den Frieden; die Waffen werden vernichtet. Ein schönes Hoffnungsbild. Aber
wer ist dieser König?
Am Palmsonntag haben wir von Jesus gehört, dass
er auf einem Esel in Jerusalem eingezogen ist. Das
at Jesus absichtlich gemacht, denn er wollte den
Menschen zeigen, dass er ein König ist, aber kein
Superstar auf großem Pferd mit vielen Waffen,
sondern der König, der den Frieden bringt und für die
einfachen Menschen da ist, die nur einen Esel haben.
Im Evangelium sagt uns das Jesus heute nochmals
deutlich, wer er ist und für wen er gekommen ist –
und wer die Superstars vor Gott eigentlich sind.

Evangelium

Mt 11,25–30

Aus dem heiligen Evangelium nach Matthäus. In jener Zeit sprach Jesus: Ich preise dich, Vater, Herr des Himmels und der Erde, weil du all das den Weisen und Klugen verborgen, den Unmündigen aber offenbart hast. [26] Ja, Vater, so hat es dir gefallen.

[27] Mir ist von meinem Vater alles übergeben worden; niemand kennt den Sohn, nur der Vater, und niemand kennt den Vater, nur der Sohn und der, dem es der Sohn offenbaren will. [28] Kommt alle zu mir, die ihr euch plagt und schwere Lasten zu tragen habt. Ich werde euch Ruhe verschaffen.

[29] Nehmt mein Joch auf euch und lernt von mir; denn ich bin gütig und von Herzen demütig; so werdet ihr Ruhe finden für eure Seele.

Auslegung

Jesus beginnt seine Rede mit einem Gebet: Er dankt Gott, seinem Vater, dass er „all das" den gescheiten Leuten nicht gezeigt hat, aber den „Unmündigen" geoffenbart hat. Das klingt sehr kompliziert, meint aber etwas ganz Einfaches: Die gescheiten und klugen Leute, die Großen, die Superstars haben nicht erkannt, wer Jesus wirklich ist. Die berühmten Leute zu der Zeit, als Jesus aufgetreten ist, haben schon auf einen König gewartet, der von Gott kommt – aber sie haben gedacht, dass ein solcher König auf einem herrlichen Pferd daherkommt, mit vielen Reitern und Waffen und wie ein Superstar, dem alle zujubeln. Aber so ist Jesus nicht aufgetreten – er ist zu den unwichtigen und armen Menschen gegangen. Und die einfachen Leute, auf die keiner schaut, die nichts Besonderes sind, die haben Jesus als den Friedenskönig erkannt.

Wir sehen also: Jesus selbst tritt nicht als der Superstar mit Glanz und Glamour auf – und die Leute, die ihn erkennen, müssen nicht weiß Gott wie gescheit oder klug oder berühmt oder wichtig sein. Das ist doch wirklich ein Trost für uns: So, wie wir hier sind, als ganz einfache Leute, als Kinder, Jugendliche, Erwachsene, kommen wir zu Jesus, und er ist für uns da. Keiner fragt uns am Eingang, ob wir eine Krawatte tragen, ob wir Abitur haben, welche guten Noten wir vorweisen können, was wir in der Woche alles an wichtigen Dingen geleistet haben. (Oder hat euch jemand gefragt? Nein!) Das ist hier in der Kirche schon ganz anders als draußen, in der Gesellschaft, in der Schule, wo oft nur die Leistung, das Können und das Ansehen zählen, wo wir als kleine Superstars auftreten müssen, um etwas darzustellen. Hier, bei Jesus, müssen wir nichts darstellen, uns nicht verstellen. Da können wir einfach sein, wie wir sind. Mit all dem, was uns plagt, was uns Sorgen macht, können wir kommen und das Jesus anvertrauen. Kommt alle zu mir, sagt Jesus – ich werde euch Ruhe verschaffen.

Ja, bei Jesus, dem seltsamen König auf dem Esel, ist vieles anders, als wir es sonst gewöhnt sind. Jesus ist nicht der Superstar, zu dem nur die VIPs, die wichtigen Leute Zutritt haben. Wir können es umgekehrt sagen: Vor Gott und Jesus sind wir alle Superstars, sind wir alle „sehr wichtige Leute". Auch wenn wir uns für nicht wichtig halten und es in den Augen der anderen auch nicht sind – vor Gott zählen wir alle wie Superstars. Das, glaube ich, kann uns schon etwas beruhigen, weil wir doch sonst so aufgeregt sind, ob wir auch wirklich die Leistung bringen, die alle (Eltern, Lehrer, Freunde, Chefs usw.) von uns erwarten. Hier und heute, vor Jesus, dem König auf dem Esel, bringen wir mal keine Leistung, da bringen wir uns einfach selbst mit, und es ist gut so in den Augen Gottes.

Fürbitten

Zu Gott, der jeden von uns kennt und liebt und dem wir alle wichtig sind, bringen wir unsere Anliegen:

○ Guter Gott, gib allen, die sich für unwichtig oder unnütz halten, neue Zuversicht und Lebensfreude.

Wir bitten dich, erhöre uns.

○ Guter Gott, sei allen, die ein schweres Schicksal zu tragen haben, besonders nahe und tröste sie.

○ Guter Gott, steh allen bei, die krank sind oder unter den Folgen von Krieg und Ungerechtigkeit leiden.

○ Guter Gott, gib unseren Verstorbenen die ewige Ruhe und die große Freude bei dir in deinem Reich.

Vieles haben wir noch auf dem Herzen. Du, guter Gott, kennst uns und weißt, was wir brauchen. Auf dich vertrauen wir, jetzt und allezeit.

GOTT LÄSST WACHSEN

Gen 1,11–13; Ps 104,1b.14–15; Jes 61,10ab.11; Apg
9,31; 1 Kor 3,5–7; Mt 13,24–32

Material   *Weizenkörner / Kressesamen; Spielzeugauto; Bonbons;*
Blumentopf mit Erde; Wasser; vorbereiteter Blumentopf
mit kleinen Pflänzchen; Bibel mit Markierungen

Einführung   Heute gibt es auf allen Kontinenten viele Christen,
junge und alte. Die Kirche hat sich über die ganze
Welt ausgebreitet. Wie hat es angefangen? Mit zwölf
Freunden, die Jesus gesammelt hat – die hat er als
Apostel ausgeschickt. Ganz klein haben die angefangen, die als erste an Jesus geglaubt haben – und
sie haben sich über die ganze Erde ausgebreitet. Gott
lässt wachsen – auch unseren Glauben, seit unserer
Taufe. Wenn wir jetzt mit Weihwasser besprengt werden, erinnern wir uns an die Taufe – und wie wir seither gewachsen sind.

Taufgedächtnis; Besprengung mit Weihwasser

Gebet   Gott, unser Vater, du hast uns den Heiligen Geist geschenkt, damit wir seine Kraft empfangen. Dein Geist
führt uns zu dir, wenn wir nach dem Sinn unseres Lebens fragen. Er weckt in uns die Sehnsucht, nach dem
Wort und Beispiel deines Sohnes Jesus zu leben. Wir
bitten für alle Christen in unserem Land und überall
auf der ganzen Welt: Der Heilige Geist komme auf
uns herab und stärke unsere Gemeinschaft im
Glauben, damit wir gemeinsam zeigen können, wie
deine Liebe trägt. Wir wollen deine Zeugen sein.
Darum bitten wir durch Jesus Christus.

Hinführung zu den Lesungstexten

P   Pflanzen und Tiere wachsen, Kinder wachsen, Freundschaften wachsen und die Kirche als Gemeinschaft wächst. Wer lässt das eigentlich alles wachsen? Schauen wir doch mal in die Bibel rein. In meiner Bibel kommt über 110-mal das Wort „wachsen" vor. Ich habe ein paar interessante Stellen für uns herausgesucht.

Die Bibelstellen sollen von (größeren) Kindern oder von Jugendlichen aus einer mit Lesezeichen und Markierungen vorbereiteten Bibel vorgelesen werden.

Ganz am Anfang hören wir in der Bibel, wie Gott die Welt erschafft – und die Pflanzen wachsen lässt:

K/J   Dann sprach Gott: Das Land lasse junges Grün wachsen, alle Arten von Pflanzen, die Samen tragen, und von Bäumen, die auf der Erde Früchte bringen mit ihrem Samen darin. So geschah es. Das Land brachte junges Grün hervor, alle Arten von Pflanzen, die Samen tragen, alle Arten von Bäumen, die Früchte bringen mit ihrem Samen darin. Gott sah, dass es gut war. Es wurde Abend und es wurde Morgen: dritter Tag. (Gen 1,11–13)

P   Und wozu sind die Pflanzen gut? Damit die Tiere etwas zu fressen haben. Und der Mensch kann Getreide und Weinstöcke und Ölbäume anbauen und bekommt so Brot und Wein und Öl. Darüber hat sich einmal ein Psalmen-Dichter so gefreut, dass er ein Loblied geschrieben hat. Wir finden es in Psalm 104:

K/J   Herr, mein Gott, wie groß bist du!
Du lässt Gras wachsen für das Vieh,
auch Pflanzen für den Menschen, die er anbaut,
damit er Brot gewinnt von der Erde
und Wein, der das Herz des Menschen erfreut,
damit sein Gesicht von Öl erglänzt
und Brot das Menschenherz stärkt. (Ps 104,1b.14–15)

P   Aber Gott lässt nicht nur Pflanzen wachsen. Gott will auch, dass es gerecht in der Welt zugeht. Ja, die Gerechtigkeit soll aus der Erde herauswachsen wie die

Pflanzen! Im Buch des Propheten Jesaja finden wir folgende Worte:

K/J   Von Herzen will ich mich freuen über den Herrn.
Meine Seele soll jubeln über meinen Gott.
Denn wie die Erde die Saat wachsen lässt
und der Garten die Pflanzen hervorbringt,
so bringt Gott, der Herr, Gerechtigkeit hervor
und Ruhm vor allen Völkern. *(Jes 61,10ab.11)*

P   Hoffentlich macht Gott das bald wahr, dass die Gerechtigkeit aus der Erde wächst!
Was wächst noch alles? Ach ja, Kinder wachsen. Im Neuen Testament lesen wir im Lukasevangelium: „Jesus aber wuchs heran und seine Weisheit nahm zu und er fand Gefallen bei Gott und den Menschen" *(Lk 2,52)*. Ja, auch Jesus ist gewachsen, wie ihr alle. Und die Kirche ist gewachsen. Das finden wir in den Geschichten über die Apostel:

K/J   Die Kirche in ganz Judäa, Galiläa und Samarien hatte nun Frieden; sie wurde gefestigt und lebte in der Furcht vor dem Herrn. Und sie wuchs durch die Hilfe des Heiligen Geistes. *(Apg 9,31)*

P   Aber wer lässt das alles wachsen? Der Apostel Paulus schreibt es uns ganz deutlich in seinem ersten Brief an die Gemeinde in Korinth *(1 Kor 3,5–7)*. Das liegt in Griechenland. Dort gab es Streit darüber, wer der beste Apostel und der beste Gemeindeleiter, wir würden sagen, der beste Pfarrer, ist: Paulus oder sein Helfer Apollos. Egal, sagt Paulus, keiner ist der Beste, nur einer, nämlich der, der wachsen lässt – und das ist Gott.

K/J   Was ist denn Apollos? Und was ist Paulus? Ihr seid durch sie zum Glauben gekommen. Sie sind also Diener, jeder, wie der Herr es ihm gegeben hat: Ich, Paulus, habe gepflanzt, Apollos hat begossen, Gott aber ließ wachsen. So ist weder der etwas, der pflanzt, noch der, der begießt, sondern nur Gott, der wachsen lässt. *(1 Kor 3,5–7)*

P So, jetzt wissen wir es: Gott lässt wachsen. Die Pflanzen, die Tiere, die Kinder, die Kirche. Und wie geht das? Das wissen schon die Kleinsten. Wenn etwas wachsen soll, dann muss man es in die Erde tun, gießen, und Sonne braucht die Pflanze auch.

Seht mal her, was ich da mitgebracht habe: Was kann ich in die Erde tun, dass es wächst? * (Weizenkörner/ Kressesamen, Spielzeugauto, Bonbons) –

kurzes Gespräch

Also, ich kann die Samenkörner säen, und dann wachsen sie.

Samenkörner in Blumentopf tun, kurz begießen – Stille, warten

Na, was ist? Warum wächst das nicht? Soll ich mal dran ziehen?

kurzes Gespräch

Ach so, das geht langsam. Manchmal sehr langsam. Da braucht man Geduld. Die Geduld fehlt uns manchmal. Auch mit Gott haben wir bisweilen keine Geduld. Aber Gott lässt wachsen. Gott hat die Kirche wachsen lassen. Und Gott lässt Gerechtigkeit wachsen, langsam, aber sicher. Und Gott wird den Glauben in unseren Kindern wachsen lassen, langsam, aber sicher. Ich vertraue darauf. Wir müssen nur Geduld haben.

Überleitung zum Evangelium

Ich habe hier etwas mitgebracht. Könnt ihr mir sagen, was hier wächst? Nein, die Pflänzchen sind noch viel zu klein. Man weiß nicht, ob es eine Blume, ein Getreide oder ein Unkraut ist. Wieder brauchen wir Geduld, bis die Pflanzen größer sind. Wir lernen daraus, dass wir Geduld haben müssen mit unseren Mitmenschen, mit unseren Kindern. Es wird schon etwas draus werden. Gott lässt wachsen. Und am Ende wird Gott beurteilen, was gut und schlecht ist. Wir müssen das nicht tun. Gott sei Dank.

Evangelium

Mt 13,24–32

Aus dem heiligen Evangelium nach Matthäus. Und Jesus erzählte den Leuten ein Gleichnis: Mit dem Himmelreich ist es wie mit einem Mann, der guten Samen auf seinen Acker säte.

[25] Während nun die Leute schliefen, kam sein Feind, säte Unkraut unter den Weizen und ging wieder weg.

[26] Als die Saat aufging und sich die Ähren bildeten, kam auch das Unkraut zum Vorschein.

[27] Da gingen die Knechte zu dem Gutsherrn und sagten: Herr, hast du nicht guten Samen auf deinen Acker gesät? Woher kommt dann das Unkraut?

[28] Er antwortete: Das hat ein Feind von mir getan. Da sagten die Knechte zu ihm: Sollen wir gehen und es ausreißen?

[29] Er entgegnete: Nein, sonst reißt ihr zusammen mit dem Unkraut auch den Weizen aus.

[30] Lasst beides wachsen bis zur Ernte. Wenn dann die Zeit der Ernte da ist, werde ich den Arbeitern sagen: Sammelt zuerst das Unkraut und bindet es in Bündel, um es zu verbrennen; den Weizen aber bringt in meine Scheune. – Jesus erzählte ihnen ein weiteres Gleichnis und sagte: Mit dem Himmelreich ist es wie mit einem Senfkorn, das ein Mann auf seinen Acker säte.

[32] Es ist das kleinste von allen Samenkörnern; sobald es aber hochgewachsen ist, ist es größer als die anderen Gewächse und wird zu einem Baum, sodass die Vögel des Himmels kommen und in seinen Zweigen nisten.

Fürbitten

Gott lässt vieles wachsen auf dieser Erde und hat große Geduld mit uns Menschen. Wir bitten ihn:

○ Die Erde bringt genug Nahrung für alle Menschen hervor, aber der Reichtum ist ungerecht verteilt. Hilf, Gott, dass die Menschen gerechter miteinander umgehen.

Wir bitten dich, erhöre uns.

- Wir sind schnell mit Vorurteilen über andere und halten sie für blöd oder böse. Gib uns, Gott, mehr Geduld und mache uns liebevoller.
- Überall auf der Welt glauben viele Menschen an dich. Hilf, Gott, dass sie und wir alle an einer besseren Welt mitbauen.
- Unsere Verstorbenen müssen wir wieder der Erde anvertrauen. Lass sie, Gott, zu neuem Leben auferstehen und stärke unsere Hoffnung.

Guter Gott, manchmal verlieren wir die Geduld mit dir. Zeige uns immer wieder, dass du doch da bist und diese Welt liebst. Darum bitten wir durch Jesus, deinen Sohn, der uns so viel von dir erzählt hat. Amen.

Hinweis *Zum Abschluss könnte den Kindern als Erinnerung noch jeweils eine kleine Tüte mit Samen mitgegeben werden – zum Einüben der Geduld und des Vertrauens, dass Gott wachsen lässt.*

MIT DEM GLAUBEN VIEL GEWINNEN

1 Kön 3,5.7–12; Mt 13,44–45

Einführung Schon oft seid ihr hier in diesen Raum gekommen. Die Kirche sieht anders aus als euer Wohnzimmer zu Hause. Was fällt euch alles auf? (–) Den Menschen, die diese Kirche gebaut und geschmückt haben, war dieser Raum wohl sehr wichtig. Sie haben viel „investiert", so würden wir heute sagen. Was war ihnen wichtig und warum?

Kyrie-Rufe Herr Jesus, du lädst uns immer wieder zu dir ein.
Herr Jesus, du gibst uns Mut und Hoffnung.
Herr Jesus, dir wollen wir unser Leben anvertrauen.

Gebet Guter Gott, du beschützt uns und begleitest uns. Sei bei uns auch in der kommenden Zeit, zeige uns den rechten Weg, hilf uns, gut mit der freien Zeit und gut mit unseren Mitmenschen umzugehen. Darum bitten wir durch Jesus Christus.

Hinführung zur Lesung
Aus Märchen und von Filmen kennen wir das: Jemand hat einen Wunsch frei. Was würdet ihr euch da wünschen? – Viele Menschen wünschen sich Reichtum, viel Geld und Besitz. Dann könnten sie sich ein großes, schönes Haus bauen usw. Oder sie wünschen sich Gesundheit und ein langes Leben.
In der Lesung hören wir heute, dass Gott dem jungen König Salomo auch einen Wunsch erfüllen will. Ob sich Salomo Reichtum, Gold und Edelsteine wünscht? Oder ein langes Leben?

Lesung Lesung aus dem ersten Buch der Könige.
1 Kön 3,5–6a In jenen Tagen erschien der Herr dem Salomo nachts im Traum und forderte ihn auf: Sprich eine Bitte aus, die ich dir gewähren soll.

1 Kön 3,7–12

⁶ᵃ Salomo antwortete:

Herr, mein Gott, du hast deinen Knecht anstelle meines Vaters David zum König gemacht. Doch ich bin noch sehr jung und weiß nicht, wie ich mich als König verhalten soll.

⁸ Dein Knecht steht aber mitten in deinem Volk, das du erwählt hast: einem großen Volk, das man wegen seiner Menge nicht zählen und nicht schätzen kann.

⁹ Verleih daher deinem Knecht ein hörendes Herz, damit er dein Volk zu regieren und das Gute vom Bösen zu unterscheiden versteht. Wer könnte sonst dieses mächtige Volk regieren?

¹⁰ Es gefiel dem Herrn, dass Salomo diese Bitte aussprach.

¹¹ Daher antwortete ihm Gott: Weil du gerade diese Bitte ausgesprochen hast und nicht um langes Leben, Reichtum oder um den Tod deiner Feinde, sondern um Einsicht gebeten hast, um auf das Recht zu hören,

¹² werde ich deine Bitte erfüllen. Sieh, ich gebe dir ein so weises und verständiges Herz, dass keiner vor dir war und keiner nach dir kommen wird, der dir gleicht.

Überleitung zum Evangelium

Habt ihr aufgepasst, was sich Salomo gewünscht hat? Ein „hörendes Herz"! Salomo meint damit Klugheit und Weisheit; er muss als König viele wichtige Entscheidungen treffen, da muss er wissen, wo es langgeht, was gut für sein Volk ist. Das war ein kluger Wunsch, den Salomo ausgesprochen hat.

Auch wir wüssten gern, wo es langgeht, was wirklich wichtig ist. In der Schule lernt Ihr, liebe Kinder, viel. Viel Wichtiges, vielleicht auch manches Unwichtige. Ist eigentlich derjenige klug, der sich viel merken kann? Hat Salomo sich gewünscht, viel zu „wissen"? Es kommt nicht allein drauf an, was man hier (im „Hirn") abspeichern kann. Das Abspeichern kann heute ein Computer viel besser. Was wir alle miteinander lernen müssen, ist, dieses Wissen richtig anzuwenden. Richtige Entscheidungen treffen, wirklich wissen, was gut und hilfreich ist – das ist gar nicht so einfach. Salomo hatte es gut, er hat sich diese Fähigkeit von Gott wünschen dürfen. Wir müssen das mühsam lernen: Was ist wirklich gut für uns, gut für die anderen um uns herum? Wohin sollen wir unsere Energie, unser Können „investieren"? Was „bringt" etwas? – Wir hören gleich im Evangelium ein Gleichnis, eine Bildgeschichte, mit der uns Jesus einen Tipp geben will ...

Evangelium
Mt 13,44–45

Aus dem heiligen Evangelium nach Matthäus.
In jener Zeit sprach Jesus zu der Menge: Mit dem Himmelreich ist es wie mit einem Schatz, der in einem Acker vergraben war. Ein Mann entdeckte ihn, grub ihn aber wieder ein. Und in seiner Freude verkaufte er alles, was er besaß, und kaufte den Acker.
[45] Auch ist es mit dem Himmelreich wie mit einem Kaufmann, der schöne Perlen suchte.
[46] Als er eine besonders wertvolle Perle fand, verkaufte er alles, was er besaß, und kaufte sie.

Auslegung

Ach ja, das Evangelium vom „Schatz im Acker"! – Nehmen wir uns noch einmal Zeit, das Bild genauer zu verstehen. Wie kommt es zu einem solchen „Schatz im Acker"? Es gab damals keine Bank und keine Schließfächer – wer etwas Wertvolles besaß, etwa einen Topf voller Goldmünzen, und das nicht ständig mit sich herumtragen konnte, der hat das an einem geheimen Ort, den nur er wusste, versteckt. Wenn er aber das Versteck niemandem verraten hatte und dann gestorben ist, dann wusste niemand mehr, wo der Topf mit Goldmünzen war. So konnte es geschehen, dass jemand ganz anderer nach vielen Jahren zufällig auf diesen Topf mit Goldmünzen gestoßen ist. Schnell hat er den Schatz wieder zugebuddelt und den Acker, wo der Schatz war, gekauft. Dazu musste er alles andere, was er hatte, hergeben – dann gehörte ihm der Acker und mit ihm der Goldschatz. Er hatte viel gewonnen!

Oder der Kaufmann, der Perlen sammelt: Warum tut er das? Er freut sich über die Schönheit der Perlen. Als er eine ganz wertvolle Perle bei einem Händler sieht, verkauft er alles, was er hat, um diese eine Perle zu kaufen. Er ist glücklich, weil er diese wunderschöne und wertvolle Perle hat. Auch er hat viel gewonnen.

Der Schatz und die Perle stehen als Bilder für „das Himmelreich", so sagt Jesus. Das Himmelreich ist so wertvoll und wichtig, dass man dafür alles andere hergeben kann, wie der Mann, der den Acker kauft, wie der Kaufmann, der die Perle kauft. Unsere Vorfahren, die unsere Kirchen gebaut haben, wollten das irgendwie nachahmen: So haben sie die Kirchenräume so kostbar gestaltet, wie sie eben konnten. Sie wollten ein Stück Himmelreich auf Erden bauen. Wenn wir an die armen Bauern von früher denken, in ihren kleinen Hütten – wenn sie in die großen Kirchen voller Gold und Pracht kamen (etwa auf einer Wallfahrt), dann fühlten sie sich wie im Himmel. Das war schön und gab ihnen Kraft für ihren Alltag. Sie haben viel gewonnen.

Ich hoffe, liebe Kinder und liebe Erwachsene, dass auch ihr etwas durch den Glauben an Jesus, an Gott und an das Himmelreich, das Reich Gottes gewinnt. Das Gleichnis zeigt uns: Man muss schon etwas einbringen, etwas „investieren". Ihr habt z. B. eure Zeit am Sonntag mitgebracht, euer Singen und Proben (Kinderchor). Ich hoffe, dass ihr auch etwas mitnehmt: die Freude über die Gemeinschaft, Trost, Hoffnung, den Segen Gottes für die kommenden Tage. Jesus macht uns mit seinem Gleichnis ein Versprechen: Wenn du dich auf den Glauben einlässt, wenn du dich selber mitbringst, dann wirst du einen großen Gewinn davon haben. Der Glaube an Jesus und das Hören auf Gottes Wort werden dein Leben bereichern und zum Reich Gottes hinführen, zum Schatz im Acker und zur wertvollen Perle.

Fürbitten

Wir glauben, dass Gott unser Leben begleitet und dass Gottes Reich unter uns anfängt. Wir bringen unsere Bitten und Anliegen vor Gott hin:

○ Guter Gott, schenke allen Menschen frohe Erfahrungen, Trost und Hoffnung, wenn sie ihr Vertrauen auf dich setzen.

Wir bitten dich, erhöre uns.

○ Guter Gott, lass alle Menschen entdecken, dass sie froh und glücklich werden, wenn sie an dich glauben.

○ Guter Gott, hilf allen in dieser Ferienzeit, sich gut zu erholen und Kraft zu schöpfen für den Alltag.

○ Guter Gott, lass die Kranken gesund werden, tröste alle Traurigen und nimm unsere Verstorbenen in dein ewiges Reich auf.

Wer glaubt, hat den Schatz im Acker und die wertvolle Perle gefunden. Der gute Gott geleite uns durch die Ferienzeit und gebe uns Kraft für den Alltag. Amen.

BEI GOTT IST ALLES ANDERS

Jes 55,6–9; Mt 20,1–16a

Material *Geschlossener Korb (Decke) mit einem (1) Füller mit leerer Patrone und kleinem Schreibblock, (2) Zartbitter-Schokolade und (3) einem Wecker.*

Kyrie-Rufe Am Anfang unseres Gottesdienstes bitten wir unseren Herrn Jesus Christus um seine Nähe und sein Erbarmen.
Herr, erbarme dich unser.
Christus, erbarme dich unser.
Herr, erbarme dich unser.

Einführung *Drei Kinder dürfen je einen Gegenstand aus dem Korb herausholen und erklären, was es ist.*

(1) *Füller mit leerer Patrone.*
Kind versucht zu schreiben; geht nicht – Patrone leer

Das kennt ihr, oder? Immer wenn man den Füller besonders dringend braucht, ist die Patrone leer! Und dann ärgert man sich. Es gibt im Leben aber noch schlimmere Fälle, wenn das Material versagt. Das kann manchmal zu üblen Unfällen führen. Und noch schlimmer ist es, wenn Menschen versagen: Das fängt damit an, dass dich dein bester Freund, deine beste Freundin in einer schwierigen Lage hängen lässt, im Stich lässt. Und das geht weiter bis dahin, dass Menschen nicht aufpassen und Unfälle verursachen.

Seitenwechsel

Ich wechsle jetzt die Seite, um zu zeigen, dass Gott anders ist: Auf Gott kannst du dich immer verlassen! Da geht nie die Patrone aus, Gott versagt nie! Auch wenn es manchmal scheint, dass wir von allen verlassen sind und niemand mehr zu uns hält: Gott bleibt da, und im schlimmsten Fall trägt er uns sogar durch die schweren Zeiten. Es ist doch gut, einen Freund wie Gott an der Seite zu wissen!

(2)   *Zartbitter-Schokolade*

Magst du Zartbitter-Schokolade? – Ich schon. Das Leben, das können uns die Erwachsenen bestätigen, ist wie Zartbitter-Schokolade: Mal geht es einem wunderbar, alles zart – und dann kommt es wieder bitter. Auf und ab geht es im Leben. In der Schule wird es euch nicht anders gehen: Mal geht man gern, mal ist es bitter, früh aufzustehen, mal hat man Erfolg, mal gehört man zu den Letzten. Und das ist bitter.

Seitenwechsel

Bei Gott ist es anders: Gott ist nicht mal so, mal so. Im Leben, ja, da kommt es sehr wechselhaft, aber auf Gott kannst du dich immer verlassen. Und da ist es gut, immer an Gott zu denken: Nicht nur dann, wenn ich in den bitteren Zeiten Gottes Hilfe brauche, sondern auch dann, wenn es mir gut geht, ist es nicht verkehrt, Gott auch dafür zu danken.

(3)   *Wecker*

Wenn man in die Schule geht, muss man früh aufstehen *(Wecker piept)*. Und auch sonst geht vieles nach der Uhr: In der Schule sowieso, und auch in der Freizeit jagt oft ein Termin den anderen. Oft sagt mir die Uhr, dass es wieder einmal zu spät ist. Besonders schlimm ist es, wenn ich zu spät mit dem Lernen angefangen habe: Das hat, die Größeren wissen es, meist üble Folgen.

Seitenwechsel

Wieder ist es bei Gott anders: Bei Gott gibt es kein „Zu spät!“. Und Gott hat auch keine Sprechstunde oder „geschlossen“! Zu jeder Tages- und Nachtzeit können wir uns an Gott wenden. Und auch dann, wenn uns alle schon abgeschrieben haben, wenn wir bei den Menschen nichts mehr zählen, weil wir zu spät dran waren und versagt haben und alles falsch gemacht haben – dann ist Gott immer noch da. Wenn wir dann unser Vertrauen und unseren Glauben auf Gott setzen, werden wir den großen Lohn erhalten. Das ist verrückt, das gibt's auf der Erde nicht – aber bei Gott, denn Gott ist anders. Und weil Gott so anders ist, so großzügig, erzählt uns Jesus im Evangelium eine ganz verrückte Geschichte.

Gebet   Guter Gott, du hast uns allen aufgetragen, dass wir dich und unsere Mitmenschen lieben – das ist das Wichtigste. Gib uns die Kraft, deine Weisung immer wieder zu befolgen, damit wir deinen großen Lohn erhalten. Darum bitten wir durch Jesus Christus.

Lesung   Lesung aus dem Buch Jesaja.
Jes 55,6–9   Sucht den Herrn, solange er sich finden lässt, ruft ihn an, solange er nahe ist.
⁷ Der Ruchlose soll seinen Weg verlassen, der Frevler seine Pläne. Er kehre um zum Herrn, damit er Erbarmen hat mit ihm, und zu unserem Gott; denn er ist groß im Verzeihen.
⁸ Meine Gedanken sind nicht eure Gedanken und eure Wege sind nicht meine Wege – Spruch des Herrn.
⁹ So hoch der Himmel über der Erde ist, so hoch erhaben sind meine Wege über eure Wege und meine Gedanken über eure Gedanken.

Überleitung zum Evangelium

In der Lesung spricht ein Prophet im 6. Jh. v. Chr. zum Volk Israel, das schwere Zeiten hinter sich hat: Die Babylonier hatten Jerusalem erobert und große Teile ins Exil nach Babel verschleppt. Die Bibel deutet dies als Strafe Gottes für die Sünden des Volkes. Doch jetzt, jetzt ist diese Strafe abgebüßt, jetzt kommt Gottes Erbarmen. Die Worte des Propheten werden in das Buch „Jesaja" eingeschrieben, denn der Name „Jesaja" ist Programm: Gott rettet. Die große Botschaft ist: Unser Gott ist groß im Verzeihen. Viel größer, noch größer. So groß im Verzeihen, dass das nicht in ein Menschenhirn hineinpasst. Diese Güte Gottes verkündet auch Jesus von Nazaret. Wir hören heute dieses verrückte Evangelium von den Arbeitern im Weinberg. Fünfmal, so erzählt Jesus in seinem Gleichnis, wirbt ein Gutsbesitzer im Drei-Stunden-Takt Arbeiter an – und verspricht allen denselben Lohn. Und schließlich bekommen alle den gleichen Lohn: einen Denar, genau das, was für einen Tag zum Überleben reicht. Die Letzten haben nur eine Stunde dafür gearbeitet. Grund zum Murren? Ist das ungerecht? Wir müssen genau auf den Anfang hören!

Evangelium
Mt 20,1–16a

Aus dem heiligen Evangelium nach Matthäus. In jener Zeit erzählte Jesus folgendes Gleichnis:
[1] Mit dem Himmelreich ist es wie mit einem Gutsbesitzer, der früh am Morgen sein Haus verließ, um Arbeiter für seinen Weinberg anzuwerben.
[2] Er einigte sich mit den Arbeitern auf einen Denar für den Tag und schickte sie in seinen Weinberg.
[3] Um die dritte Stunde ging er wieder auf den Markt und sah andere dastehen, die keine Arbeit hatten.
[4] Er sagte zu ihnen: Geht auch ihr in meinen Weinberg! Ich werde euch geben, was recht ist.
[5] Und sie gingen. Um die sechste und um die neunte Stunde ging der Gutsherr wieder auf den Markt und machte es ebenso.
[6] Als er um die elfte Stunde noch einmal hinging, traf er wieder einige, die dort herumstanden. Er sagte zu ihnen: Was steht ihr hier den ganzen Tag untätig herum?
[7] Sie antworteten: Niemand hat uns angeworben. Da sagte er zu ihnen: Geht auch ihr in meinen Weinberg!
[8] Als es nun Abend geworden war, sagte der Besitzer des Weinbergs zu seinem Verwalter: Ruf die Arbeiter, und zahl ihnen den Lohn aus, angefangen bei den letzten, bis hin zu den ersten.

⁹ Da kamen die Männer, die er um die elfte Stunde angeworben hatte, und jeder erhielt einen Denar.
¹⁰ Als dann die ersten an der Reihe waren, glaubten sie, mehr zu bekommen. Aber auch sie erhielten nur einen Denar.
¹¹ Da begannen sie, über den Gutsherrn zu murren, ¹² und sagten: Diese letzten haben nur eine Stunde gearbeitet, und du hast sie uns gleichgestellt; wir aber haben den ganzen Tag über die Last der Arbeit und die Hitze ertragen.
¹³ Da erwiderte er einem von ihnen: Mein Freund, dir geschieht kein Unrecht. Hast du nicht einen Denar mit mir vereinbart?
¹⁴ Nimm dein Geld und geh! Ich will dem letzten ebenso viel geben wie dir.
¹⁵ Darf ich mit dem, was mir gehört, nicht tun, was ich will? Oder bist du neidisch, weil ich (zu anderen) gütig bin?
¹⁶ So werden die Letzten die Ersten sein und die Ersten die Letzten.

Auslegung

„Mit dem Himmelreich ist es wie mit einem Gutsbesitzer, der Arbeiter für seinen Weinberg anwarb." – Das erste Wort des Evangeliums dürfen wir nicht überhören! Dann müssen wir uns auch nicht über den angeblich ungerechten Gutsbesitzer ärgern, der den gleichen Lohn für ungleiche Arbeit bezahlt. Jesus spricht vom Himmelreich und nicht davon, wie wir heute Tarifpolitik gestalten oder wie Lohnabschlüsse getätigt werden oder wie Noten in der Schule vergeben werden sollen. Dass es auf Erden bei uns anders zugeht und anders sein muss, das weiß Jesus sehr genau – und gerade deshalb erzählt er dieses Gleichnis, um uns zu provozieren. Jesus will uns wachrütteln und einen Gegensatz aufzeigen: Gott ist ganz anders, als es in unserer Welt zugeht.

Gott sei Dank ist Gott anders. Denn wenn Gott nur so gerecht wäre, wie wir Menschen gerecht sind – ob wir dann eine Chance hätten? Wir hier auf der Erde müssen sehr wohl auf die Leistung achten, müssen dem, der viel arbeitet und viel kann, auch mehr Lohn geben. Hier auf der Erde müssen wir Schlange stehen und dürfen uns nicht vordrängeln. Und hier auf der Erde gibt es auch ein „zu spät": Man kann Busse und Züge versäumen, wenn man zu spät ist. Man kann den Anschluss in der Schule verpassen, wenn man zu spät mit Aufpassen und Lernen anfängt. Und je älter man wird, umso mehr Erfahrungen macht man, dass man irgendwo zu spät gekommen ist. Je nach der Situation kann dieses „Zu-spät-Kommen" bisweilen schlimme Folgen haben. Im Gleichnis von den Arbeitern im Weinberg hätten die, die zu spät mit der Arbeit angefangen haben und nur eine Stunde gearbeitet haben, nur einen Bruchteil des Tageslohnes bekommen dürfen. Aber – es geht eben nicht um unsere irdische Lohnpolitik, sondern um das Himmelreich. Und Gott ist – Gott sei Dank – anders. Bei Gott gibt es kein „zu spät", keine Stempeluhr, keinen Stundenplan, keine detaillierte Gehaltsabrechnung und kein Schulzeugnis. Gott gibt uns immer wieder eine Chance, dass wir zu ihm umkehren – auch in der letzten Stunde unseres Lebens noch. Wann immer auch ein Mensch – und sei er der größte Sünder – sich Gott wieder zuwendet, wird Gott ihm den großen Lohn, das Himmelreich, geben. Warum? „Weil ich gütig bin", sagt der Gutsbesitzer – fast, als müsse er sich dafür entschuldigen. Gottes große Güte zu allen Menschen übersteigt fast unseren Verstand. Aber heißt das nun, dass ich munter drauflos leben und sündigen kann, wenn ich nur rechtzeitig die Kurve kriege? Das wäre wohl die falscheste und undankbarste Weise, das heutige Evangelium zu lesen. Eher angemessen ist es, wenn wir dankbar sind für diese Großzügigkeit Gottes, die wir immer und immer wieder in Anspruch nehmen dürfen. Wir wollen nicht neidisch und kleinlich sein, sondern froh und dankbar, dass wir uns immer wieder an Gott wenden dürfen und auf seine Gnade hoffen dürfen. Dafür wollen wir Gott danken und preisen.

Fürbitten Wir wollen uns nun an den wenden, der unserem Leben immer wieder das rechte Maß zuweist, der für uns Maß und Richtschnur darstellt:

○ Wir bitten für alle Schüler und Lehrer, mit denen wir zusammen sind. Du kennst jeden einzelnen mit seinen Stärken und Schwächen. Lass in den Schulen Geduld, Hilfsbereitschaft und Freundlichkeit wachsen! Gott unser Vater:

Wir bitten dich, erhöre uns!

○ Du weißt, wie fordernd das Leben manchmal ist. Hilf allen, die ratlos sind, die richtigen Entscheidungen zu treffen! Lass sie bei Schwierigkeiten nicht verzweifeln, sondern schenke ihnen Mut zum Weitermachen im Vertrauen auf deine Hilfe! Gott unser Vater:

○ Du siehst auch auf alle, die unbeherrscht handeln und im Zorn Fehler machen. Lass sie ihr unrechtes Handeln einsehen und schenke allen mehr Toleranz und Geduld! Gott unser Vater:

○ Wir bitten auch für unsere Lehrer und für unsere Eltern: Behüte und begleite sie auf all ihren Wegen! Gib ihnen Weitsicht und Klugheit bei ihren Entscheidungen, schenke ihnen Gerechtigkeit und Einsichtsvermögen, Frieden und Gelassenheit.

Herr unser Gott, du bist unser Wegbegleiter an allen unseren Tagen. Dir sei Dank in Ewigkeit.

DAS WICHTIGSTE GEBOT

Ex 22,20–26; Mt 22,34–40

Einführung Am Sonntag der Weltmission blicken wir auf die jungen Kirchen in vielen Teilen der Welt – dort gibt es Menschen, die Gott lieben und sich deshalb für andere einsetzen. Die Christinnen und Christen dort folgen Jesus nach, wie wir es hier auch versuchen. Miteinander gehen wir auf den Fußspuren Jesu. Wir machen uns mit den Leuten auf den Weg, immer wieder das zu verwirklichen, was Jesus verkündet hat. – Was wollte Jesus eigentlich, was war ihm am wichtigsten? Wir hören heute im Matthäusevangelium vom wichtigsten Gebot: die Liebe zu Gott und zum Nächsten. Was ist das eigentlich, Nächstenliebe? Ich fürchte, dass das oft vergessen wird. Bitten wir Jesus um Hilfe.

Kyrie-Rufe Herr Jesus, du rufst die Menschen auf, Gott zu lieben.
Herr Jesus, du rufst die Menschen auf, einander zu lieben.
Herr Jesus, du sendest deine Botschaft in die ganze Welt.

Gebet Guter Gott, wir Menschen sehnen uns nach Glück, Freiheit und Unabhängigkeit für uns selbst. Wir wollen aber oft nichts davon hören, dass es anderen Menschen schlechter geht als uns. Vergib uns unsere Gleichgültigkeit und schenke uns die Kraft, uns anderen zuzuwenden. Darum bitten wir durch Jesus Christus.

Hinführung zur Lesung
Die Größeren unter euch kennen schon Gesetzbücher und Gesetzestexte. Wer sich in der Schule daneben benimmt, der muss schon mal die Schulordnung

abschreiben. (–) Manche Klassen geben sich selber Regeln und schreiben die in Schönschrift vorne ins Heft rein. Das ist wichtig. Und je älter man wird, umso mehr hat man mit Gesetzen zu tun. Da gibt es das Grundgesetz der Bundesrepublik Deutschland, das Bürgerliche Gesetzbuch, das Strafgesetzbuch, die Straßenverkehrsordnung und vieles mehr. Es gibt Leute, die verdienen ihr Geld damit, dass sie sich in den Gesetzbüchern auskennen. Wie heißen die? (Rechtsanwälte) Sogar in der Kirche gibt es ein Gesetzbuch, den Codex Iuris Canonici, und der ist ganz schön dick. Wie soll man sich da noch auskennen! Kein Wunder, dass die Frage auf der Hand liegt: Was ist das wichtigste Gebot?

Kinder und Erwachsene um Vorschläge bitten; das Gebot der Nächstenliebe wird hoffentlich genannt.

Schöne Vorschläge. Die Nächstenliebe also. Davon hören wir im Evangelium. Aber überlegen wir mal vorher, was heißt denn überhaupt „Nächstenliebe"? Und: kann man die „gebieten", also „befehlen"? Wenn du neben deinem Freund, deiner Freundin sitzt, ist das vielleicht leicht – aber wenn du neben jemandem sitzt, den du nicht magst oder den du schrecklich findest – was soll dann „Nächstenliebe"? Muss ich jeden lieb haben, der mir über den Weg läuft?

Vielleicht hilft uns heute die Lesung aus dem Alten Testament, dass wir besser verstehen, was Nächstenliebe ist. Übrigens: die Nächstenliebe hat nicht Jesus erfunden, die steht auch schon im Alten Testament.

Lesung
Ex 22,20–26

Lesung aus dem Buch Exodus.
So spricht der Herr: Einen Fremden sollst du nicht ausnützen oder ausbeuten, denn ihr selbst seid in Ägypten Fremde gewesen.
[21] Ihr sollt keine Witwe oder Waise ausnützen.
[22] Wenn du sie ausnützt und sie zu mir schreit, werde ich auf ihren Klageschrei hören.

²³ Mein Zorn wird entbrennen und ich werde euch mit dem Schwert umbringen, sodass eure Frauen zu Witwen und eure Söhne zu Waisen werden.
²⁴ Leihst du einem aus meinem Volk, einem Armen, der neben dir wohnt, Geld, dann sollst du dich gegen ihn nicht wie ein Wucherer benehmen. Ihr sollt von ihm keinen Wucherzins fordern.
²⁵ Nimmst du von einem Mitbürger den Mantel zum Pfand, dann sollst du ihn bis Sonnenuntergang zurückgeben;
²⁶ denn es ist seine einzige Decke, der Mantel, mit dem er seinen bloßen Leib bedeckt. Worin soll er sonst schlafen? Wenn er zu mir schreit, höre ich es, denn ich habe Mitleid.

Auslegung

Das Wort „Nächstenliebe" kam jetzt in dem Text nicht vor. Aber sehr viel von dem, was „Nächstenliebe" bedeutet. Am Anfang hörten wir von der Witwe und der Waise – das waren in der Zeit des Alten Testaments die allerärmsten Leute. Nicht nur, dass sie kein Geld hatten, sie hatten auch niemanden, der ihnen half. Wie leicht konnte es passieren, dass sie von einem schlauen reichen Menschen ausgenutzt wurden: Sie mussten für ihn arbeiten, und wenn der Lohn ausgezahlt werden sollte, dann hat der Reiche nur wenig gezahlt. Die Armen konnten sich nicht wehren.

Leider sieht die Welt heute oft nicht viel anders aus. Immer noch gibt es Arme, immer noch gibt es viel Ungerechtigkeit. Was lernen wir für die „Nächstenliebe"? Schwächere ausnutzen, das geht gar nicht! Gott will das nicht, Gott wird zornig, wenn wir Schwächere ausnutzen. Es gehört zu den wichtigsten Kennzeichen der Christen, dass sie den Schwächeren und Armen helfen und sie eben nicht ausnutzen. Denkt an eure Klasse und euren Schulhof: Kommt es vor, dass Schwächere, die sich nicht wehren können, ausgenutzt, verspottet, gequält werden? Wer als Christin und Christ Jesus nachfolgen will, der greift hier ein und hilft den Schwachen …

Im zweiten Teil der Lesung ist die Rede vom Leihen und vom „Wucher". Schon in der Grundschule kommt es vor, dass Kinder einander etwas leihen, manchmal auch Geld. Und wie ist es dann bei der Rückgabe? Manchmal sagen schon die Kleinen: „Da will ich aber etwas dafür, wenn ich dir das leihe!" In der Zeit des Alten Testaments war es üblich, dass Menschen, die etwas verliehen haben, viel an „Zinsen" bei der Rückgabe forderten. Ein Beispiel: Einer muss sich 10 Euro leihen. Als er das Geld zurückgeben will, soll er plötzlich 13 Euro zahlen! Wenn die Wirtschaft so läuft, kann es leicht passieren, dass die Reichen immer reicher und die Armen immer ärmer werden. Die Raffgier, immer noch mehr haben zu wollen, greift um sich, und schon die Kleinsten sind manchmal davon befallen. Mit Nächstenliebe hat das natürlich nichts zu tun. „Nächstenliebe" heißt dagegen, dass ich jemandem helfe, wenn es nötig ist; dass ich helfe, weil der andere es braucht und nicht, weil ich einen Gewinn dabei machen will. Die Lesung ermahnt uns, dass wir auf die Ärmsten unter uns, neben uns, in dieser einen Welt, schauen sollen: Auch die Armen sollen leben können und das Lebensnotwendige bekommen. Gott warnt uns: Wenn die Armen zu Gott um Mitleid schreien, wird Gott es hören – und diejenigen zur Rechenschaft ziehen, die helfen müssten, aber es nicht tun. Nächstenliebe hat also weniger mit Liebesgefühlen zu tun als mit Taten der Liebe. Die Schwachen nicht ausnutzen, für die Armen eintreten und ihnen helfen – das erwartet Gott von uns. Wenn Christinnen und Christen in den armen Ländern dieser Welt von Gott reden wollen, dann müssen (und wollen) sie zuerst einmal den armen Menschen helfen. Unsere Missionarinnen und Missionare tun dies auch: Sie bemühen sich um gerechte Arbeitsbedingungen, um Schulen und Bildungseinrichtungen, um Nahrung und Kleidung für die Allerärmsten und vieles mehr. Mit unserer Kollekte heute unterstützen wir diese direkte Form der Nächstenliebe. Denken wir nochmal dran: Gott hört das Schreien der Armen und hat Mitleid. Weh uns, wenn wir kein Mitleid haben!

Wir verstehen jetzt vielleicht ein bisschen besser, was Jesus mit dem Gebot der Nächstenliebe meint: Es geht um das Erkennungszeichen von uns Christen. Christen erkennt man daran, dass sie anderen helfen und die Schwachen nicht ausnutzen.

Evangelium
Mt 22,34–40

Aus dem heiligen Evangelium nach Matthäus.

In jener Zeit, als die Pharisäer hörten, dass Jesus die Sadduzäer zum Schweigen gebracht hatte, kamen sie (bei ihm) zusammen.

[35] Einer von ihnen, ein Gesetzeslehrer, wollte ihn auf die Probe stellen und fragte ihn:

[36] Meister, welches Gebot im Gesetz ist das wichtigste?

[37] Er antwortete ihm: Du sollst den Herrn, deinen Gott, lieben mit ganzem Herzen, mit ganzer Seele und mit all deinen Gedanken.

[38] Das ist das wichtigste und erste Gebot.

[39] Ebenso wichtig ist das zweite: Du sollst deinen Nächsten lieben wie dich selbst.

[40] An diesen beiden Geboten hängt das ganze Gesetz samt den Propheten.

Fürbitten

Jesus hat uns den Auftrag gegeben, Gott und die Menschen zu lieben. Durch sein Leben hat er uns gezeigt, dass wir füreinander da sein sollen. Voll Vertrauen kommen wir mit unseren Anliegen zu ihm:

○ Wir bitten für die Menschen, deren Beruf es ist, dein Wort zu verkünden: Herr, hilf ihnen, in ihrem Leben und Handeln ein Zeugnis deiner Liebe zu geben.

Wir bitten dich, erhöre uns.

○ Für alle Christen in der Einen Welt: Stärke sie, damit sie ihren Auftrag der Gottes- und Nächstenliebe erfüllen können.

○ Für die Menschen, die in N. N. *(Land/Ort der aktuellen Missionsaktion einsetzen)* leben: Erhalte den Frieden in ihrem Land und hilf ihnen die täglichen Herausforderungen zu meistern.

○ Für alle, die unter Krankheit, Not, den Folgen von Naturkatastrophen und Kriegen leiden: Gib ihnen Menschen, die ihnen beistehen.

○ Für uns alle: Hilf uns, dass wir unsere Aufgaben in Familie, Schule, Beruf und Gesellschaft ernst nehmen und diese mit Freude erfüllen.

○ Für unsere Verstorbenen: Nimm sie auf in dein Reich.

Gott unseres Lebens, dein sind wir. Zu dir führen alle unsere Wege, du gibst ihnen Richtung und Ziel. Dir sei Lob und Dank in Ewigkeit.

TOD – UND WAS DANN?

1 Thess 4,13–18; Mt 25,1–13

Einführung   Der Monat November ist ein trüber Monat. Es ist kalt, die Blätter fallen von den Bäumen. Eigentlich ist es ganz normal, dass wir diese Vorgänge in der Natur zum Anlass nehmen, auch über unseren Tod nachzudenken. Tod – ist das das Ende? Oder ein Anfang?

Kyrie-Rufe   Herr Jesus, du hast als Mensch gelebt bis in den Tod. Herr Jesus, du bist nicht im Tod geblieben, sondern auferstanden. Herr Jesus, du wirst am Ende der Zeiten wiederkommen.

Gebet   Guter und barmherziger Gott, wir gehören ganz zu dir, du hast uns in deine Hand geschrieben. Halte von uns fern, was uns in Gefahr bringt, und nimm weg, was uns Angst macht und krank. Dann wollen wir gern tun, was du von uns willst. Darum bitten wir durch Jesus Christus.

Hinführung zur Lesung

P   Wenn man heute auf der Straße Leute fragt: Was kommt nach dem Tod?, dann wird man die unterschiedlichsten Antworten hören.

vorgetragen von vier Jugendlichen: J 1 – J 4

1   Tod? Ja, das große Ende. Mit dem Tod ist alles aus. Danach kommt nichts mehr. Da verfaule ich in der Erde. Drum muss ich in diesem Leben alles erreichen und rausholen.

J 2   Ja, nach dem Tod wird alles eins. Dann löse ich mich auf, und ich verschmelze mit dem Weltgeist. Ich bin dann nicht mehr da, aber meine Seele wird eins mit allen Geistern im großen Atem der Welt.

J 3   Nach dem Tod kommt eine Art Wiederauferstehung in einem anderen Leben. Wenn ich gut gelebt habe, werde ich als besserer Mensch wiedergeboren – wenn ich schlecht war, muss ich vielleicht als Tier, als Katze oder Fliege, auf die Welt zurück. Das ist der ewige Kreislauf der Wiedergeburt.

J 4   Ich glaube an die Auferstehung der Toten, und zwar von Leib und Seele. Ich hoffe, dass ich zu einem ewigen Leben auferstehe, das frei von Sorgen, Not und Krankheit ist. Aber ich bleibe dabei ich selber – hoffentlich aber ohne meine Schwächen und Fehler.

P   Welche der vier Aussagen hat wohl ein Christ gemacht? (–)
Schon der Apostel Paulus wurde gefragt, wie das ist mit dem Tod, und was danach kommt. Er hat seine Gemeinde im griechischen Thessalonich (heute: Thessaloniki in Nordgriechenland) mit den folgenden Worten getröstet:

Lesung   Lesung aus dem ersten Brief des Apostels Paulus an die Thessalonicher.

1 Thess 4,13–18   Brüder und Schwestern, wir wollen euch über die Verstorbenen nicht in Unkenntnis lassen, damit ihr nicht trauert wie die anderen, die keine Hoffnung haben.

[14] Wenn Jesus – und das ist unser Glaube – gestorben und auferstanden ist, dann wird Gott durch Jesus auch die Verstorbenen zusammen mit ihm zur Herrlichkeit führen.

[15] Denn dies sagen wir euch nach einem Wort des Herrn: Wir, die Lebenden, die noch übrig sind, wenn der Herr kommt, werden den Verstorbenen nichts voraushaben.

[16] Denn der Herr selbst wird vom Himmel herabkommen, wenn der Befehl ergeht, der Erzengel ruft und die Posaune Gottes erschallt. Zuerst werden die in Christus Verstorbenen auferstehen;

[17] dann werden wir, die Lebenden, die noch übrig sind, zugleich mit ihnen auf den Wolken in die Luft

entrückt, dem Herrn entgegen. Dann werden wir immer beim Herrn sein.
[18] Tröstet also einander mit diesen Worten!

Auslegung Hier hat Paulus sehr schön unsere christliche Hoffnung auf Auferstehung in Worte gefasst. Paulus glaubte wohl, dass er noch zu seinen Lebzeiten die Wiederkunft Jesu Christi erleben könnte. Das hat nicht so geklappt, denn der göttliche Zeitplan ist etwas anders, und wir wollen darüber auch nicht spekulieren. Was uns weiterhilft, ist die Hoffnung, die Paulus über unsere lieben Verstorbenen ausdrückt: Sie kommen durch Christus in die Herrlichkeit Gottes.
Darin bestehen unsere Hoffnung und unser Glaube. Ich möchte sagen, warum ich glaube, dass die ersten drei Aussagen, die wir vorhin gehört haben, nicht stimmen:

J 1   Ich glaube nicht, dass mit dem Tod alles aus ist. Warum sonst haben wir Menschen ein Herz, das auch dann noch lieben kann, wenn der geliebte Mensch gestorben ist? Ich habe meine Oma sehr lieb, weil sie viel mit mir zusammen war, als ich klein war. Nun ist sie schon lange tot – aber ich denke noch immer an sie. Nein, mit dem Tod ist nicht alles aus.

J 2   Ich glaube auch nicht, dass meine Oma mit dem großen Weltgeist eins geworden ist. Da finde ich sie ja nicht mehr. Und ich will eigentlich auch nicht verschwinden in einem großen Irgendwas. Wenn weiterleben – dann richtig, mit allem Drum und Dran.

J 3   Und diese Wiedergeburten: Das macht mir auch eher Angst. Ich will nicht als Katze wiedergeboren werden. Und ich finde es auch gruselig anzunehmen, ich wäre früher jemand anderer gewesen.

J 4   Ich finde, dass das richtig ist, was der Apostel Paulus gesagt hat. Der Tod hat nicht das letzte Wort – wir Christen haben eine Hoffnung, die uns in der Traurigkeit stärkt. Natürlich sind wir traurig wie alle Menschen, wenn jemand, den wir lieb haben, stirbt. Keine Frage. Aber wir haben die Hoffnung, dass für unsere lieben Verstorbenen nicht alles aus ist, sondern dass sie von Jesus in ein wunderbares Leben, das nie aufhört, geführt werden – oder schon dort sind. Aber Zeit spielt ja dann auch keine Rolle mehr.

P   Wir haben alle dieses eine Ziel: dass wir in Freude bei Gott leben werden. Dabei bleibt jeder von uns er selber, so, wie jeder und jede einzelne von uns von Gott geliebt ist. Und in diesem neuen Leben bei Gott, so hoffen wir, werden auch unsere Schwächen und Fehler, Krankheiten und Sorgen keine Rolle mehr spielen. Wenn wir hier auf Erden mit dieser Hoffnung leben, dann wird selbst der traurige November ein bisschen bunter und froher.

Warum, liebe Erwachsene, werden Sie fragen, warum redet der mit den Kindern über ein so schwieriges Thema? Warum die Kinder mit dem Thema „Tod" belasten? Ganz einfach: Weil es töricht wäre, sich darüber keine Gedanken zu machen. Es ist nie zu früh, darüber nachzudenken, sich dazu eine Meinung zu bilden. Aber es kann zu spät sein: Wenn einen der Schicksalsschlag des Todes eines lieben Menschen trifft und man hat nie darüber nachgedacht, was nach dem Tod ist – dann kommen sehr schmerzhafte Fragen. Wir haben unser Leben nicht in der Hand – es ist in der Hand Gottes.

Da ist es klug, wachsam zu sein oder wenigstens einen Vorrat an Gedanken und Überzeugungen im Kopf zu haben, wenn es hart auf hart kommt. So können wir auch das Gleichnis Jesu von den zehn Jungfrauen verstehen. Die fünf klugen Jungfrauen haben vorgesorgt und sich noch Öl für die Lampen mitgenommen – man weiß ja nie. Und so sollen auch wir uns mit guten, hilfreichen, hoffnungsvollen Gedanken versorgen und uns rechtzeitig mit den Fragen von Tod und Auferstehung beschäftigen. Dann werden wir voll Glaube und Hoffnung strahlen, wenn es soweit ist.

Evangelium

Mt 25,1–13

Aus dem heiligen Evangelium nach Matthäus.

In jener Zeit erzählte Jesus das folgende Gleichnis: Es wird mit dem Himmelreich sein wie mit zehn Jungfrauen, die ihre Lampen nahmen und dem Bräutigam entgegengingen.

² Fünf von ihnen waren töricht und fünf waren klug. ³ Die törichten nahmen ihre Lampen mit, aber kein Öl, ⁴ die klugen aber nahmen außer den Lampen noch Öl in Krügen mit.

⁵ Als nun der Bräutigam lange nicht kam, wurden sie alle müde und schliefen ein.

⁶ Mitten in der Nacht aber hörte man plötzlich laute Rufe: Der Bräutigam kommt! Geht ihm entgegen!

⁷ Da standen die Jungfrauen alle auf und machten ihre Lampen zurecht.

⁸ Die törichten aber sagten zu den klugen: Gebt uns von eurem Öl, sonst gehen unsere Lampen aus.

⁹ Die klugen erwiderten ihnen: Dann reicht es weder für uns noch für euch; geht doch zu den Händlern und kauft, was ihr braucht.

¹⁰ Während sie noch unterwegs waren, um das Öl zu kaufen, kam der Bräutigam; die Jungfrauen, die bereit waren, gingen mit ihm in den Hochzeitssaal und die Tür wurde zugeschlossen.

¹¹ Später kamen auch die anderen Jungfrauen und riefen: Herr, Herr, mach uns auf!

¹² Er aber antwortete ihnen: Amen, ich sage euch: Ich kenne euch nicht.

¹³ Seid also wachsam! Denn ihr wisst weder den Tag noch die Stunde.

Fürbitten

Gott, unser Vater, zeigt uns auf vielfache Weise, wie er uns nahe ist. Wir glauben ihm und bitten ihn:

○ Für alle, die darauf hoffen, dass du ihnen Gutes tust: Guter Gott, schenke ihnen Kraft und Ausdauer.

Wir bitten dich, erhöre uns.

○ In unseren Familien wecke die Bereitschaft, miteinander über den Glauben zu sprechen.

- Denen, die in Politik und Wirtschaft Einfluss besitzen, gib Weisheit und Durchsetzungskraft, deinen Willen zu tun.

- Den Menschen, die nicht oder nicht mehr an deine Liebe glauben können, schenke in besonderer Weise deine Güte.

- Unseren Verstorbenen rechne an, was sie an Gutem in ihrem Leben getan haben.

Gott und Vater, du hältst, was du versprichst. Wir vertrauen dir jetzt und in Ewigkeit.

Gabengebet Guter Gott, mit Brot und Wein bringen wir dir auch unsere Hoffnung auf eine Zukunft in Freude bei dir. Stärke uns schon in diesem Leben mit Mut und Zuversicht, wenn wir jetzt in Gemeinschaft das Mahl deines Sohnes, Jesus Christus feiern, der mir dir lebt und herrscht in Ewigkeit.

Schlussgebet Guter Gott, wir danken dir für die Gemeinschaft und das heilige Brot: So sehen wir, dass wir nicht allein sind und dass du uns immer wieder Kraft gibst für unseren Weg auf dieser Erde. Hilf uns, dass wir immer bei dir bleiben und in der Gemeinschaft deiner Kirche. Darum bitten wir durch Christus, unseren Herrn.

GOTT KÜMMERT SICH UM UNS ...
UND UM DIE ANDEREN

Ez 34,11–12.15–17; Mt 25,31–46

Material *Bei der Einladung zum Gottesdienst sind die Kinder aufgefordert worden, von zu Hause Stofftier-Schafe mitzubringen. Die/der Prediger/in soll auch eines dabeihaben.*

Einführung Der letzte Sonntag im Kirchenjahr ist ein besonderer Sonntag ... ja, nächsten Sonntag ist schon der erste Advent und ein neues Kirchenjahr beginnt! Der letzte Sonntag heißt „Christkönigssonntag" – wir denken besonders an Jesus als unseren „König". Aber dieser „König" ist ganz anders, als wir uns üblicherweise einen „König" (aus dem Märchenbuch oder den Illustrierten) vorstellen. Im Alten Orient, zu der Zeit, als die Bibel geschrieben wurde, da haben sich die Könige gerne als „Hirten" dargestellt und bezeichnet. Darüber wollen wir heute nachdenken – und deshalb haben wir unsere Stofftier-Schafe mitgebracht. Willst du eigentlich ein Schaf sein? – *Stille*

Kyrie-Rufe Herr Jesus, du bist unser König.
Herr Jesus, du bist der gute Hirte.
Herr Jesus, dir wollen wir vertrauen.

Gebet Großer und guter Gott, du hast deinem geliebten Sohn Jesus alle Macht im Himmel und auf Erden gegeben. Befreie die Menschen, Tiere und Pflanzen von allem, was ihnen schadet und was sie in Gefahr bringt. Wir vertrauen dir und hoffen, dass dein Reich unter uns Wirklichkeit wird. Stärke unseren Glauben! Darum bitten wir durch Jesus Christus.

Hinführung zur Lesung

Schön, dass ihr so viele Stoffschafe mitgebracht habt! ... Gut, dass es keine echten Schafe sind! ... In den Lesungen aus dem Alten und dem Neuen Testament hören wir heute viel von Schafen. Diese Bilder aus der Landwirtschaft sind uns nicht mehr so vertraut. Wann ist zum letzten Mal eine Schafherde vorbeigetrieben worden? Meist sehen wir die Schafe nur vom Auto aus auf irgendeiner Wiese grasen. ... Und wenn wir wissen wollen, wie das so ist mit dem Schafhirten, dann müssen wir wohl die Maus fragen ... Was macht so ein Schafhirte alles? ... Wir hören gleich eine Lesung aus dem Buch des Propheten Ezechiel. Der Prophet hat seine Zuhörerinnen und Zuhörer trösten wollen – dazu verwendet er das Bild des Schafhirten: Gott wird sich um euch kümmern wie ein guter Schafhirte. Hört nun gut zu, und jeder von euch soll sich eine Sache merken, die der gute Schafhirte macht!

Lesung

Ez 34,11–17

Lesung aus dem Buch Ezechiel.

So spricht Gott, der Herr: Jetzt will ich meine Schafe selber suchen und mich selber um sie kümmern.

[12] Wie ein Hirt sich um die Tiere seiner Herde kümmert an dem Tag, an dem er mitten unter den Schafen ist, die sich verirrt haben, so kümmere ich mich um meine Schafe und hole sie zurück von all den Orten, wohin sie sich am dunklen, düsteren Tag zerstreut haben.

[13] Ich führe sie aus den Völkern heraus, ich hole sie aus den Ländern zusammen und bringe sie in ihr Land. Ich führe sie in den Bergen Israels auf die Weide, in den Tälern und an allen bewohnten Orten des Landes.

[14] Auf gute Weide will ich sie führen, im Bergland Israels werden ihre Weideplätze sein. Dort sollen sie auf guten Weideplätzen lagern, auf den Bergen Israels sollen sie fette Weide finden.

[15] Ich werde meine Schafe auf die Weide führen, ich werde sie ruhen lassen – Spruch Gottes, des Herrn.

¹⁶ Die verloren gegangenen Tiere will ich suchen, die vertriebenen zurückbringen, die verletzten verbinden, die schwachen kräftigen, die fetten und starken behüten. Ich will ihr Hirt sein und für sie sorgen, wie es recht ist.

¹⁷ Ihr aber, meine Herde – so spricht Gott, der Herr–, ich sorge für Recht zwischen Schafen und Schafen, zwischen Widdern und Böcken.

Kurz sammeln, was der Hirt tut: auf gute Weide führen, Verlorene suchen, Vertriebene zurückbringen, Verletzte verbinden, kräftigen, behüten ...

So will Gott auch für uns sein: Er will und wird sich um uns kümmern – wenn wir ihm nicht davonlaufen.

mit Stoffschaf andeuten

Diesem Hirten will ich mich gerne anvertrauen. Ich wünsche euch, dass ihr euch daran erinnert, wenn ihr größer seid, erwachsen werdet. Jetzt, in eurem Alter, im Kindergarten, in der Grundschule, da vertraut ihr auf eure Eltern, bei ihnen findet ihr Geborgenheit und Hilfe (wie die kleinen Lämmer bei ihrem Muttertier). Aber wenn ihr größer werdet, seid ihr auf euch selbst gestellt – aber ihr seid nicht allein. Gott ist ein Leben lang bei uns als der gute Hirt. Wir können uns an ihn wenden, indem wir beten und ganz frei ihm unsere Sorgen sagen. – So weit, so gut.

Aber wie ist das mit „den anderen"? Ist Gott eigentlich auch für die da, die Böses tun? Wie ist das mit denen, die Schlechtes tun, die gemein zu uns sind? Ist Gott auch ein guter Hirte für die Verbrecher, für die, die Kriege anzetteln, für die Kinderschänder? Ist für die Gott auch einfach so ein „lieber Gott"? –

Wir hören heute im Evangelium, dass Gott schon einen Unterschied macht. Der Evangelist Matthäus stellt uns vor, wie das große Gericht am Ende aussehen wird. Jesus, der „Menschensohn", wird als großer König wiederkommen und die Menschen scheiden – wie bei einem „Viehscheid" wird es sein: Die einen dahin, die anderen dorthin.

Es wird nicht egal sein, wie man gelebt hat, wie sich die Menschen verhalten haben, es wird einen Unterschied machen, ob man gut zu den anderen war oder ob man Böses getan hat. Gott macht da einen Unterschied. Und Gott wird mit seinem Sohn Jesus, dem Christus, dem König der ganzen Erde, für Gerechtigkeit sorgen.

Das Gute daran ist, dass nicht wir und nicht irgendein Mensch das Urteil fällt. Es liegt nicht an uns, über die anderen zu urteilen. Es steht uns nicht zu, dass wir sagen: „Du bist böse, du hast (mir) Böses getan, dafür kommst du in die Hölle!" Wir sind nicht die Richter. Daher sollten wir auch nicht im Alltag ständig über die anderen, die wir für böse und schlecht halten, Urteile, oft Vor-Urteile, fällen. Keine Sorge, Gott kümmert sich auch um die anderen, auch um die Verbrecher, auch um die Bösen: Gott wird sie ihrer Strafe zuführen.

Manchmal ärgern wir uns, weil verbrecherische Menschen unserer Meinung nach nicht hart genug bestraft werden. Oder manche schlimmen Verbrecher werden gar nicht gefasst. Oder: Manche Menschen sind auf eine Art und Weise böse, dass man sie nicht ins Gefängnis stecken kann, weil es keine Gesetze dafür gibt. Machen wir uns darüber keine Sorgen – Gott kümmert sich auch um die.

Natürlich sollen wir dafür sorgen, dass es gerecht unter uns zugeht – aber wir werden es nicht endgültig schaffen. Gott wird sich darum kümmern, wenn wir nicht mehr weiter können. Darauf vertraue ich und darauf hoffe ich. Was wir tun können, dass diese Welt gerechter und besser wird, das hören wir auch gleich im Evangelium.

Evangelium
Mt 25,31–46

Aus dem heiligen Evangelium nach Matthäus.
Wenn der Menschensohn in seiner Herrlichkeit kommt und alle Engel mit ihm, dann wird er sich auf den Thron seiner Herrlichkeit setzen.

[32] Und alle Völker werden vor ihm zusammengerufen werden und er wird sie voneinander scheiden, wie der Hirt die Schafe von den Ziegen scheidet.

[33] Er wird die Schafe zu seiner Rechten versammeln, die Ziegen aber zur Linken.

[34] Dann wird der König denen auf der rechten Seite sagen: Kommt her, die ihr von meinem Vater gesegnet seid, nehmt das Reich in Besitz, das seit der Erschaffung der Welt für euch bestimmt ist.

[35] Denn ich war hungrig und ihr habt mir zu essen gegeben; ich war durstig und ihr habt mir zu trinken gegeben; ich war fremd und obdachlos und ihr habt mich aufgenommen;

[36] ich war nackt und ihr habt mir Kleidung gegeben; ich war krank und ihr habt mich besucht; ich war im Gefängnis und ihr seid zu mir gekommen.

[37] Dann werden ihm die Gerechten antworten: Herr, wann haben wir dich hungrig gesehen und dir zu essen gegeben, oder durstig und dir zu trinken gegeben?

[38] Und wann haben wir dich fremd und obdachlos gesehen und aufgenommen, oder nackt und dir Kleidung gegeben?

[39] Und wann haben wir dich krank oder im Gefängnis gesehen und sind zu dir gekommen?

[40] Darauf wird der König ihnen antworten: Amen, ich sage euch: Was ihr für einen meiner geringsten Brüder getan habt, das habt ihr mir getan.

[41] Dann wird er sich auch an die auf der linken Seite wenden und zu ihnen sagen: Weg von mir, ihr Verfluchten, in das ewige Feuer, das für den Teufel und seine Engel bestimmt ist!

[42] Denn ich war hungrig und ihr habt mir nichts zu essen gegeben; ich war durstig und ihr habt mir nichts zu trinken gegeben;

[43] ich war fremd und obdachlos und ihr habt mich nicht aufgenommen; ich war nackt und ihr habt mir keine Kleidung gegeben; ich war krank und im Gefängnis und ihr habt mich nicht besucht.

[44] Dann werden auch sie antworten: Herr, wann haben wir dich hungrig oder durstig oder obdachlos oder nackt oder krank oder im Gefängnis gesehen und haben dir nicht geholfen?

[45] Darauf wird er ihnen antworten: Amen, ich sage euch: Was ihr für einen dieser Geringsten nicht getan habt, das habt ihr auch mir nicht getan.

[46] Und sie werden weggehen und die ewige Strafe erhalten, die Gerechten aber das ewige Leben.

Fürbitten

Jesus Christus ist unser König und der gute Hirte. Zu ihm wollen wir voll Vertrauen rufen:

○ Herr Jesus, öffne unsere Augen, dass wir dich in dieser Welt entdecken: in den Menschen, die unsere Hilfe brauchen.

Wir bitten dich, erhöre uns.

○ Herr Jesus, gib uns ein Zeichen deiner Nähe und hilf uns, wenn wir uns einsam und verlassen fühlen.

○ Herr Jesus, steh allen bei, die krank sind.

○ Herr Jesus, tröste alle, die um einen lieben Verstorbenen trauern, und stärke ihren Glauben an die Auferstehung.

König der Welt, auf dein Reich der Gerechtigkeit und des Friedens hoffen wir. Lass es anbrechen in dieser Zeit, lass uns wachsam sein, wenn du in unsere Mitte kommst. Amen.

LESEJAHR B

MIT SEHNSUCHT ZU GOTT BETEN

Jes 63,16d–64,3; Mk 13,33–37

Material *Eine Wurzel als Adventsgesteck. Falls eine solche in der Kirche nicht vorhanden ist, kann man eine Wurzel aus dem Wald mitbringen.*

Einführung Im Advent stellt ihr zu Hause wahrscheinlich einen Kranz auf: Vier Kerzen stehen für die vier Adventssonntage vor Weihnachten. Wer kennt dazu einen Spruch? –
Hier in der Kirche haben wir eine Wurzel mit vier Kerzen. Die erste Kerze brennt schon. Die Wurzel ist ein schönes Adventssymbol: Manchmal sieht man im Wald, dass aus einem Baumstumpf, also einem umgehauenen Baum, von dem nur noch die Wurzel im Boden steckt, ein kleiner neuer Trieb nach oben wächst. So stellt sich die Bibel den neuen Anfang mit dem Messias vor. Wir Christen glauben, dass Jesus der Spross aus der alten Wurzel ist. So erinnert uns die Wurzel an das Volk Israel, an die Juden, die unsere älteren Brüder sind. Aus dem Volk Israel stammt Jesus, den wir in dieser Adventszeit wieder besonders erwarten wollen. Die vier Kerzen an den vier Sonntagen wollen uns darauf vorbereiten.

Kyrie-Rufe Herr Jesus, in dieser Adventszeit warten wir besonders aufmerksam auf dich.
Herr Jesus, du weckest die Sehnsucht nach dir und nach Frieden und Gerechtigkeit in uns.
Herr Jesus, wir wollen wachsam sein, wenn du uns eine wichtige Aufgabe gibst.

Gebet Guter Gott, wir beginnen diese Adventszeit und wollen uns auf Weihnachten vorbereiten. Hilf uns, dass wir in all dem Trubel nie vergessen, worauf es wirklich ankommt: Jesus kommt immer neu in unserer Welt an, wenn wir uns in Liebe begegnen und den Armen helfen. Darum bitten wir durch Jesus Christus.

Hinführung zur Lesung

Liebe Kinder, seid ihr schon gefragt worden, was ihr euch zu Weihnachten wünscht? – Wenn ich euch jetzt frage, kriege ich vielleicht eine lange Liste mit Dingen, die man für Geld kaufen kann. Aber vielleicht wünscht Ihr euch auch manches ganz sehnlich, das niemand kaufen kann – und nur Gott schenken kann:

Vier Kinder tragen folgende Punkte vor:

o Ich wünsche mir ganz sehnsüchtig, dass alle kranken Menschen bald wieder gesund werden.

o Ich wünsche mir, dass Mama und Papa mehr Zeit für uns haben und wir öfter etwas Gemeinsames in der Familie unternehmen.

o Ich werde ganz traurig, wenn ich im Fernsehen immer die Bilder von Krieg und Elend sehe. Ich wünsche mir ganz sehnsüchtig, dass bald überall auf der Welt Frieden ist.

o Immer wieder wird in der Schule und zu Hause gestritten. Ich wünsche mir sehnsüchtig, dass die Menschen nicht mehr böse zu einander sind und dass wir uns in der Schule gut vertragen.

Es gibt schon einiges, was wir uns sehnsüchtig wünschen und was wir dann nicht bekommen werden – auch nicht an Weihnachten mit einem Geschenkpapier umwickelt. Und doch ist es wichtig, dass wir die Sehnsucht und Hoffnung behalten – nach Frieden, nach Gerechtigkeit, nach Freude und Liebe in der Familie.

Man kann mit seiner Sehnsucht zu Gott beten. Das haben die Menschen in der Bibel auch immer getan. Wir hören gleich einen Abschnitt aus dem Jesajabuch, der ein Klage-Gebet der Israeliten ist. Die Israeliten mussten im 6. Jahrhundert vor Christus eine ganz schlimme Erfahrung machen: Ihr geliebter Tempel in Jerusalem wurde von Feinden erobert und niedergebrannt! Das war ein großer Schock für sie! Die Menschen waren fürchterlich erschrocken: Wie kann Gott das zulassen? Sie sind enttäuscht, dass die Feinde das heilige Haus Gottes zerstören konnten. Sie fragen sich, ob Gott sie noch lieb hat, ob Gott noch wie ein Vater zu ihnen ist. In ihrer Sehnsucht beten sie auf ungewöhnliche Weise. Wie sie das machen, das hören wir jetzt in der Lesung.

Lesung

Jes 63,16d–19

Lesung aus dem Buch Jesaja.

Du, Herr, bist unser Vater, „Unser Erlöser von jeher" wirst du genannt. [17] Kehre zurück um deiner Knechte willen, um der Stämme willen, die dein Eigentum sind. [18] Erst vor kurzem haben unsere Feinde dein heiliges Volk vertrieben; dein Heiligtum haben sie zertreten. [19] Uns geht es, als wärest du nie unser Herrscher gewesen, als wären wir nicht nach deinem Namen benannt. Reiß doch den Himmel auf und komm herab, sodass die Berge zittern vor dir.

Jes 64,1–3

Komm wie ein Feuer, das Reisig entzündet, wie ein Feuer, das Wasser zum Sieden bringt. [2] Komm herab, sodass die Berge zittern vor dir. [3] Seit Menschengedenken hat man noch nie vernommen, kein Ohr hat gehört, kein Auge gesehen, dass es einen Gott gibt außer dir, der denen Gutes tut, die auf ihn hoffen.

Auslegung

„Unser Vater" – so nennen die Israeliten Gott, und so beten wir bis heute im „Vaterunser". Die Israeliten sehnen sich danach, dass Gott sich wieder wie ein Vater um sie kümmert. Die Feinde haben das Heiligtum, den Tempel in Jerusalem, zerstört. Und jetzt rufen die Israeliten voller Sehnsucht nach Gott: Kehr zurück! Komm herab! In ihrer Sehnsucht verwenden sie ganz starke Bilder: Reiß doch den Himmel auf

119

und komm herab! So bitten sie Gott. Sie sind traurig und fühlen sich allein, und so schreien sie darum, dass Gott kommen und sie retten möge: Komm wie ein Feuer, das Reisig entzündet, wie ein Feuer, das Wasser zum Sieden bringt!

So heftig soll Gott kommen. Ich würde das gern vormachen, wie Feuer prasselnd einen Reisighaufen entzündet, wie ein Feuer Wasser zum Kochen bringt – aber in der Kirche darf ich das nicht machen. Ihr alle könnt euch das aber vorstellen (bitte nicht zu Hause ausprobieren!). Mit ganz starken Bildern wünschen sich die Israeliten mit großer Sehnsucht, dass Gott kommt und endlich Rettung bringt.

Wir wünschen uns das auch oft. Aber trauen wir uns, so voller Sehnsucht zu Gott zu beten? Wir dürfen uns trauen, so zu beten! Die Bibel bestärkt uns darin, dass wir uns immer wieder voller Vertrauen an Gott wenden dürfen. In allen Anliegen, bei allen Problemen, mit aller Hoffnung und aller Sehnsucht, die wir aufbringen können. Vielleicht fällt uns dann beim Beten ein, was wir tun können, damit Gott kommt: Wir könnten jemanden besuchen, der allein oder krank ist – vielleicht hilft das schon ein bisschen. Wir könnten uns alle – Eltern und Kinder – in der Adventszeit mehr Zeit füreinander nehmen. Wir könnten Gott um den Frieden in der Welt bitten und selbst schauen, dass wenigstens in unseren Häusern Friede ist. Wir könnten versuchen, Streit zu schlichten oder auch einmal nachgeben, damit wir uns im Alltag besser verstehen. Wenn wir nur wach sind und ein offenes Herz haben, dann kann plötzlich Gott in unserem Alltag ankommen. Ankunft heißt: Advent.

Ist nicht mit Jesus der Himmel schon aufgerissen und Gott gekommen? Eigentlich schon – aber wie sieht die Welt aus? So viel Schlimmes geschieht noch, so viele sehnsüchtige Wünsche nach Gerechtigkeit und Frieden sind nicht erfüllt. So dürfen wir weiterhin darum beten, dass Gott endlich kommt, dass Jesus wiederkommt. Jesus selbst ermahnt uns dazu im

Evangelium: Er ruft dazu auf, wachsam zu sein! Wir wissen nicht, wann und wie Gott kommt und uns hilft – daher sollen wir aufpassen und bereit sein. Wenn wir dann noch mit aller Kraft und all unserer Sehnsucht beten, dann sind wir wach und bereit, wenn Gott in unseren Alltag kommt und Frieden und Freude möglich werden. Seid wachsam, sagt Jesus. Gott lässt uns nicht allein.

Evangelium
Mk 13,33–37

Aus dem heiligen Evangelium nach Markus.
In jener Zeit sprach Jesus zu seinen Jüngern:
Seht euch vor und bleibt wach! Denn ihr wisst nicht, wann die Zeit da ist.
³⁴ Es ist wie mit einem Mann, der sein Haus verließ, um auf Reisen zu gehen: Er übertrug alle Verantwortung seinen Dienern, jedem eine bestimmte Aufgabe; dem Türhüter befahl er, wachsam zu sein.
³⁵ Seid also wachsam! Denn ihr wisst nicht, wann der Hausherr kommt, ob am Abend oder um Mitternacht, ob beim Hahnenschrei oder erst am Mogen.
³⁶ Er soll euch, wenn er plötzlich kommt, nicht schlafend antreffen.
³⁷ Was ich aber euch sage, das sage ich allen: Seid wachsam!

Fürbitten

Unser Herr Jesus Christus sagt uns in dieser Adventszeit, dass wir wach bleiben sollen für sein Kommen. Voller Sehnsucht und Hoffnung bitten wir ihn:

o Für die Völker der Erde: Herr, stärke alle Menschen, die den Frieden suchen.

Wir bitten dich, erhöre uns.

o Für unsere Kirche: Lass die Menschen in ihr Freude, Freundschaft und Geborgenheit finden.

o Für die kranken und die traurigen Menschen: Schenke ihnen Hoffnung und Hilfe in ihren Leiden.

o Für uns alle: Gib uns den Mut, unsere Sehnsucht auszusprechen und auf andere in Liebe zuzugehen.

Herr Jesus, du bist uns nahe, wenn wir mit unserer Sehnsucht zu dir kommen. Lass uns das in diesem Advent spüren. Amen.

Gabengebet Guter Gott, alles, was wir sind und haben, kommt allein von dir. Wir bringen dir unsere Gaben, Brot und Wein, und wir bringen dir unsere Herzen mit Freuden und Sorgen. Verwandle die Gaben und unsere Herzen, damit wir eine frohe Gemeinschaft der Liebe werden zusammen mit Jesus Christus, unserem Herrn.

Schlussgebet Guter Gott, an deinem Tisch hast du uns gestärkt mit dem Brot des Lebens. Du zeigst uns immer wieder, dass diese Welt, dass Geld, Gewinn und Geschenke nicht alles sind. Lenke unseren Blick auf das Geheimnis von Weihnachten: Dass wir mit dir wirklich Mensch werden, liebende Menschen mit warmen Herzen. Darum bitten wir durch deinen menschgewordenen Sohn Jesus Christus, unseren Herrn.

2. ADVENTSSONNTAG B
HINWEISEN AUF JESUS

Jes 40,1–5.9–11; Mk 1,1-8

Einführung   Am zweiten Adventssonntag begegnet uns in der
Kirche eine abenteuerliche Gestalt: Johannes der
Täufer. Auf Bildern wird er meist mit langem Bart und
einem abgerissenen Mantel dargestellt; er sieht recht
wüst aus. Auf dem berühmten Isenheimer Altar von
Matthias Grünewald hat Johannes der Täufer einen
übergroßen Zeigefinger, und mit dem deutet er auf
Jesus hin *(Geste vorführen)*. Lassen wir uns von den
Lesungen aus der Bibel heute auf Jesus hinweisen –
und vielleicht werden wir selbst zu Hinweisen auf
Jesus. Besinnen wir uns, mitten in der Adventszeit:
Bereiten wir uns auf Jesus vor? Haben andere schon
erkannt, dass wir auf Jesus warten?

Kyrie-Rufe   Herr Jesus, auf dich hat Johannes der Täufer gewar-
tet.
Herr Jesus, von dir sprechen die Worte der Heiligen
Schrift.
Herr Jesus, du wirst sichtbar wiederkommen am En-
de der Welt.

Gebet   Großer und barmherziger Gott, dein Wort in der Heiligen Schrift zeigt uns den rechten Weg. Lass nicht zu,
dass die Hektik vor dem Fest und am Jahresende uns
hindert, uns auf Jesus, deinen Sohn, vorzubereiten.
Lenke unsere Gedanken zum wahren Kern des Weihnachtsfestes, damit wir zu einer Gemeinschaft werden, in der Jesus unsere Mitte ist. Darum bitten wir
durch ihn, Jesus Christus, unseren Herrn.

Hinführung zur Lesung

Das Volk Israel hat – so erzählt es die Bibel – viel
durchgemacht. Fast 600 Jahre vor Christus kam es zu
schlimmen Ereignissen: Das Volk Israel hatte lange

Zeit immer wieder gegen Gott gehandelt, andere Götter verehrt und die Armen ausgebeutet. Gott bestraft für diese Schuld sein Volk: Die feindlichen Babylonier kommen und zerstören die Stadt Jerusalem und den Tempel. Für fast 50 Jahre müssen die Israeliten nach Babylon in die Verbannung. In dieser Zeit beten die Menschen zu Gott und bitten um Verzeihung ihrer Sünden. Da erbarmt sich Gott seines Volkes und schenkt ihm einen neuen Anfang: Das Volk darf wieder in seine Heimat nach Jerusalem zurückkehren. Ein Prophet, dessen Namen wir nicht kennen, kündigt den Israeliten an, dass Gott dem Volk verzeiht. Das Volk soll getröstet werden, dem Herrn soll der Weg bereitet werden. Die Worte unseres unbekannten Propheten sind im Buch des Propheten Jesaja überliefert – das passt gut, denn der Name „Jesaja" bedeutet ja: Gott rettet!

Lesung
Jes 40,1–5

Lesung aus dem Buch des Propheten Jesaja.
Tröstet, tröstet mein Volk, spricht Gott.
² Ihr Priester, redet zum Herzen Jerusalems, tröstet die Stadt; denn voll geworden ist das Maß ihrer Demütigung, aufgelöst ist ihre Schuld; denn sie hat entgegennehmen müssen aus der Hand des Herrn Doppeltes für ihre Sünden.
³ Da ist die Stimme eines Rufenden in der Wüste: Bereitet den Weg des Herrn, macht gerade die Straßen unseres Gottes!
⁴ Jede Schlucht wird angefüllt werden, und jeder Berg und Hügel wird erniedrigt werden, und es wird alles Krumme zu geradem Weg und der raue Weg zu glatten Straßen werden.
⁵ Und sichtbar werden wird die Herrlichkeit des Herrn, und sehen wird alles Fleisch die Rettung durch Gott; denn der Herr hat geredet.

Jes 40,9–11

Auf einen hohen Berg steige hinauf, der du Sion Freudenbotschaft verkündest; erhebe mit aller Kraft deine Stimme, der du Jerusalem Freudenbotschaft verkündest; erhebt die Stimme, fürchtet euch nicht; sage den Städten Judas: „Siehe, euer Gott!"

¹⁰ Siehe, der Herr kommt mit Kraft und sein Arm mit Herrschermacht, siehe, sein Lohn ist bei ihm und sein Werk vor ihm! ¹¹ Wie ein Hirt wird er seine Herde weiden, und mit seinem Arm wird er Lämmer sammeln und trächtige Schafe herbeirufen.

Auslegung In unserer Lesung ist die Rede von der Stimme eines Rufenden in der Wüste: „Bereitet den Weg des Herrn!" Die Trostbotschaft, dass Gott sein Volk trösten wird und es wieder in die Heimat bringen wird, kündigt ein Rufer in der Wüste an. Nun, das Volk Israel ist tatsächlich wieder nach Jerusalem gekommen und konnte den Tempel wieder aufbauen. Die tröstenden Worte des Propheten hat man aufgeschrieben – als Heilige Schrift – und über viele Jahrhunderte überliefert. Nach etwa 600 Jahren findet der Evangelist Markus diese Worte von einem Rufenden in der Wüste in seiner Heiligen Schrift – und weiß sofort, was diese Worte in seiner Zeit bedeuten. Markus kennt auch einen Rufer in der Wüste, der angekündigt hat, dass Gott zur Rettung kommen wird: Johannes der Täufer. Dieser Johannes ist wie ein Prophet in der Wüste aufgetreten und hat die Menschen auf das Kommen Gottes hingewiesen. Er hat die Menschen, die zu ihm gekommen sind, getauft: Dazu hat er sie im Fluss Jordan untergetaucht, damit sie alle ihre Sünden abwaschen. So sind sie bereit für das Kommen Gottes. So hat Johannes darauf hingewiesen, dass da einer kommen wird, der stärker ist als er, der nicht mit Wasser, sondern mit „Heiligem Geist" taufen wird. So hat Johannes der Täufer auf Jesus hingewiesen.

Wir haben hier keinen Jordan zum Untertauchen, aber wir können uns von der Botschaft unserer Heiligen Schrift anregen lassen: Bereiten wir uns auf Jesus vor! Weihnachten wird es nicht allein, wenn wir Plätzchen backen und das Haus dekorieren und Geschenke kaufen und basteln (das können wir alles auch machen) – wir sollen innerlich still werden und an Jesus denken, vielleicht auch einmal beten. Vielleicht fällt uns etwas ein, was nicht in Ordnung ist, wo wir uns nicht richtig verhalten. „Bereitet dem Herrn den Weg" – das heißt auch, dass wir uns im Inneren klar machen, dass Gott zu uns kommen will.

Wir können aber auch nach außen hin auf Jesus hinweisen – wie Johannes der Täufer und der unbekannte Rufer in der Wüste können wir andere darauf hinweisen, was wirklich wichtig ist. Vielleicht nicht mit einem erhobenen Zeigefinger wie ein Besserwisser, sondern durch unser Beispiel. Wenn wir nach der Liebe handeln, wie Jesus es uns vorgelebt und aufgetragen hat, dann weisen wir andere Menschen auf Jesus hin. Und auch wenn wir uns für die Kirche und die Pfarrei einsetzen, dann zeigt das anderen Leuten: Gott kommt in diese Welt, wir sind nicht „gottverlassen".

Evangelium
Mk 1,1–8

Aus dem heiligen Evangelium nach Markus.

Anfang des Evangeliums von Jesus Christus, dem Sohn Gottes:

² Es begann, wie es bei dem Propheten Jesaja steht: Ich sende meinen Boten vor dir her; er soll den Weg für dich bahnen.

³ Eine Stimme ruft in der Wüste: Bereitet dem Herrn den Weg! Ebnet ihm die Straßen!

⁴ So trat Johannes der Täufer in der Wüste auf und verkündigte Umkehr und Taufe zur Vergebung der Sünden.

⁵ Ganz Judäa und alle Einwohner Jerusalems zogen zu ihm hinaus; sie bekannten ihre Sünden und ließen sich im Jordan von ihm taufen.

⁶ Johannes trug ein Gewand aus Kamelhaaren und einen ledernen Gürtel um seine Hüften und er lebte von Heuschrecken und wildem Honig.

⁷ Er verkündete: Nach mir kommt einer, der ist stärker als ich; ich bin es nicht wert, mich zu bücken, um ihm die Schuhe aufzuschnüren.

⁸ Ich habe euch nur mit Wasser getauft, er aber wird euch mit dem Heiligen Geist taufen.

Fürbitten   Dem guten Gott, der sich allen Menschen zuwendet, bringen wir unsere Bitten:

○ Viele Menschen sind auf der Flucht und müssen fern von ihrer Heimat leben. Gott, hilf ihnen, lass sie Schutz und Frieden erfahren!

Wir bitten dich, erhöre uns.

○ Viele Menschen leiden unter Verfolgung und Diskriminierung. Steh ihnen bei, dass sie den Mut nicht verlieren!

○ Viele Menschen weisen als Seelsorgerinnen und Seelsorger, Lehrerinnen und Lehrer, Missionarinnen und Missionare auf dich hin. Lohne ihre Arbeit!

○ Unsere Verstorbenen haben auf dich vertraut und von dir Zeugnis gegeben. Nimm sie auf in deine Herrlichkeit und tröste alle Trauernden!

Guter Gott, du schickst uns immer wieder deinen Geist, damit wir mit Mut und Vertrauen den Weg deiner Gebote gehen. Dafür danken wir dir durch Christus, unseren Herrn.

3. ADVENTSSONNTAG B
GOTT BRINGT LICHT

Gen 1,3–5; Num 6,24–26; Ps 27,1–2; Ps 36,10;
Ps 43,3; Ps 97,11; Ps 104,2; Ps 119,105;
Ps 139,11–12; Jes 9,1; Jes 50,10; Jes 60,1–3;
Mt 5,14-16; Lk 1,78–79; Joh 8,12; Joh 12,46;
1 Thess 5,5; Joh 1,6–8.19–28

Material	*Adventskalender mit Säckchen, in denen Zettel mit Bibelstellen stecken; evtl. kleine Schriftröllchen mit diesen Bibelsätzen zum Mitnehmen für jedes Kind*

Einführung   *Frage an die Kinder:*
Welche Zeit haben wir jetzt?

Antwort   Adventszeit.

Was gefällt euch am besten an der Adventszeit?

Frage der Kinder
Was gefällt dir am besten?

Antwort   Die vielen Lichter überall: kleine Weihnachtsbäume, Lichterketten, Fenstergirlanden und vieles mehr – und der Adventskalender. Licht und Adventskalender – das wird uns heute noch beschäftigen. Zuerst aber wollen wir zu Jesus in unserer Mitte rufen.

Kyrie-Rufe   Herr, erbarme dich unser.
Christus, erbarme dich unser.
Herr, erbarme dich unser.

Gebet   Großer und mächtiger Gott, schau voll Liebe auf alle, die an dich glauben und sich auf das Fest der Geburt Jesu Christi freuen. Mache unser Herz bereit für dein großes Geschenk der Erlösung, damit Weihnachten für uns alle ein Tag der Freude und der Hoffnung werde. Darum bitten wir durch Jesus Christus.

Hinführung zu den Lesungen

Je nach dem Tag im Dezember, auf den der dritte Advents-
sonntag fällt, muss die Anzahl der Bibelstellen ausgewählt
werden. Sie wird im Folgenden mit „N" bezeichnet.

Wie viele Türchen habt ihr schon an eurem Adventskalender aufgemacht? Wir haben auch einen Adventskalender mitgebracht.
Aber wir haben keine Nascherei in unserem Adventskalender. Der Mensch lebt ja auch nicht von Brot
und Süßigkeiten allein, sondern von jedem Wort,
das aus Gottes Mund kommt. Und dann habe ich an
die vielen Lichter gedacht, die die Menschen in der
Adventszeit aufstellen· Die Menschen sehnen sich
nach Licht. Und da habe ich einfach einmal nach-
geschaut, wo die Bibel vom Licht spricht, das von
Gott kommt, und vom Leuchten. Ich habe ganz viele
schöne Sätze gefunden.

N Kinder, kleine und große, dürfen jetzt nach vorne
kommen und ein Säckchen aufmachen. Und wir
hören uns einfach diese Sätze aus der Bibel an.

Kinder lesen Bibelsätze vor:

1
Gen 1,3–5
Aus dem Buch Genesis:
Gott sprach: Es werde Licht. Und es wurde Licht.
⁴ Gott sah, dass das Licht gut war. Gott schied das
Licht von der Finsternis,
⁵ und Gott nannte das Licht Tag, und die Finsternis
nannte er Nacht.

2
Num 6,24–26
Aus dem Buch Numeri:
Der Herr segne dich und behüte dich.
²⁵ Der Herr lasse sein Angesicht über dich leuchten
und sei dir gnädig.
²⁶ Der Herr wende sein Angesicht dir zu und schenke
dir Heil.

3
Ps 27,1–2
Aus Psalm 27:
Der Herr ist mein Licht und mein Heil: Vor wem sollte
ich mich fürchten?
² Der Herr ist die Kraft meines Lebens: Vor wem
sollte mir bangen?

4	Aus Psalm 36:
Ps 36,10	Bei dir ist die Quelle des Lebens, in deinem Licht schauen wir das Licht.

5	Aus Psalm 43:
Ps 43,3	Sende dein Licht und deine Wahrheit, damit sie mich leiten; sie sollen mich führen zu deinem heiligen Berg und zu deiner Wohnung.

6	Aus Psalm 97:
Ps 97,11	Ein Licht erstrahlt den Gerechten und Freude den Menschen mit redlichem Herzen.

7	Aus Psalm 104:
Ps 104,2	Du hüllst dich in Licht wie in ein Kleid, du spannst den Himmel aus wie ein Zelt.

8	Aus Psalm 119:
Ps 119,105	Dein Wort ist meinem Fuß eine Leuchte, ein Licht für meine Pfade.

9	Aus Psalm 139:
Ps 139,11–12	Würde ich sagen: „Finsternis soll mich bedecken, statt Licht soll Nacht mich umgeben", [12] auch die Finsternis wäre für dich nicht finster, die Nacht würde leuchten wie der Tag, die Finsternis wäre wie Licht.

10	Aus dem Buch Jesaja:
Jes 9,1	Das Volk, das im Dunkel lebt, sieht ein helles Licht; über denen, die im Land der Finsternis wohnen, strahlt ein Licht auf.

11	Aus dem Buch Jesaja:
Jes 50,10	Wer im Dunkel lebt und wem kein Licht leuchtet, der vertraue auf den Namen des Herrn und verlasse sich auf seinen Gott.

12	Der Prophet Jesaja spricht zu Jerusalem:
Jes 60,1–3	Auf, werde Licht, denn es kommt dein Licht, und die Herrlichkeit des Herrn geht leuchtend auf über dir. [2] Denn siehe, Finsternis bedeckt die Erde und Dunkel die Völker, doch über dir geht leuchtend der Herr auf, seine Herrlichkeit erscheint über dir.

³ Völker wandern zu deinem Licht und Könige zu deinem strahlenden Glanz.

Überleitung zum Evangelium

Die alte Verheißung aus der Bibel ist an Jerusalem gerichtet, die Heilige Stadt, zu der der Herr kommen wird. „Jerusalem" ist aber nicht nur der Ort in Israel, sondern kann auch hier bei uns sein, in unseren Herzen. Jede und jeder von uns ist angesprochen, sich bereit zu machen, dass Gott in unser Leben kommt und Licht bringt. Wir singen das in dem schönen Kanon „Mache dich auf und werde Licht".

Kanon   Mache dich auf und werde Licht

13
Mt 5,14–16   Im Matthäusevangelium sagt Jesus:
Ihr seid das Licht der Welt. Eine Stadt, die auf einem Berg liegt, kann nicht verborgen bleiben.
¹⁵ Man zündet auch nicht ein Licht an und stülpt ein Gefäß darüber, sondern man stellt es auf den Leuchter; dann leuchtet es allen im Haus.
¹⁶ So soll euer Licht vor den Menschen leuchten, damit sie eure guten Werke sehen und euren Vater im Himmel preisen.

14
Lk 1,78–79   Im Lukasevangelium sagt Zacharias über Jesus:
Durch die barmherzige Liebe unseres Gottes wird uns besuchen das aufstrahlende Licht aus der Höhe,
⁷⁹ um allen zu leuchten, die in Finsternis sitzen und im Schatten des Todes, und unsre Schritte zu lenken auf den Weg des Friedens.

15
Joh 8,12   Im Johannesevangelium heißt es:
Als Jesus ein andermal zu ihnen redete, sagte er: Ich bin das Licht der Welt. Wer mir nachfolgt, wird nicht in der Finsternis umhergehen, sondern wird das Licht des Lebens haben.

16
Joh 12,46   Jesus sagt im Johannesevangelium:
Ich bin das Licht, das in die Welt gekommen ist, damit jeder, der an mich glaubt, nicht in der Finsternis bleibt.

17

1 Thess 5,5

Paulus schreibt an die Leute in Thessalonich:
Ihr alle seid Kinder des Lichts und Kinder des Tages. Wir gehören nicht der Nacht und nicht der Finsternis.

Die Bibel spricht sehr oft davon, dass Gott Licht ist, oder dass Jesus das Licht ist, oder dass auch wir Licht sind oder zum Licht gehören. Wir hören jetzt das Evangelium vom dritten Adventssonntag. Darin ist von Johannes dem Täufer die Rede, der Zeugnis „für das Licht" ablegt: Gemeint ist, dass Johannes der Täufer auf Jesus zeigt. Jesus ist das Licht der Welt – auf dieses Licht hoffen wir an Weihnachten.

Evangelium

Joh 1,6–8

Aus dem heiligen Evangelium nach Johannes.
Es trat ein Mensch auf, der von Gott gesandt war; sein Name war Johannes.
⁷ Er kam als Zeuge, um Zeugnis abzulegen für das Licht, damit alle durch ihn zum Glauben kommen.
⁸ Er war nicht selbst das Licht, er sollte nur Zeugnis ablegen für das Licht.

Joh 1,19–28

Dies ist das Zeugnis des Johannes: Als die Juden von Jerusalem aus Priester und Leviten zu ihm sandten mit der Frage: Wer bist du?,
²⁰ bekannte er und leugnete nicht; er bekannte: Ich bin nicht der Messias.
²¹ Sie fragten ihn: Was bist du dann? Bist du Elija? Und er sagte: Ich bin es nicht. Bist du der Prophet? Er antwortete: Nein.
²² Da fragten sie ihn: Wer bist du? Wir müssen denen, die uns gesandt haben, Auskunft geben. Was sagst du über dich selbst?
²³ Er sagte: Ich bin die Stimme, die in der Wüste ruft: Ebnet den Weg für den Herrn!, wie der Prophet Jesaja gesagt hat.
²⁴ Unter den Abgesandten waren auch Pharisäer.
²⁵ Sie fragten Johannes: Warum taufst du dann, wenn du nicht der Messias bist, nicht Elija und nicht der Prophet?

²⁶ Er antwortete ihnen: Ich taufe mit Wasser. Mitten unter euch steht der, den ihr nicht kennt ²⁷ und der nach mir kommt; ich bin es nicht wert, ihm die Schuhe aufzuschnüren. ²⁸ Dies geschah in Betanien, auf der anderen Seite des Jordan, wo Johannes taufte.

Fürbitten

Gott hat am Anfang der Welt das Licht geschaffen, und das Licht war gut. Noch viele andere gute Gaben und Worte schenkt uns Gott. Daher vertrauen wir ihm unsere Bitten an:

○ Gott, viele Menschen leben in Angst und Bedrohung. Lass sie das Licht der Hoffnung auf ein Leben in Frieden und Sicherheit sehen!

Wir bitten dich, erhöre uns.

○ Gott, du hast den Menschen deine Weisung gegeben, damit sie dadurch glücklich werden. Lass alle, die an dich glauben, erkennen, wie sie in rechter Weise vor dir und miteinander leben sollen.

○ Gott, viele Menschen sind krank und traurig, sie fühlen sich wie in dunkler Nacht. Lass sie Linderung und Heilung erfahren, damit es wieder hell wird in ihrem Leben.

○ Gott, unsere Verstorbenen sind uns in dein Licht vorausgegangen. Tröste alle Trauernden und lass auch uns einst bei dir sein.

Wir danken dir, guter Gott, dass wir zu dir beten dürfen und du immer wieder das Dunkel in unseren Herzen vertreiben willst. Amen.

Hinweis

Alle, die heute diesen Gottesdienst mitgefeiert haben, bekommen eine kleine „Schriftrolle" mit einem Bibelvers. Dieser Vers kann uns die nächsten Tage begleiten.

DER HIMMEL IST OFFEN

Apg 6,8–10; 7,54–60; Mt 10,17–22

Einführung Hattet ihr ein schönes Weihnachtsfest? Mit viel Freude und Frieden? Gab es auch mal Streit? – Vielleicht. Weihnachten funktioniert ja nicht automatisch: Lichterkette an, sofort sind alle friedlich und freundlich. Manchmal habe ich den Eindruck, dass sich unser kirchlicher Kalender gegen die Weihnachts-Gefühlsduselei wehrt, wenn er dieses merkwürdige Fest des heiligen Stephanus ausgerechnet auf den zweiten Weihnachtsfeiertag legt. Dieser Stephanus hat nämlich als erster für Jesus Christus, zu dem er sich im Glauben bekannte, sein Leben hingegeben. Gibt es etwas, das der heilige Stephanus, eine Barockkirche* und das Weihnachtsfest gemeinsam haben? Ja! *(Kleiner Tipp: Wir müssen dazu „nach oben" schauen.) Später mehr davon! – Jetzt aber wollen wir uns auf die heilige Messe vorbereiten: Wir bitten einander und Jesus um Verzeihung, wenn wir uns in den letzten Tagen falsch verhalten haben.

Kyrie-Rufe Jesus, du bist an Weihnachten für uns vom Himmel herabgekommen. – Herr, erbarme dich.
Jesus, du bist ein Mensch wie wir geworden und hast als Mensch gelebt. – Christus, erbarme dich.
Jesus, durch dich steht uns der Weg zum Himmel offen. – Herr, erbarme dich.

Gebet Allmächtiger Gott, wir ehren am heutigen Fest den heiligen Stephanus als den ersten Märtyrer deiner Kirche. Gib, dass auch wir unsere Feinde lieben und so das Beispiel des heiligen Stephanus nachahmen, der für seine Verfolger gebetet hat. Darum bitten wir durch Jesus Christus.

Weihnachten, eine Barockkirche und der heilige Stephanus – habt ihr schon eine Idee, was hier gemeinsam ist? Nein, wir müssen erst etwas mehr über Stephanus erfahren. Stephanus hat mit uns gemeinsam, dass er Christ war – aber er lebte vor fast 2000 Jahren, zu der Zeit, als die Freunde von Jesus, die er selbst ausgeschickt hatte, noch lebten. Stephanus hat sehr früh den Glauben an Jesus Christus angenommen: Er hat noch von den Aposteln die Hände aufgelegt bekommen und war ein Diener der Kirche – griechisch nennt man das „Diakon". Und er war recht erfolgreich, was wiederum einer Reihe von Leuten, die die Kirche Jesu Christi verfolgt haben, gar nicht passte. So müssen wir heute davon hören, wie Stephanus seinen Glauben an Jesus mit seinem Leben bezeugt – und am Ende wie Jesus selbst hingerichtet wird. Kurz davor blickt Stephanus nach oben und sieht etwas – und das hören wir jetzt in der Lesung.

Lesung

Apg 6,8–10

Lesung aus der Apostelgeschichte.

Stephanus, voll Gnade und Kraft, tat Wunder und große Zeichen unter dem Volk.

[9] Doch einige von der sogenannten Synagoge der Libertiner und Zyrenäer und Alexandriner und Leute aus Zilizien und der Provinz Asien erhoben sich, um mit Stephanus zu streiten;

[10] aber sie konnten der Weisheit und dem Geist, mit dem er sprach, nicht widerstehen.

Apg 7,54–60

Als sie [seine lange Predigt und sein Bekenntnis zu Jesus] hörten, waren sie aufs Äußerste über ihn empört und knirschten mit den Zähnen.

[55] Er aber, erfüllt vom Heiligen Geist, blickte zum Himmel empor, sah die Herrlichkeit Gottes und Jesus zur Rechten Gottes stehen

[56] und rief: Ich sehe den Himmel offen und den Menschensohn zur Rechten Gottes stehen.

[57] Da erhoben sie ein lautes Geschrei, hielten sich die Ohren zu, stürmten gemeinsam auf ihn los,

⁵⁸ trieben ihn zur Stadt hinaus und steinigten ihn. Die Zeugen legten ihre Kleider zu Füßen eines jungen Mannes nieder, der Saulus hieß.

⁵⁹ So steinigten sie Stephanus; er aber betete und rief: Herr Jesus, nimm meinen Geist auf!

⁶⁰ Dann sank er in die Knie und schrie laut: Herr, rechne ihnen diese Sünde nicht an! Nach diesen Worten starb er.

Auslegung

So, was hat das mit Weihnachten und unserer Kirche zu tun? Was hat Stephanus gesehen und gesagt, bevor er getötet wurde? – „Ich sehe den Himmel offen", hat Stephanus gesagt. Ich sehe den Himmel offen – und Stephanus sieht „den Menschensohn" zur Rechten Gottes stehen. Der „Menschensohn" ist niemand anderer als Jesus, der im Himmel am Thron Gottes steht und alle empfängt, die sich auf der Erde zu ihm bekennen – wie Stephanus. So sieht Stephanus „den Himmel offen".

Die Künstler, die Barockkirchen* gestaltet haben, wollten das auch malen. In Barockkirchen sieht man auf den Gemälden an der Decke sehr oft Wolken, und darauf sitzen allerlei himmlische Figuren.

Falls der Gottesdienstraum eine Barockkirche ist, kann auf lokale Besonderheiten der Deckenmalerei eingegangen werden.

Die Künstler wollen uns zeigen, dass der Himmel „offen" ist. Also: Stephanus sieht den Himmel offen; manche Kirchen haben ein Deckenbild, das den Himmel offen zeigt – und wo bleibt nun Weihnachten? Genau das ist das tiefe Geheimnis von Weihnachten, dass jetzt der „Himmel offen" ist! Ihr habt doch die Weihnachtsgeschichte gehört: Wie haben die Hirten erfahren, dass in Betlehem der Retter Jesus geboren ist? – Ein Engel vom Himmel hat's ihnen gesagt. Dann war da ein himmlisches Heer von Engeln, das Gott lobte und sang: „Verherrlicht ist Gott in der Höhe und auf Erden ist Friede bei den Menschen seiner Gnade." Da muss der Himmel offen gewesen sein! Und im Advent haben wir gesungen „Tauet, Himmel, den Gerechten" – da heißt es auch: „denn verschlossen war das Tor, bis ein Heiland trat hervor". Jesus ist dieser Heiland, der gekommen ist und den Himmel aufgemacht hat. Weihnachten heißt: Jesus ist vom Himmel herabgekommen, ist Mensch geworden, einer von uns.

Seither steht uns der Weg zum Himmel offen. Wenn wir uns an Jesus halten, werden wir diesen Weg finden. Hoffentlich geht es uns nicht wie Stephanus: Er musste für sein mutiges Bekenntnis zu Jesus mit dem Leben bezahlen. Seither ist das mit vielen Menschen immer wieder geschehen, und viele tapfere Christen haben für Jesus ihr Leben eingesetzt. Wie gesagt, hoffentlich geht es uns nicht so, aber immerhin ist uns Stephanus doch ein Vorbild: Er stand treu zu Jesus und hat sich zu Jesus bekannt. Und er hat uns bezeugt, dass der Himmel offen ist: Wir sind nicht allein auf der Erde mit unseren Sorgen und Problemen. Jesus ist bei uns. Und die Menschen, die uns vorausgegangen sind, die schon gestorben sind, sind nicht „weg", sondern bei Jesus im Himmel. Und es ist unsere feste Hoffnung, dass auch wir dieses Ziel haben: die ewige Freundschaft und Gemeinschaft mit Jesus im Himmel. Gott ist an Weihnachten ein Mensch geworden, Jesus ist als Kind auf die Welt gekommen – wozu all das? Weil Gott will, dass wir alle einmal in der himmlischen Welt in ewiger Freude leben werden. Der Himmel ist offen – dafür hat Stephanus seinen Kopf hingehalten. Der Himmel ist offen – das glaube ich auch.

Evangelium
Mt 10,17–22

Aus dem heiligen Evangelium nach Matthäus.
In jener Zeit sagte Jesus: Nehmt euch aber vor den Menschen in Acht! Denn sie werden euch vor die Gerichte bringen und in ihren Synagogen auspeitschen.
[18] Ihr werdet um meinetwillen vor Statthalter und Könige geführt, damit ihr vor ihnen und den Heiden Zeugnis ablegt.

¹⁹ Wenn man euch vor Gericht stellt, macht euch keine Sorgen, wie und was ihr reden sollt; denn es wird euch in jener Stunde eingegeben, was ihr sagen sollt.
²⁰ Nicht ihr werdet dann reden, sondern der Geist eures Vaters wird durch euch reden.
²¹ Brüder werden einander dem Tod ausliefern und Väter ihre Kinder, und die Kinder werden sich gegen ihre Eltern auflehnen und sie in den Tod schicken.
²² Und ihr werdet um meines Namens willen von allen gehasst werden; wer aber bis zum Ende standhaft bleibt, der wird gerettet.

Fürbitten

Jesus Christus, Gottes Sohn, ist Mensch geworden und trägt unsere Bitten und Anliegen vor Gott hin:

○ Wir beten für alle Christen, die wegen ihres Glaubens verfolgt und vor Gericht gestellt werden: Herr, hilf ihnen, mutig Zeugnis für dich abzulegen.

Christus, höre uns.

○ Wir beten für alle Gegner der Kirche: Befreie sie von Hass und Vorurteilen und schenke ihnen gute Erfahrungen.

○ Wir beten für uns selbst: Hilf uns immer tiefer zu verstehen, was Weihnachten bedeutet: dass du Mensch geworden bist.

○ Wir beten für alle, die im Glauben an dich gestorben sind: Nimm sie auf in das Reich deines Friedens.

Jesus, du bist bei uns alle Tage, auch dann, wenn wir in Schwierigkeiten kommen. Für deine Hilfe und Nähe danken wir dir von Herzen. Amen.

Hinweis

Allen, die Stephan/Stefan oder Stephanie/Stefanie heißen, wünschen wir alles Gute zum Namenstag.

WER IST JESUS FÜR MICH?

Joh 4,5–15

Einführung Wir begrüßen heute zu unserem Gottesdienst am Sonntag ganz besonders herzlich unsere Erstkommunionkinder und ihre Eltern und Angehörigen. Die Kinder werden sich heute vorstellen: Sie werden ihren Namen sagen und sie werden etwas von ihrem jungen Glauben bekennen. Wir werden hören, was die Kommunionkinder von Jesus wissen und was sie an Jesus wichtig und gut finden.
Zum Thema „Jesus – Quelle des Lebens" werden wir im Evangelium einiges hören.
Am Beginn unseres Gottesdienstes wollen wir uns an Jesus, unseren Herrn wenden, und ihn um das göttliche Erbarmen bitten.

Kyrie-Rufe Jesus, du bist uns nahe, wenn wir zu dir rufen.
Jesus, du schenkst uns immer wieder die Vergebung unserer Sünden.
Jesus, mit dir können wir wieder neu anfangen.

Gebet Guter Gott, du bist uns in Jesus Christus, deinem Sohn, ganz nahe gekommen. Dafür danken wir dir. Gib, dass wir in allen Lebenslagen an dich denken, ob wir traurig oder froh sind, und hilf uns, immer auf dich zu vertrauen. Darum bitten wir durch Jesus Christus.

Hinführung zum Evangelium

Wann habt ihr zum letzten Mal so richtig Durst gehabt? Vielleicht nach langem Rumtoben im vergangenen Fasching? Oder nach einer langen Wanderung bei heißer Sonne im letzten Urlaub? Wie erfrischend war doch da die Rast, bei der es etwas Kühles zu trinken gab! Da merkt man, wie man wieder auflebt!

Wasser brauchen wir zum Leben, das wissen wir alle. Und daher eignen sich das Wasser und die Quelle sehr gut als ein Bild für Jesus. Über Jesus können wir ja eigentlich immer nur in Bildern sprechen, und so können wir zum Beispiel sagen: Ich freue mich so auf Jesus wie auf ein frisches Glas Wasser nach einer Wanderung in heißer Sonne.

Das Thema „Jesus – Quelle des Lebens" ist keine Erfindung von uns, sondern ein uraltes Bild aus dem Evangelium nach Johannes. Dort finden wir tatsächlich eine Geschichte, wie Jesus nach einer langen Wanderung unter heißer Sonne ganz durstig an einen Brunnen kommt. Es ist ein besonderer Brunnen in einem besonderen Gebiet. Den Brunnen hatte der Urahn des Volkes Israel, Jakob, gegraben – und jetzt lag dieser Brunnen in einem Gebiet, das nicht die Juden bewohnten, sondern die Leute aus Samarien: Diese Samaritaner und die Juden haben sich überhaupt nicht vertragen. Und doch kommt Jesus, der ja Jude ist, mit einer Frau aus Samaria, die am Brunnen Wasser holen will, ins Gespräch. Und in diesem Gespräch erfahren wir viel über Jesus, die Quelle des Lebens.

Wir hören nun das Evangelium (mit verteilten Rollen).

Evangelium
Joh 4,5–15

E = *Erzähler;* J = *Jesus;* F = *die Frau*

E So kam Jesus zu einem Ort in Samarien, der Sychar hieß und nahe bei dem Grundstück lag, das Jakob seinem Sohn Josef vermacht hatte.
Dort befand sich der Jakobsbrunnen. Jesus war müde von der Reise und setzte sich daher an den Brunnen; es war um die sechste Stunde.
Da kam eine samaritische Frau, um Wasser zu schöpfen.
Jesus sagte zu ihr:

J Gib mir zu trinken!

E Seine Jünger waren nämlich in den Ort gegangen, um etwas zum Essen zu kaufen.

Die samaritische Frau sagte zu ihm:

F Wie kannst du als Jude mich, eine Samariterin, um Wasser bitten?

E Die Juden wollen nämlich nichts mit den Samaritern zu tun haben.

Jesus antwortete ihr:

J Wenn du wüsstest, worin die Gabe Gottes besteht und wer es ist, der zu dir sagt: Gib mir zu trinken!, dann hättest du ihn gebeten, und er hätte dir lebendiges Wasser gegeben.

E Sie sagte zu ihm:

F Herr, du hast kein Schöpfgefäß, und der Brunnen ist tief; woher hast du also das lebendige Wasser? Bist du etwa größer als unser Vater Jakob, der uns den Brunnen gegeben und selbst daraus getrunken hat, wie seine Söhne und seine Herden?

E Jesus antwortete ihr:

J Wer von diesem Wasser trinkt, wird wieder Durst bekommen; wer aber von dem Wasser trinkt, das ich ihm geben werde, wird niemals mehr Durst haben; vielmehr wird das Wasser, das ich ihm gebe, in ihm zur sprudelnden Quelle werden, deren Wasser ewiges Leben schenkt.

E Da sagte die Frau zu ihm:

F Herr, gib mir dieses Wasser, damit ich keinen Durst mehr habe und nicht mehr hierher kommen muss, um Wasser zu schöpfen.

Auslegung Wir blenden uns hier aus dem noch länger dauernden Gespräch aus. Die Frau redet noch länger mit Jesus und lernt ihn immer mehr kennen. Zuerst fragt sie sich: Ist das jemand, der größer ist als unser Stammvater Jakob? Jesus verspricht ihr das lebendige Wasser, von dem man keinen Durst mehr bekommt. Aber er meint damit nicht unseren normalen Durst, sondern unsere Sehnsucht und unsere Wünsche,

z. B. unsere Hoffnung auf Frieden – das will uns Jesus erfüllen! Und dann merkt die Frau, dass Jesus ein großer Prophet ist, ja noch mehr, dass Jesus der Messias ist, der Heiland, den Gott versprochen hat. Alles soll mit diesem Messias gesund und heil werden. Und das erzählt die Frau ihren Leuten in Samaria. Alle kommen her und sprechen mit Jesus, zwei Tage lang. Am Ende bekennen die Leute von Samaria: Jesus ist wirklich der Retter der Welt. Habt ihr gemerkt, wie viele Worte über Jesus hier vorgekommen sind? Wer ist Jesus? Einer, der größer ist als der Stammvater Jakob aus dem Alten Testament. Ein Prophet. Der Messias. Der Retter der Welt. Stufe für Stufe erkennen die Frau und die anderen Samaritaner, wer Jesus ist.

Mit uns ist das genauso. Jeder von uns, von den Erstklässlern über die Kommunionkinder, die Jugendlichen und Erwachsenen bis hin zu unserem Pfarrer, wir alle erkennen Schritt für Schritt immer mehr von Jesus. Wir wachsen hinein in die Beziehung zu Jesus. Das ist so, wie man einen Freund, eine Freundin immer tiefer kennen lernt.

Ein mögliches Bild für Jesus ist eben die „Quelle des Lebens". Was das heißt, das wollen wir im weiteren Verlauf unserer Erstkommunionkatechese besprechen und vor allem im Kommuniongottesdienst.

Vorstellung der Kommunionkinder

Heute stellen sich – nach unserem Lied – unsere Kommunionkinder vor, und jeder sagt dabei einen Satz, was ihn an Jesus besonders beeindruckt.

o Ich heiße N. N. und komme aus XY.

Jedes Kind stellt sich in dieser Weise vor und sagt einen Satz.

o Ich finde gut an Jesus, dass er anderen Menschen hilft.

o Ich finde gut an Jesus, dass er den Ausgestoßenen ihre Würde zurückgibt.

○ Ich finde wichtig an Jesus, dass er Kranke geheilt hat.

○ Ich finde gut an Jesus, dass er beim Zöllner Zachäus zu Gast war.

○ Ich finde wichtig an Jesus, dass er Tote zum Leben erweckt hat.

○ Ich finde wichtig an Jesus, dass er den Menschen gezeigt hat, wie sie leben sollen.

○ Ich finde gut an Jesus, dass er den Kranken geholfen hat.

○ Ich finde wichtig an Jesus, dass er uns schützt und auf uns aufpasst.

○ Ich weiß von Jesus, dass er unser Bruder ist.

○ Ich finde wichtig an Jesus, dass er das Gute in den Menschen sieht und den Sündern hilft.

○ Ich finde wichtig an Jesus, dass er unsere Schuld vergibt.

○ Ich finde gut an Jesus, dass er barmherzig und gütig ist.

○ Ich finde interessant an Jesus, dass er Wasser in Wein verwandelt hat.

○ Ich finde gut an Jesus, dass er den Leuten hilft.

○ Ich finde wichtig an Jesus, dass er Frieden stiftet und uns den Frieden bringt.

Alle Kommunionkinder gemeinsam (zu den Gottesdienstteilnehmern):

○ Und ihr, wer ist Jesus für euch? –

Ja, da haben uns die Kommunionkinder eine schöne Hausaufgabe gegeben: Denken wir alle doch mal in den folgenden Tagen und Wochen darüber nach, wer Jesus für uns ist, was wir von Jesus wissen und was wir an Jesus gut, interessant und wichtig finden.

Fürbitten Zu Gott, unserem lieben Vater im Himmel, wollen wir rufen und ihm unsere Bitten vortragen:

○ Manchmal sind Menschen traurig und ausgebrannt, durstig nach einem guten Wort. Guter Gott, tröste sie und hilf ihnen.

Wir bitten dich, erhöre uns.

○ Viele Menschen sind krank und hoffen darauf, wieder gesund zu werden. Stehe ihnen bei und gib ihnen Kraft.

○ Oft sind wir erschrocken über Krieg und Terror in der Welt. Wir sehnen uns nach Frieden. Schenke der Welt deinen Frieden und fange bei uns an.

○ Wir denken an unsere verstorbenen Angehörigen und alle Verstorbenen. Lass sie bei dir in ewiger Freude leben.

Gott unser Vater, alle unsere Bitten, die lauten und die leisen, vertrauen wir deiner liebenden Hand an. Wir danken dir, dass wir immer bei dir zu Hause sein dürfen. Amen.

HÖRT, DANN WERDET IHR LEBEN

Thema: Jesus – Quelle des Lebens
Jes 55,1–3; Joh 7,37–39

Material *6 x 1,5-Liter-Wasserflaschen aus dem Supermarkt*

Einführung Mit großer Freude haben wir uns heute versammelt, um das Fest des Lebens zu begehen. Unsere Kommunionkinder erhalten zum ersten Mal das Brot des Lebens, in dem Jesus zu uns kommt. Zum Leben gehört lebensnotwendig auch das Wasser. Daher wählt die Bibel oft das Bild vom lebendigen Wasser, um uns zu verdeutlichen, was Gott uns schenken will. Jesus selbst sagt, dass er „lebendiges Wasser" schenken will, um unseren Durst nach Leben und Liebe zu stillen. Wir hören heute dazu zwei Stellen aus der Heiligen Schrift.
Bevor wir mit unserer Feier beginnen, wollen wir den Herrn um sein Erbarmen anrufen.

Kyrie-Rufe Jesus, du bist die Quelle, die uns Wasser des Lebens schenkt.
Du stillst unseren Durst nach Liebe und Vertrauen.
Auf dein Wort wollen wir immer wieder hören.

Gebet Du lebendiger Gott, hier sind wir mit all unserer Festtagsfreude, mit vielen Gästen und mit unserer Gemeinde. Dein Tag ist heute – du beschenkst uns mit deinem Wort und mit der Nähe deines Sohnes Jesus im heiligen Brot. Es ist der Tag, an dem wir spüren: Ja, du bist da mit deiner ganzen Liebe. Dir wollen wir unser Herz öffnen, der du uns nahe bist, jetzt und alle Tage unseres Lebens.

Hinführung zur Lesung

Zur Veranschaulichung die Wasserflaschen zeigen

So sieht das Trinkwasser von heute aus. In vielen Ländern gibt es kein sauberes Wasser aus der Leitung – da muss man Trinkwasser in Flaschen kaufen. Auch bei uns ist das Wasser aus der Leitung nicht kostenlos! Man muss dafür bezahlen – immer wieder, weil wir jeden Tag frisches Trinkwasser brauchen. – Im Alten Orient, z. B. auch in dem Land, in dem Jesus lebte, gab es vor langer Zeit keine Wasserleitung und keine Plastikflaschen. Man holte das Wasser vom Brunnen. Oder man kaufte es: Da gab es Wasserverkäufer mit einem Behälter auf dem Rücken. Die holten das Brunnenwasser und verkauften es Becher für Becher in der Stadt. Wasser war schon immer kostbar und teuer. Von so einem Wasserverkäufer hören wir gleich aus der Bibel. Aber es ist ein ungewöhnlicher Verkäufer: Er hat auch noch Getreide, Wein und Milch. Und was noch viel seltsamer ist: Er verlangt kein Geld dafür! Wer wohl dieser ungewöhnliche „Verkäufer" (Verschenker!) ist? Am Ende der Lesung steht ein ganz wichtiger Satz, der uns die Auflösung gibt.

Lesung

Jes 55,1–3

Lesung aus dem Buch Jesaja.

Auf, ihr Durstigen, kommt alle zum Wasser! Auch wer kein Geld hat, soll kommen. Kauft Getreide und esst, kommt und kauft ohne Geld, kauft Wein und Milch ohne Bezahlung! ² Warum bezahlt ihr mit Geld, was euch nicht nährt, und mit dem Lohn eurer Mühen, was euch nicht satt macht? Hört auf mich, dann bekommt ihr das Beste zu essen und könnt euch laben an leckeren Speisen. ³ Neigt euer Ohr mir zu und kommt zu mir, hört, dann werdet ihr leben. Ich will einen ewigen Bund mit euch schließen, gemäß der beständigen Huld, die ich David erwies.

Vielleicht habt ihr erraten, wer dieser großzügige Verkäufer ist. Ja, es ist Gott. Das Wasser, das wir aus der Leitung haben, das wir für Geld im Supermarkt kaufen, das löscht zwar unseren Durst des Körpers – aber das kann ja nicht alles sein. Wir alle haben doch Durst nach „mehr"! Wir sehnen uns danach, dass uns jemand lieb hat. Wie eine Pflanze unbedingt Wasser braucht, so brauchen wir jemanden, dem wir vertrauen können. Wir dürsten danach, dass uns jemand Halt gibt und uns Orientierung gibt: Wo liegt der Sinn im Leben, was soll ich tun, damit mein Leben gelingt? Wir haben Durst nach Antworten. – Gott ist es, der diesen Durst stillen kann: „Hört, dann werdet ihr leben." Das ist ein ganz zentraler Satz unseres Glaubens: Wenn wir immer wieder auf Gottes Wort hören, dann wird unser Leben sinnvoll und gelingen. Dann wird Gott einen „ewigen Bund" mit uns schließen, wie einst mit König David – von David heißt es ständig in der Bibel, dass Gott mit ihm war. Gott will auch mit uns sein, immer bei uns sein, und das geht, wenn wir auf Gottes Wort hören.

Jesus hat etwas ganz ähnliches gesagt. Einmal hat er sich vor die Leute hingestellt und sie aufgefordert: „Wer Durst hat, der komme zu mir, und es trinke, wer an mich glaubt." Jesus hat keine Wasserflaschen verkauft, sondern er meint damit wieder unseren Durst, unsere Sehnsucht nach Liebe, Vertrauen, nach Sinn und Orientierung. Das will Jesus uns schenken, und dazu sollen wir zu ihm kommen. Dann werden wir nicht Wasser, sondern den Geist empfangen, den Heiligen Geist, der unser Leben heil und gut machen wird.

Auf Gottes Wort hören, zu Jesus kommen und mit ihm Kontakt halten – das wird unseren Durst stillen, unsere tiefen Sehnsüchte erfüllen. Im heiligen Brot der Eucharistie kommt Jesus uns allen ganz nahe, kommt in unser Innerstes. Dort wird er den Hunger und den Durst stillen, den gewöhnliches Brot und normale Getränke nicht stillen können. Wir hören jetzt auf das Evangelium und wollen uns im Inneren öffnen und darauf vorbereiten, dass Jesus zu uns kommt.

Evangelium Aus dem heiligen Evangelium nach Johannes.
Joh 7,37–39 Am letzten Tag des Festes, dem großen Tag, stellte sich Jesus hin und rief: Wer Durst hat, komme zu mir, und es trinke, [38] wer an mich glaubt. Wie die Schrift sagt: Aus seinem Inneren werden Ströme von lebendigem Wasser fließen.
[39] Damit meinte er den Geist, den alle empfangen sollten, die an ihn glauben; denn der Geist war noch nicht gegeben, weil Jesus noch nicht verherrlicht war.

Ankündigung des Bibelgeschenks

„Hört, dann werdet ihr leben." Dieses Wort gibt uns die Lesung auf unseren weiteren Weg mit. Auf Gottes Wort hören, mit Jesus Kontakt halten, das können wir aber nur, wenn wir Gottes Wort tatsächlich kennen. Wir haben für unsere Kommunionkinder als Geschenk eine kleine Bibel gekauft – die soll euch die nächste Zeit begleiten. Immer wieder sollt ihr darin lesen.

Immer wieder kommt ihr hier zum Gottesdienst zusammen. Wie man immer wieder etwas trinken muss. Und allmählich, nicht gleich heute und sofort, aber allmählich werdet ihr merken, welcher Reichtum in diesen Worten und in diesem Tun steckt.

Wir erinnern uns jetzt daran, wie unser Leben mit Jesus angefangen hat: mit der Taufe. Und dabei wollen wir unseren Glauben erneuern.

Tauferneuerung und Glaubensbekenntnis *(Priester = P; Kinder = KK)*

P Vor euch brennen Kerzen. Sie erinnern euch an eure Taufe. Damals haben eure Eltern und eure Paten „Ja" gesagt zu unserem Glauben an den heiligen, dreifaltigen Gott. Heute frage ich euch nun selbst: Glaubt ihr an Gott, den Vater unseres Herrn Jesus Christus, der euch das Leben gegeben hat, weil er euch ganz innig liebt?

KK	Ja, das glauben wir.
P	Glaubt ihr an Jesus Christus, den Sohn Gottes, der ganz uns Menschen gleich wurde, der sein Leben für uns hingegeben hat und von den Toten auferstanden ist?
KK	Ja, das glauben wir.
P	Glaubt ihr an den Heiligen Geist, der in uns wirkt und uns verbindet in der Gemeinde der Christen; der uns fähig macht, den Fußstapfen Jesu zu folgen?
KK	Ja, das glauben wir.
P	Herr, unser Gott, diese Kinder bekennen vor dir ihren Glauben. Beschütze und segne sie. Lass sie treu festhalten an der Freundschaft mit Jesus Christus, deinem Sohn.

Lied zur Tauferneuerung

Fürbitten Zu Gott lasst uns unsere Bitten bringen:

○ Guter Gott, hilf allen Menschen zu erkennen, wie sehr du sie beschenkst – mit deinem Wort und mit den Gaben dieser Erde.

Wir bitten dich, erhöre uns.

○ Lass alle Menschen deine Liebe erkennen und weiterzugeben, damit Freundschaft und Frieden wachsen.

○ Hilf unseren Eltern: Ihre Liebe ist so lebensnotwendig wie Brot und Wasser. Stehe ihnen bei in ihren Sorgen und Mühen für uns.

○ Hilf allen, die krank, traurig oder einsam sind. Stärke und belebe sie.

Gott, dein Sohn Jesus hat uns den Weg der Liebe gezeigt. Zu ihm wollen wir immer wieder kommen, jetzt und unser ganzes Leben lang. Amen.

Kommuniongebet

KK gemeinsam Herr Jesus Christus, wir glauben, dass du im Zeichen des Brotes in der heiligen Kommunion zu uns gekommen bist.

Du selbst bist das Brot, ein Geschenk des lebendigen Gottes in unserer Welt.

Du schenkst uns Gemeinschaft mit dir und mit allen, die an diesem heiligen Mahl teilgenommen haben.

Darüber sind wir froh und glücklich.

Dafür danken wir dir, Herr Jesus Christus. Amen.

Schlussgebet Guter Gott, segne die Kinder, die sich jetzt – gestärkt durch die erste heilige Kommunion – auf den Weg deines Sohnes Jesus machen. Lass sie diesen Weg voll Freude gehen. Schenke ihnen immer wieder die Erfahrung, dass die Liebe zählt. Segne die Familien, sei bei allen, für die wir heute gebetet haben. Halte schützend deine Hände über uns, bis wir uns wieder gemeinsam zum Mahl deines Sohnes Jesus versammeln. Darum bitten wir durch ihn, Jesus, unseren Herrn und Freund.

UNZERSTÖRBARE BEZIEHUNGEN – MUTTERTAG

1 Joh 3,18–24; Joh 15,1–8

Die folgenden Überlegungen verbinden zwei geheimnisvolle Beziehungen miteinander: die Beziehung zur eigenen Mutter und die Beziehung zu Jesus. Beide Beziehungen sind – hoffentlich! – unzerstörbar. Damit wird der Versuch unternommen, den an sich profanen Gedanken des „Muttertags" in die Liturgie und Verkündigung einzubeziehen.

Kyrie-Rufe Herr Jesus Christus, seit unserer Taufe sind wir mit dir, dem wahren Leben, verbunden wie die Reben mit dem Weinstock.
Herr Jesus Christus, getrennt von dir können wir keine Frucht bringen.
Herr Jesus Christus, lass uns in dir bleiben und immer mehr deine Jünger werden.

Gebet Gott, unser Vater, wir gehören dir und hoffen allein auf dich. In deinem Sohn Jesus Christus sind wir mit dir und untereinander untrennbar verbunden. Bleibe uns nahe in jeder Not und Gefahr und schütze uns. Darum bitten wir durch Jesus Christus.

Lesung Lesung aus dem ersten Johannesbrief.
1 Joh 3,18–24 Meine Kinder, wir wollen nicht mit Wort und Zunge lieben, sondern in Tat und Wahrheit.
[19] Daran werden wir erkennen, dass wir aus der Wahrheit sind, und werden unser Herz in seiner Gegenwart beruhigen.
[20] Denn wenn das Herz uns auch verurteilt – Gott ist größer als unser Herz und er weiß alles. Der von seinem Gewissen verurteilte Christ weiß, dass er auf das göttliche Erbarmen hoffen kann.

²¹ Liebe Schwestern und Brüder, wenn das Herz uns aber nicht verurteilt, haben wir gegenüber Gott Zuversicht;
²² alles, was wir erbitten, empfangen wir von ihm, weil wir seine Gebote halten und tun, was ihm gefällt.
²³ Und das ist sein Gebot: Wir sollen an den Namen seines Sohnes Jesus Christus glauben und einander lieben, wie es seinem Gebot entspricht.
²⁴ Wer seine Gebote hält, bleibt in Gott und Gott in ihm. Und dass er in uns bleibt, erkennen wir an dem Geist, den er uns gegeben hat.

Auslegung

Heute ist Muttertag. Das ist der Tag, an dem gefälligst alle an ihre Mutter zu denken haben. Warum muss man so etwas eigentlich vorschreiben? Denken wir sonst nicht an unsere Mutter? Es ist doch ein komischer Gedanke, dass wir alle an einem Tag im Jahr besonders an unsere Mutter denken – und sonst sollte sie in unserem Leben keine Rolle spielen? Warum muss ich ausgerechnet einmal im Jahr meiner Mutter ein Gedicht aufsagen und darin hoch feierlich ausdrücken, dass ich sie lieb habe? Wenn ich mich recht erinnere, habe ich das eigentlich viel öfter ausgedrückt, und meist nicht mit Worten. Und ich glaube, dass ihr alle viel öfter als einmal im Jahr an eure Mutter denkt und ihr sagt, dass ihr sie lieb habt. Oft muss man das gar nicht in Worte fassen: Wenn wir uns an die Mutter ankuscheln, wenn sie uns übers Haar streicht, wenn man sich liebevoll ansieht, wenn man nach einem Streit wieder gut miteinander ist – dann ist doch immer Muttertag. Wir denken doch viel, viel öfter an unsere Mutter als nur einmal im Jahr. Die Beziehung zu unserer Mutter ist viel tiefer und viel komplizierter, als unsere Kindergartengedichte es überhaupt in Worte fassen können. Und die Beziehung zur Mutter ist auch etwas, was weit über das hinausgeht, als dass wir nur „an sie denken". Manchmal „denken" wir gar nicht an unsere Mutter – und doch ist sie da.

Das können wir an einer einfachen Übung ausprobieren: Werden wir einfach mal ganz, ganz still
und hören wir in unseren Körper hinein. – Was da
alles abläuft: Das Herz klopft. Die Luft rauscht in den
Lungen. Das Blut pulsiert durch die Adern. Vielleicht
knurrt auch mal der Magen. – Wie vieles geht hier
vor sich – und wir denken kaum dran. Nur wenn
etwas kaputt geht, dann merken wir es: Wenn die
Bronchien oder der Hals entzündet sind, rasselt die
Luft schwer. Oder wenn der Bauch weh tut und alles
drückt. Sonst denken wir ja kaum an unseren Körper,
an unser Herz, unsere Lungen, unseren Bauch. Und
doch ist das alles immer da und läuft und läuft.
So ist das auch mit unserer Mutter: Im Grunde ist
sie immer da, auch wenn wir nicht bewusst an sie
denken. Umgekehrt ist es genauso: Eine Mutter kann
eigentlich nicht ihr Kind vergessen – die Beziehung
zwischen Mutter und Kind ist unzerstörbar. Wenn
wir im Fernsehen von etwas anderem erfahren,
dann sind das ganz schreckliche Ausnahmen, die im
Grunde nur die Regel bestätigen.
Wie unser Körper immer da ist, auch wenn wir
nicht immer daran denken, so ist unsere Beziehung
zur Mutter immer da. Vielleicht ist diese Beziehung
nicht immer einfach – mal ist alles gut, mal gibt es
auch heftigen Streit. Aber die Mutter ist immer da.
Und auch die Älteren unter uns, deren Mutter schon
gestorben ist, werden uns sagen: Die Mutter ist nicht
einfach weg – im Herzen ist sie immer lebendig.
Mit diesen Überlegungen sind wir schon ganz nahe
dran, wie unsere Beziehung zu Jesus aussehen kann.
Da ist es nämlich ganz ähnlich. Vielleicht denken
wir nicht allzu oft an Jesus, vielleicht beten wir
nur selten – aber doch ist diese Beziehung da. Die
Lesung aus dem ersten Johannesbrief, die wir gerade gehört haben, spricht von dieser Beziehung.
Da heißt es auch am Anfang, dass wir nicht mit
Wort und Zunge lieben wollen, sondern in Tat und
Wahrheit. Es zählen also nicht die großen Worte oder
tolle Gedichte, sondern es zählt das, was in unserem

Herzen ist. In unserem Herzen aber ist die Liebe zu Jesus eingepflanzt, sonst wären wir nicht hier. Aber meist denken wir gar nicht an unser Herz, es schlägt auch so zuverlässig, Takt für Takt. So ist es auch mit unserer Beziehung zu Jesus: Sie ist da, auch wenn wir nicht so oft an Jesus denken. Wenn wir uns von der Liebe zu Jesus in unserem Herzen leiten lassen, dann werden wir genau das tun, was Gott gefällt – dann werden wir Gottes Gebot der Liebe erfüllen, das auf unserem Herzen steht.

Aber wir können uns auch dagegen entscheiden, und das machen wir dann bewusst und mit Absicht. Dann werfen wir Jesus aus unserem Herzen hinaus. Dann handeln wir mit Absicht böse, und das wird unsere Umgebung und unser Gemüt vergiften.

Im Evangelium werden wir gleich ein sehr krasses Bild hören, was Gott mit denen macht, die sich bewusst gegen die Liebe, gegen das Gute und gegen Gott entscheiden: Jede Rebe, die keine Frucht bringt, schneidet der Winzer – und das ist Gott – ab. Die Rebe ist ein Zweig an einem Weinstock – wenn sie keine Frucht bringt, schneidet sie der Winzer ab und wirft sie weg. Sie verdorrt und wird im Feuer verbrannt.

Doch Jesus will uns nicht nur warnen, sondern viel eher trösten: Er spricht von einer unzerstörbaren Beziehung. Wenn die Rebe, also der Zweig, am Weinstock bleibt, bringt sie reiche Frucht. Wenn wir also die Liebe Jesu, die in unserem Herzen gepflanzt ist, in uns wachsen lassen, dann wird alles gut. Hoffentlich kennen wir diese Erfahrung: Wenn wir es im Guten und mit Liebe angehen, gelingt unser Vorhaben. Wo Menschen freundlich, hilfsbereit, liebevoll miteinander umgehen, ist Jesus mittendrin. Auch wenn wir vielleicht nicht gerade an ihn denken, sowenig, wie wir an unseren Körper und unser Herz denken, und doch sind sie da. „Getrennt von mir könnt ihr nichts vollbringen" – das verstehen wir jetzt: Was immer wir ohne Jesus, und damit ohne Liebe, aber mit böser Absicht unternehmen werden, wird misslingen. Mit Jesus verbunden sein heißt dagegen, sich von der Liebe leiten lassen, Gutes tun, gerade auch denen, von denen wir nicht gleich wieder alles zurückgezahlt bekommen.

Der Muttertag erinnert uns an unsere unzerstörbare Beziehung zu unserer Mutter, die da ist, auch wenn wir nicht immer ausdrücklich an sie denken. Und die Lesung und das Evangelium des heutigen Tages erinnern uns an unsere unzerstörbare Beziehung zu Jesus. Gemeinsam ist beiden Beziehungen, dass sie mit viel Liebe zu tun haben – und nur so wird unser Leben gelingen.

Evangelium
Joh 15,1–8

Aus dem heiligen Evangelium nach Johannes.

Ich bin der wahre Weinstock und mein Vater ist der Winzer.

² Jede Rebe an mir, die keine Frucht bringt, schneidet er ab und jede Rebe, die Frucht bringt, reinigt er, damit sie mehr Frucht bringt.

³ Ihr seid schon rein durch das Wort, das ich zu euch gesagt habe.

⁴ Bleibt in mir, dann bleibe ich in euch. Wie die Rebe aus sich keine Frucht bringen kann, sondern nur, wenn sie am Weinstock bleibt, so könnt auch ihr keine Frucht bringen, wenn ihr nicht in mir bleibt.

⁵ Ich bin der Weinstock, ihr seid die Reben. Wer in mir bleibt und in wem ich bleibe, der bringt reiche Frucht; denn getrennt von mir könnt ihr nichts vollbringen.

⁶ Wer nicht in mir bleibt, wird wie die Rebe weggeworfen und er verdorrt. Man sammelt die Reben, wirft sie ins Feuer und sie verbrennen.

⁷ Wenn ihr in mir bleibt und wenn meine Worte in euch bleiben, dann bittet um alles, was ihr wollt: Ihr werdet es erhalten.

⁸ Mein Vater wird dadurch verherrlicht, dass ihr reiche Frucht bringt und meine Jünger werdet.

Fürbitten

Jesus Christus verspricht uns: „Wenn ihr in mir bleibt und wenn meine Worte in euch bleiben, dann bittet um alles, was ihr wollt: Ihr werdet es erhalten." Darum rufen wir voll Zuversicht zu unserem Herrn:

○ Wir bitten für die Verkünder des Wortes Gottes: Herr, schenke ihnen Mut und lass sie in der Kraft des Heiligen Geistes Boten der Liebe und der Freude sein.

Christus, erhöre uns.

○ Wir bitten für alle Christen: Stärke in ihnen das Bewusstsein, dass sie alle Reben am selben Weinstock sind.

○ Wir bitten für alle Menschen, die sich durch persönliche Schuld vom Quell des Lebens getrennt haben: Schenke ihnen die Gnade der Umkehr, und lass sie in dir Erbarmen und Ruhe finden.

○ Wir bitten für die vielen, die durch Ungerechtigkeit und sinnloses Leid in der Welt den Glauben an Gott verloren haben: Lass sie Menschen begegnen, die ihnen durch Wort und Tat zur Seite stehen.

○ Wir bitten für die Menschen, die um einen Verstorbenen trauern: Stärke sie durch die Hoffnung auf das ewige Leben.

○ Wir bitten für alle Glaubenszeugen auf unserem Lebensweg, die uns in die Ewigkeit vorausgegangen sind: Lohne ihnen alles Gute, und schenke ihnen das Leben in Fülle bei dir.

Vater im Himmel, du hast uns die Erhörung unserer Bitten versprochen, wenn wir mit deinem Sohn Jesus Christus zu dir rufen. Dir sei Lob und Preis heute und alle Tage unseres Lebens bis in Ewigkeit.

DIE LIEBE LEBEN

1 Joh 4,11–16; Joh 17,6a.11b–19

Material   *vorne und hinten beschriftete Tafeln mit Buchstaben (siehe Auslegung)*

Einführung   Viele von euch sind sicher in einem Verein, z. B. in einem Sportverein. Müssen sich in so einem Verein eigentlich alle lieben? Das wäre wohl etwas übertrieben. Und doch lernen schon die Allerkleinsten in einem Verein, dass es ohne gegenseitigen Respekt, ohne Rücksichtnahme, ohne Fairness und ohne gegenseitige Hilfe nicht geht. Da leisten unsere Vereine einen unschätzbaren Dienst. Und im Verein lernen auch alle, ob klein oder groß, dass man immer dann weiterkommt, wenn man statt in Hass und Streit in Liebe und Freundschaft miteinander umgeht.

Heute hören wir in der Lesung eines der bekanntesten Worte aus der Bibel: Gott ist die Liebe. Das ist ein ungeheuer wichtiges Wort. Bevor wir über das Wort „Liebe" näher nachdenken, bitten wir Jesus um sein Erbarmen und seine Nähe.

Kyrie-Rufe   Herr Jesus Christus,
du bist vom Tode auferstanden und lebst in Gottes Herrlichkeit.
Du hast uns im Heiligen Geist deinen Beistand verheißen.
Du kannst Gegensätze überwinden und zur Einheit führen.

Gebet   Allmächtiger Gott, wir bekennen, dass unser Erlöser bei dir in deiner Herrlichkeit ist. Erhöre unser Rufen und lass uns erfahren, dass er alle Tage bis zum Ende der Welt bei uns bleibt, wie er uns verheißen hat.

Darum bitten wir durch Ihn, Jesus Christus, deinen Sohn, unseren Herrn und Gott, der in der Einheit des Heiligen Geistes mit dir lebt und herrscht in alle Ewigkeit.

Lesung

1 Joh 4,11–16

Lesung aus dem ersten Johannesbrief.

Liebe Brüder und Schwestern, wenn Gott uns so geliebt hat, müssen auch wir einander lieben. [12] Niemand hat Gott je geschaut; wenn wir einander lieben, bleibt Gott in uns und seine Liebe ist in uns vollendet. [13] Daran erkennen wir, dass wir in ihm bleiben und er in uns bleibt: Er hat uns von seinem Geist gegeben. [14] Wir haben gesehen und bezeugen, dass der Vater den Sohn gesandt hat als den Retter der Welt. [15] Wer bekennt, dass Jesus der Sohn Gottes ist, in dem bleibt Gott und er bleibt in Gott. [16] Wir haben die Liebe, die Gott zu uns hat, erkannt und gläubig angenommen. Gott ist die Liebe, und wer in der Liebe bleibt, bleibt in Gott und Gott bleibt in ihm.

Auslegung

Wenn wir uns umsehen, wie es in dieser Welt zugeht, dann ahnen wir doch, wie wichtig dieses Wort aus dem Neuen Testament ist: Gott ist die Liebe. In den Nachrichten, die wir täglich sehen und hören, ist sehr, sehr wenig – oder gar nicht – von Gott und von Liebe zu spüren. Not und Elend, Krieg und Gewalt flimmern in unsere Wohnzimmer. Und wenn mal gerade nicht, dann malen schlaue Leute ein ganz düsteres Bild von unserer Zukunft: Vom zerbrechenden Generationenvertrag ist da die Rede, von gefährdeten sozialen Sicherungssystemen, von hoher Arbeitslosigkeit und so weiter.
Woran liegt das alles? Da heißt es manches Mal: Menschen geben zu wenig Acht auf die Umwelt. Die reichen Länder leben auf Kosten der ärmeren und beuten diese aus. Viele haben nicht gelernt, über ihre eigene kleine Welt hinaus zu blicken und vergessen das große Ganze. Dabei denkt manch einer:

„Hauptsache, mir geht es gut, was interessiert mich morgen." Die Welt ist nicht in Balance. Ich denke, wir könnten diese Reihe an Ursachen noch lange weiter führen, je nach dem, wie wir auf die Welt und die Zukunft schauen.

Mutter Teresa, die in Kalkutta in Indien den Ärmsten der Armen viel geholfen hat, sagte: „Das größte Elend der Welt ist, dass sich so viele Menschen ungeliebt fühlen." Mich trifft dieser Satz, weil ich spüre, dass sie in wenigen Worten die Ursache für so viel Leid und Not in der Welt zum Ausdruck bringt, wenn sie sagt: „Das größte Elend der Welt ist, dass sich so viele Menschen ungeliebt fühlen".

Kinder treten mit Buchstabentafeln L – i – e – b – e auf.

Es ist tatsächlich so, dass überall da, wo es an der Liebe fehlt, plötzlich das Leid groß wird.

Das Kind mit dem letzten „e" läuft weg. Die Kinder mit „i" und „e" tauschen die Plätze. Das Kind mit „b" dreht seine Tafel um, und auf der Rückseite ist ein „d":
„L – e – i – d".

Was wir hier mit den Buchstaben zeigen, kennen wir zu gut aus unserem Alltag. Da finden sich Menschen zusammen, verstehen sich gut, fangen miteinander etwas Schönes an.

Doch dann schwindet die Liebe. Plötzlich fühlt sich einer nicht mehr geliebt. Unfriede, Hass und Streit machen sich breit. Die Folge ist dann oft großes Leid – für die ganze Gemeinschaft.

Wir müssen dabei nicht gleich und nur an Eheleute denken, die sich auseinander leben und scheiden lassen. Ich gebe ein paar andere Beispiele:

Da ist eine Fußballmannschaft. Alle verstehen sich prima. Doch dann ist einer dabei, der's nicht so gut kann. Der mal patzt. Schon wird mit den Fingern auf ihn gezeigt: Der ist der Schuldige. Und der Betroffene fühlt sich angegriffen, nicht mehr geliebt. Es kommt zu Streit, zu gegenseitigen Vorwürfen. Manchmal raufen sie sogar, die elf Fußballfreunde!

Oder: Da ist eine Familie mit sportbegeisterten Kindern. Die Eltern unterstützen die Jungen und Mädchen. Doch dann sehen sie, wie die Kinder der anderen Familie besser sind: besser turnen können, mehr Tore schießen. „Streng dich doch mehr an", heißt es dann. „Warum können die es und du nicht?" Vorwürfe werden laut, die Liebe ist verschwunden, Neid kommt auf.

Das Kind mit dem „L" dreht seine Tafel um, es steht ein „N" drauf: N – e – i – d".

Ich glaube, dass Mutter Teresa wirklich recht hat, wenn sie sagt: „Das größte Elend der Welt ist, dass sich so viele Menschen ungeliebt fühlen". „Leid" und „Neid" sind nur Beispiele dafür, was übrig bleibt, wenn die Liebe schwindet, wenn sich Menschen nicht mehr geliebt fühlen.

Das hat Jesus auch gewusst. Deshalb ist das wichtigste Gebot, das er uns gegeben hat, das Gebot der Liebe. Im Johannesevangelium wird darüber lange nachgedacht: Da gibt es ein langes Gebet von Jesus zu Gott, seinem himmlischen Vater. In diesem Gebet bittet Jesus immer wieder inständig darum, dass seine Freunde eins bleiben. Seine Freunde sind alle, die im Namen Gottes beieinander sind, wie wir heute in diesem Gottesdienst. Und das Band, das alle Freunde von Jesus miteinander verbindet, ist die Liebe.

Die Kinder stellen sich wieder zum Wort „L – i – e – b – e" zusammen.

Und wenn sich Menschen lieben, sind sie „nicht von dieser Welt". Das wissen besonders die jungen Leute unter uns, wenn sie verliebt sind: Man schwebt auf rosa Wolken, wie „nicht von dieser Welt". Aber im Ernst: Auch Jesus weiß, dass „die Welt" die Menschen, die einander lieben, hasst. Nur ein Beispiel: Liebe heißt auch, einander zu helfen und den Schwächeren beizustehen. Doch oft wird das als „uncool" hingestellt. Man denkt lieber nur an sich, schaut auf sein eigenes Weiterkommen – und macht die anderen schlecht, um selbst gut dazustehen. So ist die Welt, so „lernen" wir es leider. Wir Christen als Nachfolger von Jesus setzen da ein Gegengewicht: Wir sind nicht von dieser Welt, wir handeln nicht so.

Im (Sport)Verein lernen wir, dass wir nur gemeinsam stark sind, dass wir mit gegenseitiger Rücksichtnahme, mit gegenseitigem Helfen und mit dem Beistand für die Schwächeren weiterkommen. In der Kirche lernen wir von Jesus, dass wir das „Liebe" nennen können und dass das für unser ganzes Leben gilt. Wir überwinden das Elend dieser Welt, wenn wir immer wieder nach dem „Prinzip Liebe" handeln. Oft stehen wir vor kleinen und großen Entscheidungen: Was sollen wir tun? Fragen wir uns: Bei welcher Alternative steckt mehr „Liebe" drin? Den Streit beenden, nach Versöhnung suchen, die, die ausgegrenzt sind, wieder hereinnehmen, auch mit denen spielen, mit denen keiner was zu tun haben will – vieles davon ist vielleicht „uncool", nicht von dieser Welt. Aber genau das ist es, was Jesus von uns will. Wenn wir mehr nach der „Liebe" leben, werden sich wieder mehr Menschen in unserer Umgebung geliebt fühlen. Und so überwinden wir das größte Elend.

Evangelium	Aus dem heiligen Evangelium nach Johannes.
Joh 17,6a	In jener Zeit betete Jesus zu seinem Vater im Himmel: ^{6a} Ich habe deinen Namen den Menschen offenbart, die du mir aus der Welt gegeben hast. […]
Joh 17,11b–19	Heiliger Vater, bewahre sie in deinem Namen, den du mir gegeben hast, damit sie eins sind wie wir.

Evangelium   Aus dem heiligen Evangelium nach Johannes.
Joh 17,6a   In jener Zeit betete Jesus zu seinem Vater im Himmel:
^{6a} Ich habe deinen Namen den Menschen offenbart, die du mir aus der Welt gegeben hast. […]
Joh 17,11b–19   Heiliger Vater, bewahre sie in deinem Namen, den du mir gegeben hast, damit sie eins sind wie wir.
¹² Solange ich bei ihnen war, bewahrte ich sie in deinem Namen, den du mir gegeben hast. Und ich habe sie behütet und keiner von ihnen ging verloren, außer dem Sohn des Verderbens, damit sich die Schrift erfüllt.
¹³ Aber jetzt gehe ich zu dir. Doch dies rede ich noch in der Welt, damit sie meine Freude in Fülle in sich haben.

¹⁴ Ich habe ihnen dein Wort gegeben und die Welt hat sie gehasst, weil sie nicht von der Welt sind, wie auch ich nicht von der Welt bin. ¹⁵ Ich bitte nicht, dass du sie aus der Welt nimmst, sondern dass du sie vor dem Bösen bewahrst. ¹⁶ Sie sind nicht von der Welt, wie auch ich nicht von der Welt bin. ¹⁷ Heilige sie in der Wahrheit; dein Wort ist Wahrheit. ¹⁸ Wie du mich in die Welt gesandt hast, so habe auch ich sie in die Welt gesandt. ¹⁹ Und ich heilige mich für sie, damit auch sie in der Wahrheit geheiligt sind.

Fürbitten

Lasst uns beten zu Gott, der Jesus auferweckt und in seine Herrlichkeit aufgenommen hat:

o Wir beten für unsere Gemeinde: dass wir mit Zuversicht die Auferweckung Jesu bezeugen.

Gott, du unsere Stärke:
Wir bitten dich, erhöre uns.

o Wir beten für alle, die auf Jesu Namen getauft sind: dass sie zur Einheit finden in der einen Kirche.

o Wir beten für alle, die sich ungeliebt und ausgestoßen fühlen: dass sie Menschen finden, die ihnen deinen Trost und deine Kraft weitergeben.

o Wir beten für uns selbst: dass wir in der Liebe wachsen.

o Wir beten für unsere Vereine: dass sie zu Orten werden, wo wir Solidarität, Fairness und Liebe erleben.

o Wir beten für die verstorbenen Mitglieder unserer Vereine und für alle unsere Verstorbenen: Lass sie teilhaben an der Auferstehung deines Sohnes.

Allmächtiger Gott, wir leben in dieser Welt, sind aber nicht von dieser Welt. Lass uns in der Kraft deines Heiligen Geistes zuversichtlich unseren Weg gehen. Darum bitten wir durch Christus, unseren Herrn.

GOTT RUFT DICH UND IST MIT DIR

Jer 1,4–10; Lk 1,57–66.80

Einführung

Wenn man im Zug fährt, sieht man oft das Lieblingsspielzeug der Erwachsenen und der jungen Leute: das Handy. Ich habe dann immer das Gefühl, die Leute warten sehnsüchtig auf einen Anruf. Aber leider ruft meistens niemand an. Schade. Mit Gott ist das ein bisschen anders. Gott ruft uns immer wieder an. Nicht auf dem Handy. So einfach ist es da nicht. Aber auf verschiedene Weisen ruft uns Gott immer wieder an. Zum Beispiel, dass wir heute zusammenkommen. Wir feiern heute nicht nur Sonntag, sondern auch den Geburtstag eines Menschen, den Gott in ganz besonderer Weise für einen Spezialauftrag berufen hat. Es ist Johannes der Täufer, der die Menschen auf den Weg zu Gott zurückgerufen hat. Darüber, wie Gott Menschen zu besonderen Aufgaben und auch uns heute ruft, wollen wir heute nachdenken.

Kyrie-Rufe

Herr Jesus, Johannes der Täufer hat dein Kommen vorbereitet.
Herr Jesus, du rufst auch uns, dir zu folgen.
Herr Jesus, hilf uns, wenn wir dich immer wieder überhören.

Gebet

Gott, du hast den heiligen Johannes den Täufer berufen, die Menschen seiner Zeit auf den Weg zu dir zu führen. Johannes ist deinem Sohn, Jesus, vorausgegangen. Schenke uns Hellhörigkeit und Aufmerksamkeit, dass wir immer wieder auf dein Wort hören und auf dem guten Weg des Friedens gehen. Darum bitten wir durch Jesus Christus.

Hinführung zur Lesung

P   *Anrede an einen Ministranten:*
Wenn ich dich fragen würde: N. N., du bist dazu berufen, dass du den Lektorendienst übernimmst und die Lesung in der Kirche vorliest – was würdest du da sagen?

Ministrant   Oh je, das kann ich nicht, dazu bin ich viel zu jung.

P   Ja, und da hast du wahrscheinlich sogar recht. Aber du bist dennoch auch berufen: Du bist von Gott gerufen, Ministrant zu sein und diesen Dienst gut und gewissenhaft auszuführen.
Manchmal macht Gott schon so seltsame Sachen. Gott hat einmal tatsächlich einen sehr jungen Mann zu einer äußerst wichtigen Aufgabe berufen: zum Propheten. Ein Prophet soll die Leute wieder auf den richtigen Weg zurückführen, er soll sie warnen, wenn sie Böses tun, er soll sie an Gott erinnern. Dieser junge Mann hieß Jeremia, und er reagierte genauso wie N. N.: Ich bin doch noch so jung. Aber Gott hört nicht auf, ihn zu rufen, und Gott verspricht dem Jeremia, ihm zu helfen. Davon hören wir jetzt.

Lesung   Lesung aus dem Buch des Propheten Jeremia.

Jer 1,4–10   Das Wort des Herrn erging an mich:
⁵ Noch ehe ich dich im Mutterleib formte, habe ich dich ausersehen, noch ehe du aus dem Mutterschoß hervorkamst, habe ich dich geheiligt, zum Propheten für die Völker habe ich dich bestimmt.
⁶ Da sagte ich: Ach, mein Gott und Herr, ich kann doch nicht reden, ich bin ja noch so jung.
⁷ Aber der Herr erwiderte mir: Sag nicht: Ich bin noch so jung. Wohin ich dich auch sende, dahin sollst du gehen, und was ich dir auftrage, das sollst du verkünden.
⁸ Fürchte dich nicht vor ihnen; denn ich bin mit dir, um dich zu retten – Spruch des Herrn.
⁹ Dann streckte der Herr seine Hand aus, berührte meinen Mund und sagte zu mir: Hiermit lege ich meine Worte in deinen Mund.

[10] Sieh her! Am heutigen Tag setze ich dich über Völker und Reiche; du sollst ausreißen und niederreißen, vernichten und einreißen, aufbauen und einpflanzen.

Auslegung Der junge Jeremia hat eine große Aufgabe vor sich – aber auch ein großes Versprechen Gottes auf seiner Seite: Fürchte dich nicht, ich bin mit dir. Ich frage mich immer: Warum wird von diesem großen Propheten am Anfang diese eher peinliche Sache gesagt, dass er eigentlich zu jung ist? Das liegt, glaube ich, daran, dass die Geschichte nicht nur von Jeremia damals erzählen, sondern auch uns heute etwas sagen will. Gott ruft auch uns heute zu kleinen und großen Aufgaben und Diensten. Und wie Jeremia könnten auch wir sagen: Ich bin zu jung. Oder: Ich kann das nicht, ich bin zu ungeschickt. Oder: Ich habe zu viel anderes zu tun. Oder: Ich fürchte mich vor den anderen. Dann wird uns Gott antworten, wie er dem jungen Jeremia geantwortet hat: Sag das nicht. Fürchte dich nicht, denn ich bin mit dir. Gott hat dem Jeremia geholfen, seine große Aufgabe zu erledigen – so wird Gott auch uns helfen bei unseren Aufgaben.

Was haben wir denn für Aufgaben? Wozu ruft uns Gott heute? Denken wir noch einmal an die Lesung: Jeremia soll ausreißen und niederreißen, vernichten und einreißen, aufbauen und einpflanzen. Schwere Worte. Aber wir können sie übersetzen: Jeremia soll das Böse ausreißen, er soll alles vernichten, was die Menschen von Gott trennt – und er soll das Gute aufbauen, soll Frieden und Gerechtigkeit einpflanzen. Das kennen wir doch aus dem Garten: Das Unkraut, das nichts bringt, sollen wir ausreißen; die guten Pflanzen, die Frucht tragen, sollen wir einpflanzen und pflegen. Dazu hat Gott uns in unserem Alltag auch berufen: Was uns schadet, was uns kaputt macht, das sollen wir ausreißen und wegschaffen – was uns hilft, was uns allen gemeinsam gut tut, das sollen wir ausbauen und fördern.

Wenn demnächst wieder mal ein Telefon oder ein Handy klingelt, dann denkt daran: Gott ruft dich und dich und mich immer wieder an. Gott ruft uns, dass wir das Gute tun, dass wir für Gerechtigkeit sorgen und Frieden stiften – das ist unsere Berufung, und dazu sind wir nicht zu klein und zu jung, das können schon die Kinder im Kindergarten: freundlich und friedlich miteinander umgehen – oder? Manchmal vergessen wir darauf, aber Gott wird uns immer wieder daran erinnern, dass wir zum Guten, zum Frieden und zur gemeinsamen Freude berufen sind. Von Jeremia hörten wir, dass Gott ihn „von Mutterleib an" für seine Aufgabe ausgewählt hat. Das hat Gott auch so mit Johannes dem Täufer gemacht.

Wir hören gleich im Evangelium, wie Johannes auf die Welt kam und seinen Namen erhielt. Der Vater des Johannes, Zacharias, hat nicht geglaubt, dass er und Elisabet in ihrem hohen Alter noch einen Sohn bekommen können – da hat ihn Gott stumm gemacht. Zacharias konnte nicht mehr reden – nur noch schreiben. Da hat er, als das Kind dann doch kam, den Namen, den Gott ausgewählt und dem Zacharias verraten hatte, aufgeschrieben: Jochanan, Johannes, das heißt auf Deutsch: Gott ist gnädig, Gott ist gut. So trägt Johannes seine wichtige Botschaft schon im Namen: Gott ist freundlich und gut zu uns. Daran wird der große Johannes, der als Prophet auftritt, die Leute immer wieder erinnern – und auch wir erinnern uns heute, an seinem Geburtstag, daran. Wir erinnern uns aber auch daran, dass wir – wie Jeremia und Johannes – berufen sind, diese gute Nachricht weiter zu sagen und wie Gott gut sein sollen zu allen Menschen. Gott ist gut zu uns – machen wir das nach und sind wir heute und morgen gut zueinander.

Evangelium
Lk 1,57–66

Aus dem heiligen Evangelium nach Lukas.

Für Elisabet kam die Zeit der Niederkunft und sie brachte einen Sohn zur Welt.

[58] Ihre Nachbarn und Verwandten hörten, welch großes Erbarmen der Herr ihr erwiesen hatte, und freuten sich mit ihr.

[59] Am achten Tag kamen sie zur Beschneidung des Kindes und wollten ihm den Namen seines Vaters Zacharias geben.

[60] Seine Mutter aber widersprach ihnen und sagte: Nein, er soll Johannes heißen.

[61] Sie antworteten ihr: Es gibt doch niemand in deiner Verwandtschaft, der so heißt.

[62] Da fragten sie seinen Vater durch Zeichen, welchen Namen das Kind haben solle.

[63] Er verlangte ein Schreibtäfelchen und schrieb zum Erstaunen aller darauf: Sein Name ist Johannes.

[64] Im gleichen Augenblick konnte er Mund und Zunge wieder gebrauchen, und er redete und pries Gott.

[65] Und alle, die in jener Gegend wohnten, erschraken und man sprach von all diesen Dingen im ganzen Bergland von Judäa.

[66] Alle, die davon hörten, machten sich Gedanken darüber und sagten: Was wird wohl aus diesem Kind werden? Denn es war deutlich, dass die Hand des Herrn mit ihm war.

Lk 1,80

Das Kind wuchs heran und sein Geist wurde stark. Und Johannes lebte in der Wüste bis zu dem Tag, an dem er den Auftrag erhielt, in Israel aufzutreten.

Fürbitten

Gott ruft uns wie Jeremia und Johannes in seinen Dienst. Wir bitten ihn:

○ Guter Gott, hilf allen Menschen, die sich für Recht und Gerechtigkeit einsetzen: Gib ihnen Mut und Kraft für ihren Dienst!

Wir bitten dich, erhöre uns.

○ Hilf allen Menschen, die kranke und alte Leute pflegen: Gib ihnen Geduld und Aufmerksamkeit!

○ Hilf den Jugendlichen und Kindern unserer Gemeinde: Gib ihnen Mut, Aufgaben zu übernehmen und so die Gemeinschaft zu stärken!

○ Hilf allen, die sich nichts zutrauen: Schenke ihnen Erfolgserlebnisse, wenn sie anderen Menschen Gutes tun.

Gott, es ist so gut, dass du bei uns bist, wenn etwas schwierig wird. Wir danken dir dafür. Amen.

UMKEHREN

Jona 3,1–10; Mk 1,14–20

Einführung Am Anfang eines jeden Gottesdienstes werden wir immer einen Moment still und denken nach: Was ist denn alles schief gelaufen in der letzten Woche? Was habe ich denn mal wieder falsch gemacht? Wo war ich bös zu jemandem? –
Es ist wichtig, dass wir darüber nachdenken. Nur dann, wenn wir wissen, was wir falsch gemacht haben, können wir es beim nächsten Mal besser machen. Und alles, was uns nun belastet und bedrückt, dürfen wir vor Jesus bringen und ihm anvertrauen.

Kyrie-Rufe Herr Jesus, du bist immer da, wenn wir dich brauchen.
Herr Jesus, du gehst uns nach, wenn wir in die falsche Richtung gehen.
Herr Jesus, du rufst uns immer wieder zur Umkehr.

Gebet Guter und lebendiger Gott, wir bitten dich: Leite uns bei allem, was wir tun. Hilf uns, gut und freundlich zu handeln, wie Jesus, dein Sohn, es uns geboten hat. Darum bitten wir durch ihn, Jesus Christus.

Hinführung zur Lesung

P So, ich glaube, jetzt bin ich fertig, jetzt gehe ich nach Hause.

fängt an, wegzugehen

K oder M Aber wir sind doch noch lange nicht fertig. Kehr doch um!

P Oh, da habe ich wohl etwas falsch gemacht. Da muss ich wohl umkehren.

kehrt buchstäblich um

Das kenne ich vom Autofahren: Wenn ich mich verfahren habe, muss ich umkehren, wenden, drehen. Habt ihr das schon mal erlebt? – Also, wenn ich falsch gefahren bin oder in die falsche Richtung gegangen bin, muss ich umkehren. Das ist doch logisch. Warum machen wir das eigentlich nicht immer so? Es gibt so vieles, was in unserem Leben daneben geht. Große und kleine Dinge. Aber so oft machen wir so weiter wie immer. Keine Kehrtwendung! Keine Umkehr.

Vielleicht bräuchten wir so ein Warnschild mit dickem gelben Blinklicht, oder jemanden, der sich uns in den Weg stellt und schreit: Halt, so geht es nicht weiter! Kehr doch um!

In der Bibel gibt es die Geschichte vom Propheten Jona. Ja, das ist der mit dem Fisch. Die ganze Geschichte lasst ihr euch mal von euren Eltern erzählen (und die sollen sie in der Bibel nachlesen – sie ist nicht lang!). Der Prophet Jona ist zuerst von Gott davongelaufen, dann aber hat er seinen Auftrag doch angenommen: Er sollte in eine große Stadt, nach Ninive, gehen und sagen, dass die Stadt in vierzig Tagen zerstört wird. Punkt. Mehr nicht. Und jetzt hören wir mal, was die Leute in Ninive gemacht haben.

Lesung

Jona 3,1–10

Lesung aus dem Buch Jona.

Das Wort des Herrn erging zum zweiten Mal an Jona: ² Mach dich auf den Weg und geh nach Nínive, in die große Stadt, und droh ihr all das an, was ich dir sagen werde.

³ Jona machte sich auf den Weg und ging nach Ninive, wie der Herr es ihm befohlen hatte. Ninive war eine große Stadt vor Gott; man brauchte drei Tage, um sie zu durchqueren.

⁴ Jona begann, in die Stadt hineinzugehen; er ging einen Tag lang und rief: Noch vierzig Tage und Ninive ist zerstört!

⁵ Und die Leute von Ninive glaubten Gott. Sie riefen ein Fasten aus und alle, Groß und Klein, zogen Bußgewänder an.

⁶ Als die Nachricht davon den König von Ninive erreichte, stand er von seinem Thron auf, legte seinen Königsmantel ab, hüllte sich in ein Bußgewand und setzte sich in die Asche.
⁷ Er ließ in Ninive ausrufen: Befehl des Königs und seiner Großen: Alle Menschen und Tiere, Rinder, Schafe und Ziegen, sollen nichts essen, nicht weiden und kein Wasser trinken.
⁸ Sie sollen sich in Bußgewänder hüllen, Menschen und Tiere. Sie sollen laut zu Gott rufen und jeder soll umkehren und sich von seinen bösen Taten abwenden und von dem Unrecht, das an seinen Händen klebt.
⁹ Wer weiß, vielleicht reut es Gott wieder und er lässt ab von seinem glühenden Zorn, sodass wir nicht zugrunde gehen.
¹⁰ Und Gott sah ihr Verhalten; er sah, dass sie umkehrten und sich von ihren bösen Taten abwandten. Da reute Gott das Unheil, das er ihnen angedroht hatte, und er führte die Drohung nicht aus.

Auslegung

Jona hat nur gesagt: Noch vierzig Tage, und Ninive ist zerstört! Sonst hat er nichts gesagt. Aber die Leute haben sehr wohl gewusst, was das bedeutet! Die Einwohner von Ninive haben erkannt, dass es so nicht weitergeht. Sie merkten, sie müssen umkehren. Nicht mehr so weitermachen, wie bisher. Ninive war bekannt dafür, dass dort sehr böse und schlechte Menschen lebten (daher wollte Jona ja zuerst gar nicht dorthin!). Aber als Jona ankündigt, dass die Stadt zerstört werden wird, da wachen die Leute auf und kehren um. Und das zeigen sie auch: Sie ziehen Bußgewänder an. Das sind sackähnliche Kleider aus Ziegenhaaren, und sogar der König steigt vom Thron und setzt sich in die Asche. Bis heute sprechen wir davon, dass jemand in „Sack und Asche" geht, wenn er umkehrt und mit seinem bösen Tun aufhört, wenn er bereut und sich wieder Gott zuwendet.
Sogar die Tiere müssen fasten, und ihr Brüllen wird wohl auch zu Gott gedrungen sein, so dass Gott Mit-

leid hat: Mit den Menschen und mit den Tieren. Und so wird die Stadt Ninive in der Jona-Geschichte nicht zerstört.

Weil die Menschen umgekehrt sind, hat sich auch Gott vom Unheil, das er gegen die Stadt plante, abgekehrt. Das sollten wir doch auch für uns öfter bedenken. Was heißt eigentlich „umkehren"? Sieht man doch: In die andere Richtung gehen *(vorführen)*! Etwas anders als bisher machen.

Ich gebe drei Beispiele:

(1)   Zwei Kindergartenkinder, Max und Tobias, spielen mit Bauklötzen. Auf einmal stößt der Max den Turm vom Tobias um. Daraufhin reißt Tobias das Bauklötzehaus von Max um. Max haut Tobias auf den Kopf. Tobias plärrt und stößt Max in die Seite – wie es weitergeht, kennt ihr ja. Und immer, immer wieder passiert das. Nur den Kindergartenkindern? Was heißt da „umkehren"? Mach's doch mal anders: Nicht immer gleich zurückschlagen. Mach was ganz anderes. Egal was. Nur nicht schlagen oder kaputtmachen. Mal sehen, was passiert.

(2)   Da ist eine Neue in der Schulklasse. Sie sieht ein bisschen anders aus. Und sie spricht einen anderen Dialekt. Wo die wohl herkommt? Der Anführer der Klasse beschließt: Die Neue ist doof. Wir spielen nicht mit der Neuen. Und alle Viertklässler halten sich dran. Und schon wird hinter dem Rücken getuschelt. Über die Neue natürlich. Muss denn das so sein? Was heißt hier umkehren? Mach's mal anders und begrüße die, die neu und anders sind, herzlich in unserer Mitte! Umkehren heißt auch: Wenn alle in die gleiche falsche Richtung rennen, weil einer etwas angibt, mach's nicht nach! Sei einfach mal anders, und sei dann nett, wenn alle gemein sind. Gilt das nur für Schulkinder?

(3)   Nein, für die Erwachsenen sage ich kein Beispiel. Die wissen selbst genau, was sie alles immer wieder falsch machen. Ernährung, Kindererziehung, Sport, Partnerschaft: Immer wieder kracht's, gehen Dinge

daneben. Ich hab' mir vorgenommen, umzukehren: Also es zwischendrin zu probieren, es einfach anders zu machen. Nicht immer wieder in den gleichen Fehler zu verfallen.

Umkehren heißt: Es anders machen. In die andere Richtung gehen. Vor allem dann, wenn man bisher in die falsche gegangen ist. Ob die neue Richtung die richtige ist, wird sich herausstellen. Sicher muss man immer wieder mal umkehren. Aber wohin kann man sich eigentlich kehren? Jesus ist da ein guter Orientierungspunkt. Deshalb kommen wir auch Sonntag für Sonntag hier zusammen, um von Jesus zu hören. Im Evangelium wird er uns gleich zur Umkehr rufen, weil das Reich Gottes nahe ist! Im Reich Gottes ist alles anders, und alles gut: Da hauen sich die Leute nicht gegenseitig – um bei unseren Beispielen zu bleiben, da sind sie freundlich zueinander, da gehen sie gut miteinander um. Ein bisschen, so sagt Jesus, fängt das schon unter uns Menschen an, wenn wir umkehren und anders leben und handeln. Für dieses neue Leben im Reich Gottes will Jesus die Menschen gewinnen. Dafür braucht er andere, die diese gute Nachricht weitersagen. Daher beruft er seine ersten Freunde, die er später aussenden wird, damit sie es weitersagen: Kehrt um, handelt anders als bisher, denn Gottes Liebe ist nahe: Liebe und Frieden sind möglich.

Evangelium
Mk 1,14–20

Aus dem heiligen Evangelium nach Markus.
Nachdem man Johannes ins Gefängnis geworfen hatte, ging Jesus wieder nach Galiläa; er verkündete das Evangelium Gottes
¹⁵ und sprach: Die Zeit ist erfüllt, das Reich Gottes ist nahe. Kehrt um, und glaubt an das Evangelium!
¹⁶ Als Jesus am See von Galiläa entlangging, sah er Simon und Andreas, den Bruder des Simon, die auf dem See ihr Netz auswarfen; sie waren nämlich Fischer.
¹⁷ Da sagte er zu ihnen: Kommt her, folgt mir nach! Ich werde euch zu Menschenfischern machen.

[18] Sogleich ließen sie ihre Netze liegen und folgten ihm.
[19] Als er ein Stück weiterging, sah er Jakobus, den Sohn des Zebedäus, und seinen Bruder Johannes; sie waren im Boot und richteten ihre Netze her. [20] Sofort rief er sie und sie ließen ihren Vater Zebedäus mit seinen Tagelöhnern im Boot zurück und folgten Jesus nach.

Fürbitten

Wir vertrauen darauf, dass Gott unser Leben kennt. Ihm vertrauen wir unsere Bitten für die Welt und uns selbst an:

○ Wir beten für alle, die die Botschaft der Liebe Gottes weitersagen: für unseren Papst, für die Bischöfe, die Priester, die Lehrerinnen und Lehrer, unsere Eltern: Segne, was sie an Gutem sagen und tun.

Guter Gott:
Wir bitten dich, erhöre uns.

○ Wir beten für alle, die versuchen, anders als üblich zu handeln, die den Teufelskreis von Gewalt und Gegengewalt durchbrechen: Hilf ihnen dabei.

○ Wir beten für uns, wenn wir versuchen, Misstrauen und Neid zu überwinden: Segne unsere Bemühungen.

○ Wir beten für alle, die Angst vor der Zukunft haben, für alle, die krank sind oder schwere Sorgen haben: Sei ihnen nahe mit deinem Rat.

Du, guter Gott, willst dein Reich der Liebe unter uns Menschen aufrichten. Wir wollen dabei mitbauen. Manchmal spüren wir, dass sich die Liebe und das Gute lohnen. Dafür danken wir dir. Amen.

IN MEINER NOT RIEF ICH ZUM HERRN

Jona 1–2 (gekürzt); Mk 4,35–41

Einführung Heute hören wir in den Lesungen zwei Seefahrerge-
schichten. Das ist ungewöhnlich, denn die Israeliten,
die Leute der Bibel, waren richtige Landratten. Mit
dem Schiff auf einen großen See oder gar das Meer
fahren, das ist für sie ein richtiges Abenteuer – da
kann man es leicht mit der Angst zu tun bekommen.
Um die Angst soll es heute eigentlich gehen, nicht
um die Seefahrer. Wovor haben wir so Angst? Vorm
Dunklen, vorm Keller, vor bösen Menschen? – Vor
einer Klassenarbeit, vor einer Prüfung? – Vor einer
neuen Aufgabe, vor einer neuen Schule? Wovor habe
ich Angst?

Kyrie-Rufe Herr Jesus, du weißt um uns – auch um unsere Nöte
und Sorgen.
Herr Jesus, du bist uns nahe, auch wenn wir dich
manchmal vergessen.
Herr Jesus, du bist uns auch nahe in unseren Ängsten.

Gebet Heiliger, guter Gott, gib, dass wir immer an dich denken und dich lieben. In deinem Sohn Jesus Chris-
tus bist du allen Menschen nahe, wir brauchen keine Angst zu haben. In deiner Liebe wollen wir ver-
wurzelt bleiben. Darum bitten wir durch Jesus Christus, unseren Herrn.

Hinführung zur Lesung

Die ersten Seefahrer, von denen wir heute hören,
fahren mit dem Propheten Jona auf dem Mittelmeer.
Jona hätte den bösen Leuten in der Stadt Ninive ausrichten sollen, dass Gott sie für ihr böses Tun bestrafen wird. Vor dieser Aufgabe hat Jona Angst, er
will gar kein Prophet sein. Er läuft einfach davon.
Aber auf dem Schiff bekommen er und seine Mit-

fahrer noch viel mehr Angst, denn ein gewaltiger Seesturm bricht los. Das kennen wir auch: Wenn wir vor etwas davonlaufen, wird alles oft noch viel schlimmer. Hören wir mal in die Geschichte rein.

Lesung

aus Kap 1–2
Lesung aus dem Buch Jona. Das Wort des Herrn erging an Jona: „Mach dich auf den Weg und geh nach Ninive, in die große Stadt, und richte ihr aus, dass ich sie bestrafen muss!"
Jona machte sich auf den Weg; doch er wollte nach Tarschisch fliehen, weit weg vom Herrn. Er ging also nach Jafo hinab und fand dort ein Schiff, das nach Tarschisch fuhr. Er bezahlte das Fahrgeld und ging an Bord, um nach Tarschisch mitzufahren, weit weg vom Herrn.
Aber der Herr ließ auf dem Meer einen heftigen Wind losbrechen; es entstand ein gewaltiger Seesturm und das Schiff drohte auseinanderzubrechen.
Die Seeleute bekamen Angst und jeder schrie zu seinem Gott um Hilfe. Sie warfen sogar die Ladung ins Meer, damit das Schiff leichter wurde. Jona war in den untersten Raum des Schiffes hinabgestiegen, hatte sich hingelegt und schlief fest. Der Kapitän ging zu ihm und sagte: „Wie kannst du schlafen? Steh auf, ruf deinen Gott an; vielleicht denkt dieser Gott an uns, sodass wir nicht untergehen." [...]
Jona antwortete: „Nehmt mich und werft mich ins Meer, damit das Meer sich beruhigt und euch verschont. Denn ich weiß, dass dieser gewaltige Sturm durch meine Schuld über euch gekommen ist."
Die Männer aber ruderten mit aller Kraft, um wieder an Land zu kommen; doch sie richteten nichts aus, denn das Meer stürmte immer heftiger gegen sie an. Da riefen sie zum Herrn: „Ach Herr, lass uns nicht untergehen wegen dieses Mannes und rechne uns, was wir jetzt tun, nicht als Vergehen an unschuldigem Blut an. Denn wie du wolltest, Herr, so hast du gehandelt." Dann nahmen sie Jona und warfen ihn ins Meer und das Meer hörte auf zu toben.

Auslegung   Eine spannende Geschichte. Was sagt der Kapitän zu Jona? „Los, fang an zu beten, vielleicht rettet dich dein Gott." Schon immer haben sich die Menschen, wenn sie in Angst und Gefahr waren, mit Gebeten an ihre Götter gewandt. Aber hier hilft alles nichts, der Sturm wird immer stärker. Jona weiß, dass ihm das Ganze gilt. So lässt er sich ins stürmische Wasser werfen. Ob er da Angst hatte? Ich glaube schon. Wie könnte die Geschichte weitergehen? (Jona ertrinkt – das wäre aber langweilig) – Ob Jona betet? Und was macht Gott mit Jona?

Lesung   Der Herr aber schickte einen großen Fisch, der Jona verschlang. Jona war drei Tage und drei Nächte im Bauch des Fisches und er betete im Bauch des Fisches zum Herrn, seinem Gott:
In meiner Not rief ich zum Herrn,
und er erhörte mich.
Du hast mich in die Tiefe geworfen,
mich umschlossen die Fluten,
all deine Wellen und Wogen
schlugen über mir zusammen.
Ich dachte: Ich bin aus deiner Nähe verstoßen.
Das Wasser reichte mir bis an die Kehle,
Schilfgras umschlang meinen Kopf.
Doch du holtest mich lebendig herauf,
Herr, mein Gott.
Als mir der Atem schwand,
dachte ich an den Herrn
und mein Gebet drang zu dir.
Ich will dir laut dein Lob verkünden.
Vom Herrn kommt die Rettung.
Da befahl der Herr dem Fisch, Jona ans Land zu speien.

Auslegung   Die Geschichte mit Jona geht weiter, aber die hören wir uns ein anderes Mal an. Heute lernen wir von Jona, dass wir mit unserer Angst nicht allein sind – wir dürfen uns an Gott wenden. Das Gebet ist nicht umsonst. Wenn die Angst groß wird, wenn wir fast keine Luft mehr bekommen – dann hilft ein Gebet. Wenn nichts mehr geht, geht ein Gebet. Jona hat es uns in seinem Dankgebet erzählt. Er erzählt uns nicht, wie und was er gebetet hat, vielleicht war es nur ein einfacher Satz „Herr, hilf mir jetzt!" Aber Jona sagt uns, dass er an Gott dachte, als ihm der Atem schwand, als er keine Luft mehr bekam, voller Angst. Und Jona weiß, dass sein Gebet erhört wurde: „Vom Herrn kommt die Rettung."

Angst macht eng, wir wissen nicht mehr weiter. Ein Gebet „Herr, lieber Gott, hilf!" macht weit, lässt aufatmen – und plötzlich sehen wir Land. Die zweiten Seefahrer, die wir heute kennen lernen, sind die Jünger mit Jesus. Als sie in einen Sturm auf dem See Gennesaret geraten, haben sie riesige Angst. Ja, da sind die Jünger wie wir alle: Manchmal hat man einfach große Angst. Die Jünger wenden sich in ihrer Not an Jesus – und alles wird gut. Am Schluss sind sie sehr beeindruckt, dass Jesus dem Sturm befehlen konnte, mit dem Stürmen aufzuhören. Aber Jesus geht es nicht um das Wunder, sondern um den Glauben. „Habt ihr noch Angst, oder habt ihr schon Glauben?", so fragt er. Auch wenn wir glauben, so haben wir immer wieder mal Angst – und wenn wir uns dann wie Jona, wie die Jünger an Gott und Jesus wenden, wenn wir dann beten, so ist das schon „Glauben". „Herr, mein guter Gott, hilf mir" – das ist schon ein Glaubensbekenntnis. Gott wird uns dann nicht allein lassen.

Evangelium
Mk 4,35–41

Aus dem heiligen Evangelium nach Markus. Am Abend des Tages sagte Jesus zu seinen Jüngern: Wir wollen ans andere Ufer hinüberfahren. [36] Sie schickten die Leute fort und fuhren mit ihm in dem Boot, in dem er saß, weg; einige andere Boote begleiteten ihn. [37] Plötzlich erhob sich ein heftiger Wirbelsturm, und die Wellen schlugen in das Boot, sodass es sich mit Wasser zu füllen begann.

[38] Er aber lag hinten im Boot auf einem Kissen und schlief. Sie weckten ihn und riefen: Meister, kümmert es dich nicht, dass wir zugrunde gehen? [39] Da stand er auf, drohte dem Wind und sagte zu dem See: Schweig, sei still! Und der Wind legte sich und es trat völlige Stille ein. [40] Er sagte zu ihnen: Warum habt ihr solche Angst? Habt ihr noch keinen Glauben? [41] Da ergriff sie große Furcht und sie sagten zueinander: Was ist das für ein Mensch, dass ihm sogar der Wind und der See gehorchen?

Fürbitten

Zu Jesus Christus, unserem Herrn, bringen wir in den Stürmen unserer Zeit unsere Bitten:

○ Herr, stärke den Glauben der Menschen, dass sie in der tiefsten Not noch zu dir zu rufen können.

Wir bitten dich, erhöre uns.

○ Herr, dein Tod und deine Auferstehung haben die Welt verändert. Zeige den Menschen, dass sie darin die Rettung für ihr Leben finden!

○ Herr, viele Menschen sind von Angst gefesselt und blind vor Verzweiflung. Schenke ihnen einen Glauben, der sie wieder froh macht.

○ Herr, in Krankheit und bei schwierigen Entscheidungen vergessen viele ihren Glauben. Schenke ihnen die Hoffnung, dass du alles gut machst.

○ Herr, unsere Verstorbenen schwankten zwischen Glaube und Zweifel. Rechne ihnen den Glauben hoch an und zeige ihnen deine Herrlichkeit.

Herr, der Glaube an dich schenkt uns Hoffnung und Zuversicht. Wir danken dir dafür und wollen immer an dich denken. Amen.

DER PROPHET, AUF DEN KEINER HÖRT – HÖREN WIR AUF GOTTES WORT?

Ez 1,28b–2,5; Mk 6,1b–6a

Einführung

Immer wieder hören wir im Gottesdienst Gottes Wort. Wir lesen aus der Bibel, aus dem Alten und dem Neuen Testament. Heute treffen wir sogar einen Propheten selbst, der uns einiges über sich erzählt. Und immer wieder hören wir von den Propheten und von Jesus, dass die Menschen nicht auf sie gehört haben, dass die Menschen Gottes Wort nicht beachtet haben. Wie oft kümmern wir uns um Gott und seine Worte an uns? Bitten wir unseren Herrn Jesus Christus um sein Erbarmen.

Kyrie-Rufe

Herr Jesus Christus, du hast eine frohe Botschaft gebracht.
Herr Jesus Christus, du willst, dass die Menschen dein Wort hören und danach handeln.
Herr Jesus Christus, hilf uns, dass wir dein Wort verstehen.

Gebet

Barmherziger Gott, dein Sohn Jesus ist ein wahrer Mensch geworden. So hast du alle Menschen als deine geliebten Kinder angenommen und ihre Bosheit und Ungerechtigkeit verziehen. Gib uns Freude ins Herz über deine Liebe und führe uns zum ewigen Glück. Darum bitten wir durch Jesus Christus.

Hinführung zur Lesung

Dialog zwischen Sprecher/in (S) und Prediger/in (P). S und P sind zunächst am Ambo

S

Liebe Kinder, liebe Gemeinde, wir wollen heute einen Propheten aus dem Alten Testament vorstellen. Aber zuerst einmal müssen wir erklären, was ein Prophet ist. *(Name von P)*, kannst du uns da weiterhelfen?

P	Ein Prophet in der Bibel ist kein Hellseher, der die Zukunft voraussagt. Er ist vielmehr ein „berufener Rufer". Das heißt erstens, er ist ein Rufer, der eine Botschaft laut verkündet und sie allen sagt. Das heißt zweitens, dass diese Botschaft nicht auf seinem eigenen Mist gewachsen ist, sondern dass der Prophet von Gott berufen ist. Der Prophet verkündet also nicht seine eigene Meinung, sondern Gottes Botschaft für die Menschen.
S	Und welchen Propheten stellen wir heute vor?
P	Wir treffen heute den Propheten Ezechiel, das ist einer der drei großen Propheten – die anderen beiden heißen Jesaja und Jeremia. Von den dreien haben wir lange Bücher im Alten Testament. Also, heute ist Ezechiel dran.

P wechselt auf die andere Seite und legt ein Tuch oder ähnliches an, um sich als „Ezechiel" zu verkleiden.

S	Hallo, Herr Ezechiel. Schön, dass Sie gekommen sind. Wie sind Sie denn eigentlich Prophet geworden?
P	Das habe ich mir nicht ausgesucht. Eigentlich wäre ich Priester am Tempel in Jerusalem geworden, denn schon mein Vater war Priester; das ist die Aufgabe meiner Familie. Aber dann, als ich 25 Jahre alt war, haben die Soldaten aus Babylon Jerusalem überfallen und mich, meine Familie, unseren König und viele vom Volk Israel nach Babylon verschleppt. Mit 30 Jahren hätte ich Priester werden sollen, aber ich war ja weit weg von Jerusalem. Da hat mich Gott zum Propheten berufen.
S	Das klingt sehr ernst. Ein Prophet ist ein berufener Rufer. Was mussten Sie ausrufen?
P	Jeder Prophet verkündet Gottes Wort. Ich, Ezechiel, musste zuerst dem Volk viel Unheil und grausame Strafen verkünden. Viele vom Volk Israel und den führenden Leute durften ja in Jerusalem bleiben, aber dort haben sie Gottes Weisung nicht befolgt: Sie haben fremde Götter verehrt und vor allem die Armen

ausgebeutet. Sie haben viel Unrecht getan. Ich hatte den Auftrag, sie zu warnen.

Später trat dann die Strafe Gottes für all das Unrecht ein: Die Stadt Jerusalem und der Tempel wurden zerstört, alle wurden nach Babylon verschleppt. Da trug mir Gott auf, nun das Volk zu trösten: Gott war bereit, den Menschen zu verzeihen und einen neuen Anfang zu machen.

S Herr Ezechiel, wie wichtig ist Ihnen Gottes Wort?

P Ganz wichtig. Ich musste es sogar essen.

S Wie geht das denn??

P So: Ich bekam von Gott eine Schriftrolle, die mit vielen Anklagen gegen das ungerechte Volk vollgeschrieben war, alle Warnungen Gottes waren darauf. Und diese Schriftrolle musste ich essen. Im Mund wurde sie ganz süß!

P zieht ein Blatt Esspapier hervor und beginnt, es zu essen.

S Wenn Sie ein so großer Prophet sind, der sogar Gottes Wort gegessen hat, hat man sicher auf Sie gehört?

P Überhaupt nicht. Das Volk Israel war sehr hartherzig und hat sich trotzig gegen mich und Gottes Botschaft gestellt. Sie wollten einfach nicht hören. Aber das hat mich nicht überrascht. Gott hat mir das schon gesagt – und ich habe davon in meinem Buch geschrieben.

Lesung
Ez 1,28b
Ez 2,1–5

Als ich diese Erscheinung sah, fiel ich nieder auf mein Gesicht. Und ich hörte, wie jemand redete.

Er sagte zu mir: Stell dich auf deine Füße, Menschensohn; ich will mit dir reden.

[2] Als er das zu mir sagte, kam der Geist in mich und stellte mich auf die Füße. Und ich hörte den, der mit mir redete.

[3] Er sagte zu mir: Menschensohn, ich sende dich zu den abtrünnigen Söhnen Israels, die sich gegen mich aufgelehnt haben. Sie und ihre Väter sind immer wieder von mir abgefallen, bis zum heutigen Tag.

⁴ Es sind Söhne mit trotzigem Gesicht und hartem Herzen. Zu ihnen sende ich dich. Du sollst zu ihnen sagen: So spricht Gott, der Herr.

⁵ Ob sie dann hören oder nicht – denn sie sind ein widerspenstiges Volk –, sie werden erkennen müssen, dass mitten unter ihnen ein Prophet war.

Überleitung zum Evangelium

P   *nun wieder ohne Verkleidung*

Ezechiel machte als Prophet eine schlimme Erfahrung: Er hatte eine wichtige Botschaft von Gott auszurichten – aber die Menschen wollten nicht auf ihn hören. Sie achten nicht auf das, was er sagt, was er schreit, was er ihnen in allerlei Szenen vorspielt. Die Menschen haben ihre eigenen Gedanken.

Die Bibel ist voll davon, dass Menschen nicht auf Gott und seine Boten hören. Aber immer, wenn die Boten, die Propheten Gottes kein Gehör finden, geht es schlimm aus.

Jesus war auch ein Prophet, und ihm ist es genauso gegangen. Er wollte in seiner Heimatstadt Nazaret die Frohe Botschaft Gottes verkünden. Aber man hört nicht auf ihn: Was kann der uns schon sagen! Den kennen wir doch von klein auf, was will der Wichtigtuer? So lehnten die Leute von Nazaret Jesus ab.

Die Geschichten von Ezechiel und von Jesus sind auch eine Frage an uns: Hören wir auf Gottes Wort? Interessieren wir uns für die Botschaft der Propheten, für die Worte Jesu? Lesen wir in der Bibel? Kümmern wir uns darum, dass wir etwas davon verstehen? Passen wir im Gottesdienst und im Religionsunterricht auf?

Das Esspapier, das die Kinder nach dem Gottesdienst bekommen, soll uns alle daran erinnern, dass Gottes Wort so wichtig wie die Nahrung ist.

Machen wir es also anders als die Leute von Nazaret und hören wir auf Jesus – damit er sich nicht über unseren Unglauben wundern muss.

Evangelium

Mk 6,1b–6a

Aus dem heiligen Evangelium nach Markus.

Von dort brach Jesus auf und kam in seine Heimatstadt; seine Jünger begleiteten ihn.

[2] Am Sabbat lehrte er in der Synagoge. Und die vielen Menschen, die ihm zuhörten, staunten und sagten: Woher hat er das alles? Was ist das für eine Weisheit, die ihm gegeben ist! Und was sind das für Wunder, die durch ihn geschehen!

[3] Ist das nicht der Zimmermann, der Sohn der Maria und der Bruder von Jakobus, Joses, Judas und Simon? Leben nicht seine Schwestern hier unter uns? Und sie nahmen Anstoß an ihm und lehnten ihn ab.

[4] Da sagte Jesus zu ihnen: Nirgends hat ein Prophet so wenig Ansehen wie in seiner Heimat, bei seinen Verwandten und in seiner Familie.

[5] Und er konnte dort kein Wunder tun; nur einigen Kranken legte er die Hände auf und heilte sie.

[6a] Und er wunderte sich über ihren Unglauben.

Fürbitten

Wir hoffen auf Jesus Christus, den Sohn Gottes, und bringen unsere Bitten vor ihn hin.

○ Stärke den Glauben aller Christinnen und Christen, dass sie sich immer mehr für dein Wort und die Heilige Schrift interessieren.

Herr Jesus Christus:
Wir bitten dich, erhöre uns.

○ Gib allen Kraft, zu ihrem Glauben zu stehen, auch wenn sie von anderen verlacht oder verachtet werden.

○ Hilf allen, die deine Frohe Botschaft weitersagen, vor allem dem Papst, den Bischöfen, den Priestern, den Religionslehrerinnen und Religionslehrern: Gib ihnen Kraft in ihrem schweren Dienst.

○ Hilf allen, die einsam und traurig sind oder um einen lieben Menschen trauern: Schenke ihnen Trost durch dein Wort.

Herr, dein Wort gibt uns Kraft und Zuversicht. Wir danken dir dafür und hoffen auf dich allezeit.

Vorschlag *Zur Erinnerung an Ezechiel bekommen alle Kinder nach dem Gottesdienst ein Blatt Esspapier.*

GOTT SPRICHT UNS AN – WOLLEN WIR HÖREN?

Ez 2,1–3,11 (gekürzt); Mk 6,1b–6

Einführung „Kirche is' langweilig. Das ist eh' immer dasselbe. Das kenn ich doch alles schon." Was ihr, liebe Kinder, euch manchmal sagen traut, das haben sich sicher auch die Erwachsenen schon mehr als einmal gedacht. Und weil wir meinen, dass wir schon alles kennen, hören wir nicht mehr hin. Aber wie soll uns Gott dann noch etwas sagen können? Gott muss sich auch mal etwas Neues einfallen lassen – und so befiehlt er seinem Propheten, ein Buch aufzuessen. Lecker! Gleich gibt's mehr davon. Also: Ohren auf und hingehört! – Wir werden nun kurz still und bereiten uns darauf vor, Gottes Wort zu hören.

Kyrie-Rufe Herr Jesus Christus, du hast eine frohe Botschaft gebracht.
Herr Jesus Christus, manchmal hören wir nicht auf dich.
Herr Jesus Christus, hilf uns, dass wir dein Wort verstehen.

Gebet Barmherziger Gott, dein Sohn Jesus ist ein wahrer Mensch geworden. So hast du alle Menschen als deine geliebten Kinder angenommen und ihnen immer wieder dein gutes Wort gesagt. Gib uns Freude ins Herz über deine Liebe und führe uns zum ewigen Glück. Darum bitten wir durch Jesus Christus.

Hinführung zur Lesung
In der Kirche hören wir Gottes Wort. Stimmt gar nicht, sagen die Kinder. Da reden ja nur Menschen, Gott habe ich noch nie gehört. Hm. Ich bin ein Mensch, *(Name 1)* ist ein Mensch, *(Name 2)* auch – wir alle sind Menschen. Wo ist Gott und sein Wort?

Es gibt da in der Bibel einen Propheten mit Namen Ezechiel. Der war auch ein Mensch, und genau so redet ihn Gott an: „Mensch!"
Gott hat sich den Ezechiel ausgesucht, um durch ihn zu den anderen Menschen zu reden. Gott wollte seinem Volk, den Israeliten, etwas Wichtiges sagen, aber er wollte sie nicht direkt vom Himmel her anreden – so beruft er den Menschen Ezechiel, seine Worte auszurichten. Ezechiel wird zum „Propheten" – so nennen wir die Leute, die als Menschen im Auftrag Gottes zu ihren Mitmenschen reden und ihnen Gottes Wort sagen. Gott spricht also nicht direkt zu uns – sondern über Menschen, Propheten. Und wie kommt der Prophet an Gottes Wort? Na, er hört es – oder er isst es auf. Was? Ja, bei Ezechiel war es so. Der Arme musste ein Buch aufessen! Glücklicherweise gab es damals noch keine festen Buchdeckel, sondern man rollte das beschriebene Pergament oder den Papyrus zu einer Rolle zusammen. Aber immerhin! Also, das wollen wir uns jetzt mal anhören. Und achtet mal drauf: Gott spricht Ezechiel immer mit „Mensch" an!

Lesung Lesung aus dem Buch Ezechiel.
Ez 2,1 In jener Zeit sprach Gott zum Propheten Ezechiel: Stell dich auf deine Füße, Mensch; ich will mit dir reden.
Ez 2,8b–10 Mensch, höre, was ich zu dir sage. Öffne deinen Mund und iss, was ich dir gebe.
⁹ Und ich sah: Eine Hand war ausgestreckt zu mir; sie hielt eine Buchrolle.
¹⁰ Er rollte sie vor mir auf. Sie war innen und außen beschrieben und auf ihr waren Klagen, Seufzer und Weherufe geschrieben.
Ez 3,1–4 Er sagte zu mir: Mensch, iss, was du vor dir hast. Iss diese Rolle! Dann geh und rede zum Haus Israel!
² Ich öffnete meinen Mund und er ließ mich die Rolle essen.
³ Er sagte zu mir: Mensch, gib deinem Bauch zu essen, fülle dein Inneres mit dieser Rolle, die ich dir ge-

be. Ich aß sie und sie wurde in meinem Mund süß wie Honig.

[4] Er sagte zu mir: Geh zum Haus Israel, Mensch, und sprich mit meinen Worten zu ihnen!

Ez 3,7 Doch das Haus Israel will nicht auf dich hören, es fehlt ihnen der Wille, auf mich zu hören.

Ez 3,11 Geh zu den Söhnen deines Volkes, und ob sie hören oder nicht, sprich zu ihnen und sag zu ihnen: So spricht Gott, der Herr.

Auslegung Hat dem Ezechiel die Buchrolle geschmeckt? – Süß wie Honig war sie, so sagt er. Hat er also Glück gehabt? Wohl weniger. Nach dem Verspeisen gingen die Probleme erst richtig los. Gott schickt den Propheten Ezechiel mit der Buchrolle im Bauch zum Volk Israel. „Klagen, Seufzer und Weherufe" waren aufgeschrieben: Es waren die Klagen und Weheworte Gottes über sein Volk, das nicht auf ihn hören wollte und seine Gebote nicht befolgen wollte. Und das muss Ezechiel nun ausrichten. Sie werden nicht auf dich hören wollen, so kündigt Gott schon an. Sie wissen immer schon alles selber besser. Sie meinen, sie kennen schon alles und sitzen da und langweilen sich. Und dann hören sie gar nicht mehr hin, wenn ihnen jemand etwas sagt.

Komisch, das kenne ich doch irgendwie. Ist das nicht bis heute so?

„Kirche? Langweilig! Kenn' ich doch alles schon ..." – Aber das stimmt doch gar nicht! Gott will dir und mir heute auch etwas sagen. Nicht indem er selber vom Himmel herunterdonnert, sondern indem wir zum Beispiel in der Kirche zuhören, auch wenn da nur Menschen reden. Gott hat immer durch Menschen zu den Menschen geredet, Ezechiel war einer von ihnen. Sein Buch haben wir bis heute in der Bibel. Und Gott forderte Ezechiel auf, seine Botschaft auszurichten, ob die Leute es hören wollten oder nicht. Und das gilt bis heute: Wir hier in der Kirche verkünden Gottes Wort, ob viele kommen oder wenige, ob die Leute zuhören oder nicht.

Als die Menschen immer weniger auf die Propheten Gottes hören wollten, machte Gott etwas, was noch nie da war und was nicht mehr zu überbieten ist: Gott wurde Mensch – Jesus. Und wie jeder normale Mensch kam Jesus aus einem normalen Dorf. Als er auch dort Gottes Botschaft verkünden wollte, passierte das Gleiche: Das ist doch der Jesus, sagten die Leute, den wir kennen, der Zimmermann; ach so der, was will denn der? Ist doch langweilig ... So dachten und sprachen die Leute in Nazaret, dem Dorf, in dem Jesus aufgewachsen ist. Und sie verpassten, dass Jesus eine wichtige Botschaft ausrichten wollte, dass er ihnen den Frieden Gottes bringen wollte. Nur ein paar wenige glaubten ihm, sie wurden von ihren Krankheiten geheilt. Jesus wunderte sich darüber, dass die Leute seines Dorfes ihm nicht glaubten. Ob sich Jesus auch über uns wundern müsste? So viele Gelegenheiten haben wir, auf Gottes Wort zu hören – in der Kirche, in der Schule im Religionsunterricht. Wir haben Bibeln, in denen wir lesen können – kümmert uns das? Oder gehören wir zu den Leuten, von denen Gott zu Ezechiel sagt: Sie wollen gar nicht hören? Na, ich hab jedenfalls meinen Teil gesagt, ob ihr's hören wolltet oder nicht.

Wir hören gleich die Geschichte aus dem Markusevangelium, wie Jesus in seine Heimatstadt Nazaret gekommen ist.

Evangelium
Mk 6,1b–6

Aus dem heiligen Evangelium nach Markus.

In jener Zeit kam Jesus in seine Heimatstadt; seine Jünger begleiteten ihn.

[2] Am Sabbat lehrte er in der Synagoge. Und die vielen Menschen, die ihm zuhörten, staunten und sagten: Woher hat er das alles? Was ist das für eine Weisheit, die ihm gegeben ist! Und was sind das für Wunder, die durch ihn geschehen!

[3] Ist das nicht der Zimmermann, der Sohn der Maria und der Bruder von Jakobus, Joses, Judas und Simon? Leben nicht seine Schwestern hier unter uns? Und sie nahmen Anstoß an ihm und lehnten ihn ab.

⁴ Da sagte Jesus zu ihnen: Nirgends hat ein Prophet so wenig Ansehen wie in seiner Heimat, bei seinen Verwandten und in seiner Familie.
⁵ Und er konnte dort kein Wunder tun; nur einigen Kranken legte er die Hände auf und heilte sie.
⁶ᵃ Und er wunderte sich über ihren Unglauben.

Fürbitten   Wir bekennen, dass wir an Jesus Christus, den Sohn Gottes, glauben. Zu ihm bringen wir unsere Bitten:

○ Jesus, stärke den Glauben aller, die sich für dich entschieden haben. Lass sie durch dein Wort glücklich leben.

Wir bitten dich, erhöre uns.

○ Jesus, mach alle, die als Christen deinen Namen tragen, aufmerksam, dass sie deine Botschaft der Liebe in Taten umsetzen.

○ Jesus, hilf allen, die deine Frohe Botschaft weitersagen, dem Papst, den Bischöfen, den Priestern, den Religionslehrerinnen und Religionslehrern: Gib ihnen Kraft in ihrem schweren Dienst.

○ Jesus, hilf allen, die einsam und traurig sind oder um einen lieben Menschen trauern: Schenke ihnen Trost durch dein Wort.

Herr Jesus, dein Wort gibt uns Kraft und Zuversicht. Wir danken dir dafür und hoffen auf dich allezeit.

DER HERR IST MEIN HIRTE

Ps 23; Mk 6,30–34

Einführung Niemand hat Gott je gesehen – keiner weiß, wie Gott genau aussieht. Aber wir Menschen sind Augenwesen: Wir müssen etwas sehen, damit wir uns etwas vorstellen können. Wenn wir von Gott reden wollen, müssen wir Vergleiche machen: Gott ist wie …
Einen wunderbaren Vergleich, ein wunderschönes Bild von Gott schauen wir uns heute genauer an. Es ist ein altes Bild, das wir heute kaum mehr sehen – nur ab und zu, meist vom Auto aus, sehen wir so etwas. Das Bild kommt im Alten Testament vor, und wir schauen uns einen Psalm genauer an. Und auch Jesus verwendet im Evangelium diesen Vergleich. Sind Sie/seid Ihr schon neugierig?
Wir rufen in den Kyrierufen Jesus, unseren Herrn, um seine Hilfe und sein Erbarmen an. Darin wird uns das Bild begegnen.

Kyrie-Rufe Herr Jesus Christus, du hast Mitleid mit den Menschen.
Herr Jesus Christus, du bist der Gute Hirte.
Herr Jesus Christus, du gibst uns Orientierung und lässt uns nicht allein.

Gebet Herr, unser Gott, sieh voll Mitleid auf uns alle, die du uns als dein geliebtes Volk gerufen hast. Mach uns stark im Glauben, in der Hoffnung und in der Liebe, damit wir immer aufmerksam sind und auf deinem Weg bleiben. Darum bitten wir durch Jesus Christus.

Hinführung zur Lesung

Habt Ihr Gott schon mal gesehen? (–) Wenn ihr ihn malen müsstet, was würdet ihr da malen? (–)
Was glaubt ihr: weiß die Bibel, wie Gott wirklich aussieht? (–)

Wisst ihr, wie die Bibel von Gott spricht? Die Bibel, unsere Heilige Schrift, aus der wir sehr viel über Gott erfahren, sagt uns nicht direkt, wie Gott aussieht. Das kann nämlich kein Mensch sagen, und die Bibel ist ja von Menschen niedergeschrieben worden. Aber diese Menschen, die die Bibel geschrieben haben, haben viel von unserem Gott erfahren – und sie haben ihn in den Bildern beschrieben, die jeder Mensch verstehen kann.

Jeder Mensch? Nun, manchmal verwendet die Bibel Bilder, die uns heute etwas fremd sind. So nennt die Bibel Gott „König" – den gibt's heute nur noch im Märchen und in den Illustrierten. Oder – habt ihr eigentlich aufgepasst, als was wir Jesus in den Kyrierufen angesprochen haben? (–)

Ein Hirte. Was ist das? (–)

Er muss die Schafe beschützen, ihnen Nahrung beschaffen, für Wasser sorgen, immer für sie da sein, sie behandeln, wenn sie sich verletzt haben ...

Hirten sehen wir oft nur vom Auto aus, wenn am Rande mal eine Schafherde grast!

Es gibt einen wunderschönen Psalm in der Bibel, der Gott als Hirten anspricht. Wir hören jetzt diesen Psalm.

Lesung

Ps 23

Lesung aus dem Psalm 23.

Der Herr ist mein Hirte, nichts wird mir fehlen.

[2] Er lässt mich lagern auf grünen Auen und führt mich zum Ruheplatz am Wasser.

[3] Er stillt mein Verlangen; er leitet mich auf rechten Pfaden, treu seinem Namen.

[4] Muss ich auch wandern in finsterer Schlucht, ich fürchte kein Unheil; denn du bist bei mir, dein Stock und dein Stab geben mir Zuversicht.

[5] Du deckst mir den Tisch vor den Augen meiner Feinde. Du salbst mein Haupt mit Öl, du füllst mir reichlich den Becher.

[6] Lauter Güte und Huld werden mir folgen mein Leben lang und im Haus des Herrn darf ich wohnen für lange Zeit.

Auslegung *Der Herr ist mein Hirte, nichts wird mir fehlen. Er lässt mich lagern auf grünen Auen und führt mich zum Ruheplatz am Wasser. Er stillt mein Verlangen; er leitet mich auf rechten Pfaden, treu seinem Namen. –*

Der, der diese Worte gedichtet hat, hat es wirklich erfahren, dass Gott ihn beschützt hat und ihm viel Gutes getan hat. Und viele Menschen nach dem Dichter haben das auch immer wieder erfahren – sonst hätten sie das Gebet nicht weitergegeben.
Fragen wir uns: Wo fühle ich mich von Gott geleitet und geborgen?
Ich habe ein Zuhause, kann mich satt essen …
Ich habe Freunde, Menschen, die mich lieb haben …
Gott hat uns durch das vergangene Schuljahr geführt – auch wenn wir ihn vielleicht nicht bemerkt haben. So vieles kann täglich passieren – wir sind aber hier, gesund (hoffentlich!), und dürfen uns auf die Ferien freuen.

Muss ich auch wandern in finsterer Schlucht, ich fürchte kein Unheil; denn du bist bei mir, dein Stock und dein Stab geben mir Zuversicht. –

Nicht immer geht es uns superprächtig. Vieles bleibt uns nicht erspart. Jede und jeder von uns kennt die „finstere Schlucht":
Manches ist in der Schule schief gelaufen, manche schlechte Note hat's gehagelt, manchmal steht sie sogar im Zeugnis.
Manchmal sind wir krank und fühlen uns ganz elend …
Manchmal sind wir einsam, weil wir meinen, dass uns keiner mag.
Manchmal haben wir echt Angst: vielleicht, weil man wegziehen muss, oder weil die Eltern böse auf einen oder untereinander sind, vielleicht wissen wir manchmal einfach nicht mehr weiter …
Manchmal haben wir Angst vor den anderen, weil sie stärker und brutal sind.

Aber wir sind nicht allein. Wer glaubt, ist nie allein, hat Papst Benedikt gesagt. Und unser Psalmenbeter weiß das: Ich fürchte mich nicht, denn du, Gott, bist bei mir. Dein Stock und dein Stab – was kann das sein?

Ein Mensch, der mich lieb hat und mir weiterhilft ...
Ein Mensch, der mir einen guten Rat gibt, wenn ich keine Ahnung mehr habe ...
Mutter oder Vater, die trösten, wenn etwas weh tut ...
Ein Satz aus dem Gottesdienst oder aus der Bibel, der einfach gut tut ...

Du deckst mir den Tisch vor den Augen meiner Feinde. Du salbst mein Haupt mit Öl, du füllst mir reichlich den Becher. Lauter Güte und Huld werden mir folgen mein Leben lang und im Haus des Herrn darf ich wohnen für lange Zeit.

Jetzt ist Gott kein Hirte mehr, sondern ein Gastwirt! Unser Psalmenbeter wechselt das Bild. Und er spricht von den Feinden. Muss das sein? Ja. Weil wir welche haben. Sogar die Kleinsten von uns haben manchmal „Feinde". Manche mögen uns nicht, und wir mögen sie nicht. Wir würden lügen, wenn's nicht so wäre. Und oft haben wir Angst vor anderen Menschen:
Vor dem brutalen Klassen-„kameraden", der immer gleich prügelt ... Vor dem Chef in der Firma, der mich immer blöd anmeckert ... Vor dem Soundso, der auf mich neidisch ist, weil ich das bessere Zeugnis, das tollere Handy, das größere Auto oder was weiß ich habe ...
Man kann manchmal nichts dafür, dass man Feinde hat. Es ist so. Aber wir brauchen uns nicht zu fürchten – Gott ist auf unserer Seite.
Wir können beim Beten auch an Jesus denken: Wir hören gleich im Evangelium, dass sich Jesus ausruhen will – das brauchen wir auch, endlich sind bald Ferien. Aber dann kommen ganz viele Menschen zu ihm, und Jesus hat Mitleid: Sie sind wie Schafe, die keinen Hirten haben. Sie haben keine Orientierung, wissen nicht, was sie tun sollen, zu wem sie gehen

sollen. Jesus will für sie der Gute Hirte sein. Auch wir dürfen immer wieder zu Jesus kommen und bei ihm Trost und Hilfe finden. Wenn wir an Gott und Jesus glauben, sind wir nie allein.

Evangelium
Mk 6,30–34

Aus dem heiligen Evangelium nach Markus.
Die Apostel versammelten sich wieder bei Jesus und berichteten ihm alles, was sie getan und gelehrt hatten.
[31] Da sagte er zu ihnen: Kommt mit an einen einsamen Ort, wo wir allein sind, und ruht ein wenig aus. Denn sie fanden nicht einmal Zeit zum Essen, so zahlreich waren die Leute, die kamen und gingen.
[32] Sie fuhren also mit dem Boot in eine einsame Gegend, um allein zu sein.
[33] Aber man sah sie abfahren, und viele erfuhren davon; sie liefen zu Fuß aus allen Städten dorthin und kamen noch vor ihnen an.
[34] Als er ausstieg und die vielen Menschen sah, hatte er Mitleid mit ihnen; denn sie waren wie Schafe, die keinen Hirten haben. Und er lehrte sie lange.

Fürbitten

In unseren Bitten wenden wir uns an Jesus, an den Guten Hirten, der bereit ist, für alle Menschen zu sorgen:

○ Wir beten für alle, die einsam sind und allein, die niemanden haben, der für sie da ist. Jesus, schenke ihnen Begegnungen mit Menschen, die sie froh machen.

Jesus, Guter Hirte:
Wir bitten dich, erhöre uns.

○ Wir beten für alle, die einen besonderen Auftrag in der Kirche haben, für die Menschen zu sorgen. Schenke ihnen deine Kraft und deinen Geist.

○ Wir beten für alle, die Gott als fern erfahren. Schenke ihnen Wegbegleiter, damit sie deine tröstende und helfende Nähe erleben.

○ Wir beten für alle, die sich nach Zuwendung sehnen, für die Alten, die Kranken und die Pflegebedürftigen. Lass sie deine Nähe spüren.

○ Wir beten für unsere Toten – schenke ihnen das ewige Leben in deiner Geborgenheit.

Du bist immer für uns da, auch wenn wir es oft nicht merken. Du sorgst für uns. Dafür danken wir dir, jetzt und allezeit.

WAS IST MIR WIRKLICH WICHTIG?

Mt 13,44-46

Material   *Allerlei Büromaterial und Zeitschriften (siehe Auslegung);*
anrufbares Handy

Einführung   Eigentlich ist jeder Sonntag so ein kleines Stück Ferien. Deshalb sind wir froh, dass wir uns heute versammeln können. Und es ist gut und wichtig, dass wir das in der Kirche tun. Unsere Gemeinschaft, das Wort Gottes, das wir hören, das Brot, das wir gemeinsam essen, wenn wir den Leib Christi empfangen – das ist etwas Wichtiges und Kostbares. Es ist das Kostbarste, das wir haben. Was ist uns das eigentlich wert?

Kyrie-Rufe   Herr Jesus, du hast uns von Gott erzählt.
Herr Jesus, du hast uns Gottes Liebe nahe gebracht.
Herr Jesus, du willst uns auch jetzt nahe sein.

Gebet   Guter Gott, du hast fest versprochen, dass du immer bei uns bist. Ob wir zu Hause oder auf Reisen sind, du beschützt uns mit deinem guten Geist. Auf dich vertrauen wir, auch wenn es das Leben mal nicht so gut mit uns meint. Behüte uns zu jeder Zeit, darum bitten wir durch Jesus Christus.

Evangelium   Aus dem heiligen Evangelium nach Matthäus.
Mt 13,44-46   In jener Zeit erzählte Jesus folgende Gleichnisse:
[44] Mit dem Himmelreich ist es wie mit einem Schatz, der in einem Acker vergraben war. Ein Mann entdeckte ihn, grub ihn aber wieder ein. Und in seiner Freude verkaufte er alles, was er besaß, und kaufte den Acker.
[45] Auch ist es mit dem Himmelreich wie mit einem Kaufmann, der schöne Perlen suchte.

⁴⁶ Als er eine besonders wertvolle Perle fand, verkaufte er alles, was er besaß, und kaufte sie.

Auslegung Heute habe ich nichts für euch vorbereiten können. Ich habe so viel zu tun, so viel Arbeit.

Ordner, Bücher, Zettel, Fernsehprogramm, Handy, MP3-Player, Computerspiele etc. mitbringen

Das hier muss ich noch lernen ...

in den Sachen kramen

... die Zeitschrift muss ich noch lesen ...
und der neue Roman ...
Hey, die neue CD von XY

Aktuelle Titel verwenden!

... die muss ich gleich anhören.
Ja, ja, ich hab' einen Riesenstress ...
Was kommt denn heut' im Fernsehen?

Fernsehzeitung hochhalten ...

Handy klingelt

Ja? Ach, du bist's.

erst heimlich, zu den Zuhörern, dann lauter:

Was will die jetzt? Soll ich schon wieder was für die Kirche vorbereiten? –
Also, weißt du, ich hab so viel Stress – ich kann wirklich nicht. ... Was sagst du? Das Evangelium? ...
Ja, was für ein Evangelium haben wir denn? ...
Das vom Schatz im Acker und von der wertvollen Perle?
Aha – ach ja. ... Oh. ...
Da lässt einer alles sausen, verkauft alles, was er hat, um ... ja, den Schatz und die wertvolle Perle.
Das kauft er dann. Das halt, was wirklich wichtig ist.
... Ja, ich glaube, da fällt mir etwas ein.

Handy weglegen

Ja, was ist denn eigentlich wirklich wichtig? So viel habe ich zu tun, so viel stürmt auf mich ein, so viel Krimskrams ist täglich zu erledigen, und dann noch Arbeit, Schule, Hausaufgaben. ...

Pause

Was ist mir eigentlich wichtig? Kann ich das noch sagen, oder bin ich nur noch ein Spielball der Wellen, die über mich hereinbrechen? ...

Pause

Es ist unglaublich wichtig, zu wissen, was einem wichtig ist. Sonst wird man von allen und jedem über den Tisch gezogen. Jeder will was von einem, auch das Fernsehen. Ja, es will, dass wir reinglotzen, möglichst lang. Aber ist mir das wichtig? Auch die Freizeit – alle wollen was von einem, dass man immer dabei ist, überall, bis in die Puppen. Aber will ich das eigentlich immer? Oder renne ich nur so mit, damit ich halt auch dabei bin und nicht out? ... Also mal ganz ernst: Bestimme ich noch mein Leben, oder bestimmt mein Terminkalender, mein Handy, das Fernsehen mein Leben?

Jesus erzählt in seinem Gleichnis von komischen Menschen: Die lassen alles stehen und liegen, geben alles auf, verkaufen alles – um EIN DING zu bekommen, das ihnen WIRKLICH WICHTIG ist. Es ist der Schatz im Acker und die wertvolle Perle. Die Menschen im Gleichnis gehen aufs Ganze, setzen alles auf eine Karte. Und sie tun das, was ihnen wirklich wichtig ist. Offensichtlich geht es gut aus, aber Genaueres wird nicht erzählt.
Und nun sagt Jesus, dass dieses Gleichnis ein Bild für das Himmelreich ist. Ja, mit dem Himmelreich ist es wie mit solchen Menschen, die aufs Ganze gehen. Nicht nur ein bisschen, sondern volle Energie in eine Sache – und dann Erfolg haben.
Wir sind doch da oft ganz anders. Wir fangen viel an, und machen dann überall ein bisschen. Und

auch beim Glauben machen wir ein bisschen mit. Ab und an gehen wir auch in die Kirche. Aber es darf nicht anstrengend werden. Und wenn uns die Gottesdienstzeit nicht passt, dann bleiben wir eben daheim im Bett.

Und was ist uns nun wichtig?

Halbe Sachen sind halbe Sachen und nichts Ganzes. Schnell hat man sich verzettelt, vieles angefangen und nichts richtig zu Ende geführt. Oh, Jesus ist da knallhart: Ideal wäre es, so meint er wohl in dem Gleichnis, wenn wir uns GANZ auf seine Seite schlagen. So richtig glauben und mitmachen in seiner Gemeinschaft, die Kirche heißt. Das Himmelreich, das Reich Gottes kommt dort, wo Menschen alles auf Gott setzen. Ohne Vorbehalte, ohne Hintertürchen.

Mir fällt einer ein, der ganz vorbildlich so gelebt hat. Es ist Don Bosco. Das war ein Priester im 19. Jahrhundert in Italien. Er hat gesehen, wie dreckig es den armen Kindern aus verwahrlosten Verhältnissen ging. Aber er hatte kein Geld, er war selbst ein armer Priester, er hatte keine Kirchensteuer hinter sich. Normalerweise würde man sagen: Kann man nichts machen, von nichts kommt nichts. Don Bosco dachte nicht so, und obwohl er keine „Kapitaldecke" hatte, keinen Fonds, keine Rücklagen, hat er immer wieder soziale Projekte angefangen, um den armen Kindern zu helfen. Es war ihm WICHTIG, und da kannte er keine Hemmungen. Und dann kam das Geld schon, und es funktionierte.

Don Bosco war die Sache mit dem Himmelreich, mit Jesus und der Liebe Gottes zu den armen Menschen und zu den Kindern so wichtig, dass er jeden vernünftigen Vorbehalt sausen ließ und seine Arbeit für die Menschen getan hat. Die Geschichte hat ihm recht gegeben und nicht den vielen Kirchenleuten, die ihn gewarnt hatten.

Ich denke, wenn uns die Sache Jesu, die Sache mit dem Glauben WIRKLICH WICHTIG ist, dann schaffen wir mehr, als wir uns vorstellen können. Dann schaffen wir es sogar, am Sonntag aufzustehen und in den Gottesdienst zu gehen, auch wenn wir keine Lust haben. Jesus ruft uns mit dem Gleichnis vom Schatz im Acker und von der wertvollen Perle auf, darüber nachzudenken, was uns wirklich wichtig ist, wofür wir uns voll und ganz einsetzen wollen. Die Gefahr ist groß, dass wir uns in allerlei Arbeit, Freizeit, Krimskrams verzetteln – und dann werden wir von all diesen unwichtigen Dingen gesteuert. Lassen wir das. Konzentrieren wir uns auf das, was uns wirklich wichtig ist. Jesus will uns ins Zentrum, in die Mitte führen, uns zeigen, worauf es wirklich ankommt. Dem sollten wir mal nachspüren.

Ich glaube, das wäre eine Aufgabe für die kommende Zeit: Denken wir mal darüber nach, was uns wirklich wichtig ist. Wie wichtig uns auch Gott, Jesus, der Glaube, die Kirche und die Gemeinde sind. Was wir mal tun wollen, damit unser Leben gelingt. Lassen wir uns nicht ablenken. Es gilt, einen Schatz, eine wertvolle Perle zu finden. Und es ist gar nicht schwer: Jesus weist uns den Weg.

Fürbitten Der gute Gott hat die Welt geschaffen und den Menschen viel Gutes getan. In Jesus Christus hat er uns seine Liebe in Fülle gezeigt. Ihm vertrauen wir unsere Bitten an:

○ Gott, es ist so schwer zu erkennen, was wirklich wichtig ist. Öffne allen Menschen die Augen, dass sie diese wunderbare Welt richtig wahrnehmen.

Wir bitten dich, erhöre uns.

○ Gott, deine Botschaft weist den Weg zum echten Leben. Lass immer mehr Menschen erkennen, dass deine Weisung wirklich gut tut.

○ Gott, für viele Menschen bist du das Wichtigste auf dieser Welt. Stärke ihren Glauben und segne ihre guten Werke, wie du das Tun des heiligen Don Bosco gesegnet hast.

○ Gott, wir glauben und hoffen, dass unsere Verstorbenen in Wahrheit bei dir leben. Tröste alle Trauernden und lass alle Menschen erfahren, dass die Liebe stärker ist als der Tod.

Guter Gott, der Glaube an dich, die Hoffnung auf deine Hilfe und die Liebe zu dir und untereinander sind das Wichtigste. Wir danken dir für alle Zeichen deiner Nähe und deines Segens durch Jesus Christus, unseren Herrn.

GOTT „DANKE" SAGEN

Lev 23,9–14; Mk 8,1–9

Einführung
An diesem Wochenende begehen wir das Erntedankfest. Die Ernte war zu allen Zeiten für die Menschen etwas ungeheuer Wichtiges: Ob sie gut oder schlecht ausfällt, entscheidet darüber, wie man die nächsten Monate überlebt. Daher ist die Ernte immer mit einem Fest des Dankes verbunden. Bei uns geht es nicht mehr ums Überleben – und schon fangen wir an, den Dank zu vergessen. Wir müssen uns wieder erinnern, woher alles kommt. Den kleinen Kindern lernt man, immer „Danke" zu sagen, wenn sie etwas bekommen. Ich glaube, auch wir müssen wieder lernen, Gott „Danke" zu sagen.

Kyrie-Rufe
Herr Jesus, du bist der Freund des Lebens. – Herr, erbarme dich.
Herr Jesus, du hast den Menschen Brot gegeben und deinem Vater gedankt. – Christus, erbarme dich.
Herr Jesus, du rufst uns zur Dankbarkeit für die Gaben der Schöpfung. – Herr, erbarme dich.

Gebet
Guter Gott, wir freuen uns über die Ernte des Jahres, über Körner und Brot, über Gemüse und Obst, über Trauben und Wein. Oft vergessen wir, woher wir das haben. Heute denken wir daran, dass du alles wachsen lässt. Wir danken dir für deine wunderbare Schöpfung, für unser tägliches Brot, für alles Gute, das wir erfahren dürfen. Gepriesen bist du, Gott, unser Herr, in alle Ewigkeit.

Hinführung zur Lesung
Dreimal spricht die Bibel vom Erntedankfest. So wichtig ist ihr das. Eine Stelle schauen wir uns genauer an. Im Buch Levitikus, dem dritten Buch des Mose, wird beschrieben, wie der Erntedank gefeiert

werden soll. Es ist ein bisschen anders, als wir es heute machen, aber dahinter steckt die gleiche Idee: Die Menschen bringen einen kleinen Teil der Ernte zum Priester, und der zeigt die Gaben dem Herrn. Das ist nichts anderes, als wenn wir in der Kirche einen Erntedanktisch aufbauen. Wir bringen freilich kein Schaf und kein Feueropfer dar – das war eben früher bei den Israeliten so. Aber auch wir bringen etwas von unserer Ernte in die Kirche. Daran wollen wir denken, wenn wir jetzt den Text aus der Bibel hören – und am Ende müssen wir besonders aufpassen:

Lesung
Lev 23,9–14

Lesung aus dem Buch Levitikus.

Der Herr sprach zu Mose:

[10] Rede zu den Israeliten und sag zu ihnen: Wenn ihr in das Land kommt, das ich euch gebe, und wenn ihr dort die Ernte einbringt, sollt ihr dem Priester die erste Garbe eurer Ernte bringen.

[11] Er soll sie vor dem Herrn emporheben, damit ihr Wohlgefallen findet. Am Tag nach dem Sabbat soll sie der Priester emporheben.

[12] Am Tag, an dem ihr die Garbe emporhebt, sollt ihr dem Herrn auch ein fehlerloses einjähriges Schaf als Brandopfer herrichten,

[13] dazu als Speiseopfer zwei Zehntel Feinmehl, das mit Öl vermengt ist. Das Ganze soll ein Feueropfer für den Herrn zum beruhigenden Duft sein; dazu kommt ein Liter Wein als Trankopfer.

[14] Vor diesem Tag, bevor ihr eurem Gott die Opfergabe gebracht habt, dürft ihr kein Brot und kein geröstetes oder frisches Korn essen. Das gelte als feste Regel bei euch für eure Generationen – überall, wo ihr wohnt.

Auslegung

Zwei Dinge sind hier am Ende besonders wichtig: Die Israeliten sollen kein Brot von der neuen Ernte essen, bevor sie Gott die Opfergabe dargebracht haben. Das heißt nichts anderes, als dass der Dank an Gott das allererste ist. Oft ist es bei uns anders:

Wir essen munter drauflos und denken überhaupt nicht daran, dass es letztlich Gott ist, dem wir alles verdanken, weil Gott alles wachsen und gedeihen lässt. Uns kann diese Weisung aus der Bibel daran erinnern, dass wir vor dem Essen immer einen Gedanken und einen Dank an Gott richten.

Das zweite, das hier wichtig ist, ist der Satz von der festen Regel: Der Dank für die Ernte soll eine feste Regel sein, zu allen Zeiten, an allen Orten. Die Israeliten sollen also immer wieder Gott danken, wenn die neue Ernte Jahr für Jahr eingebracht wird. Auch wir feiern Erntedank als feste Regel – eine gute Einrichtung. Sie erinnert uns daran, dass wir in Gottes Hand sind, Gott alles verdanken.

Wir haben einen Text aus der Bibel zum Erntedank gehört, und wir haben gesehen, dass wir – fast so ähnlich wie die Israeliten vor zwei- oder dreitausend Jahren – heute immer noch Erntedank feiern. Das ist gut so, und wir wollen heute auch befolgen, was wir am Schluss gehört haben: dass wir – mit unseren Familien – fröhlich vor Gott feiern.

Auch Jesus wollte immer wieder mit den Menschen feiern und fröhlich sein. Einmal waren viertausend Leute da, und sie hatten nichts zu essen. Da hatte Jesus Mitleid mit ihnen und sorgte auf wunderbare Weise dafür, dass alle satt wurden. Was mich an der Geschichte am meisten wundert, ist eine kleine Einzelheit: Obwohl Jesus doch als „Sohn Gottes" problemlos ein Wunder tun und für Brot sorgen kann, spricht er doch das Dankgebet, bevor alle essen! Ja, Jesus spricht ein Tischgebet, bevor er das Wunder vollbringt! Ich glaube, wir sollen aus dieser Geschichte auch lernen, dass wir immer und überall Gott dafür danken sollen, wenn wir etwas zu essen bekommen. Wie die Leute damals wissen auch wir heute oft nicht, woher unser Essen genau kommt – dennoch sollen wir dankbar sein. Als dankbare Menschen sind wir auch bessere und fröhlichere Menschen – ganz bestimmt.

Evangelium

Mk 8,1–9

Aus dem heiligen Evangelium nach Markus.

In jenen Tagen waren wieder einmal viele Menschen um Jesus versammelt. Da sie nichts zu essen hatten, rief er die Jünger zu sich und sagte: ² Ich habe Mitleid mit diesen Menschen; sie sind schon drei Tage bei mir und haben nichts mehr zu essen.

³ Wenn ich sie hungrig nach Hause schicke, werden sie unterwegs zusammenbrechen; denn einige von ihnen sind von weither gekommen.

⁴ Seine Jünger antworteten ihm: Woher soll man in dieser unbewohnten Gegend Brot bekommen, um sie alle satt zu machen?

⁵ Er fragte sie: Wie viele Brote habt ihr? Sie antworteten: Sieben.

⁶ Da forderte er die Leute auf, sich auf den Boden zu setzen. Dann nahm er die sieben Brote, sprach das Dankgebet, brach die Brote und gab sie seinen Jüngern zum Verteilen; und die Jünger teilten sie an die Leute aus.

⁷ Sie hatten auch noch ein paar Fische bei sich. Jesus segnete sie und ließ auch sie austeilen.

⁸ Die Leute aßen und wurden satt. Dann sammelte man die übrig gebliebenen Brotstücke ein, sieben Körbe voll.

⁹ Es waren etwa viertausend Menschen beisammen. Danach schickte er sie nach Hause.

Dankrufe

Der heutige Tag steht im Zeichen der Dankbarkeit Gott gegenüber. So bringen wir an Stelle der Fürbitten unseren Dank vor Gott. Wir rufen dabei nach jeder Akklamation: Wir loben dich, wir danken dir.

○ Gott, du bist gut und beschenkst uns mit deinen Gaben. Nimm unseren Dank an:

Wir loben dich, wir danken dir.

○ Wir danken dir, guter Gott, für unser Leben, für Kraft und Gesundheit, für Phantasie und Kunstfertigkeiten, für unseren Verstand und unsere Lebensfreude.

o Wir danken dir, guter Gott, für die Welt, in der wir leben: für die Rohstoffe aus der Erde, für die Schönheit der Natur, für Pflanzen und Tiere.

o Wir danken dir, guter Gott, für die Früchte der Erde und der menschlichen Arbeit, für unsere Nahrung, für die Ernte dieses Jahres.

o Wir danken dir, guter Gott, für die Gemeinschaft, für unsere Familien, für unsere Pfarrgemeinde.

o Wir danken dir, guter Gott, für dein Wort, für die Bibel, die uns von deiner Güte erzählt, wir danken dir für deine Gegenwart unter uns

o Wir danken dir, guter Gott, für deine Liebe, die du uns in deinem Sohn Jesus Christus gezeigt hast. Er schenkt sich uns in unseren Gaben von Brot und Wein.

Gott, du schenkst uns viel mehr, als unser Dank ausdrücken kann. Wandle unsere Herzen, damit wir nach deinem Plan die Welt gut gestalten.

WER GROSSZÜGIG GIBT, WIRD GROSSZÜGIG EMPFANGEN

1 Kön 17,10–16; Mk 12,41–44

Einführung

Der Opa möchte dem kleinen Peter das Rechnen beibringen. Er übt mit ihm: „Peter, wenn du fünf Kaugummis hast, und du gibst davon zwei deiner Schwester, wie viele hast du dann noch übrig?" – Peter sagt: „Fünf". „Nein", meint der Opa. „Doch", sagt Peter. „Ich gebe keine zwei Kaugummis ab, weil ich dann nicht genug habe." – So oder ähnlich haben wir es vielleicht schon mal von den Kleinen gehört. Es fängt schon sehr früh an, dass man ängstlich auf das schaut, was man hat – und dass man ja nichts davon abgibt, weil – nun, man könnte ja plötzlich zu wenig davon haben. Man könnte ja zu kurz kommen. Wer so denkt – und oft denken wir alle so! –, wird sich mit dem Glauben schwer tun, wird kaum so richtig auf Gott vertrauen können. Zwei bitterarme Leute in der Bibel sagen uns heute, wie es anders gehen könnte.

Kyrie-Rufe

Herr Jesus, du bist zu den Armen und Kranken gekommen.
Herr Jesus, du hast die Menschen gelehrt, miteinander zu teilen.
Herr Jesus, du schenkst uns dein Vertrauen.

Gebet

Allmächtiger und barmherziger Gott, wir sind dein Eigentum, du hast uns in deine Hand geschrieben. Halte von uns fern, was uns gefährdet, und nimm weg, was uns an Leib und Seele bedrückt, damit wir freien Herzens deinen Willen tun. Darum bitten wir durch Jesus Christus.

Hinführung zur Lesung

Wir hören heute eine Geschichte vom Propheten Elija. Er hatte die undankbare Aufgabe, den regierenden König vom Wort Gottes zu überzeugen. Aber der hörte überhaupt nicht auf ihn. Da verkündet Elija, dass es im ganzen Land nicht mehr regnen wird, bis der König auf Gottes Gebot hört. Und so geschieht es auch. Die Dürre wird immer schlimmer, der Hunger der Menschen immer größer. Ist Gott etwa ein Gott des Todes, der die Leute verhungern lässt? Fast sieht es so aus. Doch da wird eine ungewöhnliche Geschichte erzählt.

Lesung

1 Kön 17,10–12

Lesung aus dem ersten Buch der Könige.

In jenen Tagen machte sich der Prophet Elija auf und ging nach Sarepta. Als er an das Stadttor kam, traf er dort eine Witwe, die Holz auflas. Er bat sie: Bring mir in einem Gefäß ein wenig Wasser zum Trinken! ¹¹ Als sie wegging, um es zu holen, rief er ihr nach: Bring mir auch einen Bissen Brot mit! ¹² Doch sie sagte: So wahr der Herr, dein Gott, lebt: Ich habe nichts mehr vorrätig als eine Handvoll Mehl im Topf und ein wenig Öl im Krug. Ich lese hier ein paar Stücke Holz auf und gehe dann heim, um für mich und meinen Sohn etwas zuzubereiten. Das wollen wir noch essen und dann sterben.

Prediger/in unterbricht:

Halt, das kann man doch nicht mit anhören! Der Hunger wütet im Land, die Nahrungsmittel sind sehr knapp, und diese arme Witwe mit ihrem Sohn hat buchstäblich nichts mehr zu essen – gerade noch so viel, dass es zu einer letzten Mahlzeit für sie und ihren Sohn reicht! Ist das nicht schon himmelschreiendes Unrecht genug? Jetzt will auch noch der Prophet Elija das bisschen wegessen? Ja, darf denn das sein? Wie geht die Geschichte weiter?

1 Kön 17,13–16 Elija entgegnete ihr: Fürchte dich nicht! Geh heim, und tu, was du gesagt hast. Nur mache zuerst für mich ein kleines Gebäck, und bring es zu mir heraus!

Danach kannst du für dich und deinen Sohn etwas zubereiten;
[14] denn so spricht der Herr, der Gott Israels: Der Mehltopf wird nicht leer werden und der Ölkrug nicht versiegen bis zu dem Tag, an dem der Herr wieder Regen auf den Erdboden sendet.
[15] Sie ging und tat, was Elija gesagt hatte. So hatte sie mit ihm und ihrem Sohn viele Tage zu essen.
[16] Der Mehltopf wurde nicht leer, und der Ölkrug versiegte nicht, wie der Herr durch Elija versprochen hatte.

Auslegung

Ja, Gott ist kein Gott des Todes, sondern des Lebens. In scheinbar auswegloser Situation vertraut diese bitterarme Witwe auf die Worte des Gottesmannes Elija – sie teilt mit ihm das Letzte, was sie hat. Und siehe da, sie wird überreich beschenkt: Ihr Nahrungsvorrat geht nicht zu Ende.

Im Evangelium, das wir gleich hören werden, taucht wieder eine bitterarme Witwe auf – es ist nicht dieselbe wie bei Elija, aber sie ist in der gleichen Lage. Sie hat wirklich nicht viel, eigentlich nichts – und dieses „Nichts", diese paar Cent, die sie hat, spendet sie noch in den Opferkasten. Verrückt? Ein bisschen. Jesus ist stark beeindruckt: „Sie hat alles gegeben, was sie besaß". Sie hat sich ganz und ohne Hintergedanken, ohne eigene Sicherheit in die Hände Gottes gegeben.

Das schaffen wir nicht – oder? Ich glaube, es wäre übertrieben, wenn wir nun plötzlich unseren ganzen Lebensunterhalt spenden sollten. Das kann wohl Jesus kaum verlangen. Und es geht ja auch gar nicht um eine bestimmte Summe Bargeld. Es geht um unser Leben und unser Vertrauen auf Gott. Was sind wir denn bereit, für andere und für Gott herzugeben? Was könnte ich denn hergeben und bin oft zu geizig dazu?

Die Geschichte von Elija und der Witwe und die Worte Jesu stellen uns die Frage, wie wir mit dem umgehen, was uns gehört. Kann ich davon auch etwas hergeben oder habe ich ständig Angst, dass mir jemand alles wegnimmt? Wie großzügig bin ich mit meinem Geld, mit den Sachen, die mir gehören? Aber es geht vielleicht nicht nur ums Geld. Zeit ist Geld, sagt man gern, und viele sind mit ihrer Zeit noch geiziger als mit ihrem Geld. Habe ich Zeit für andere, für die Gemeinschaft, in der ich lebe? Die Familie, die Pfarrgemeinde, mein Verein? Kann ich da „Zeit opfern"? Oder ist mir im Zweifelsfall meine Freizeit wichtiger als die Gemeinschaft, die mich braucht?

Beispiele: Kinderchor, Ministranten …

Aus der Geschichte von Elija und der Witwe lernen wir, dass alle reich beschenkt werden, die bereit sind, etwas von sich herzugeben, vielleicht sogar alles, was man hat. Wenn man dazu bereit ist, dann ist auch ein tiefer Glaube und ein großes Vertrauen auf Gott gewachsen. Das ist nicht etwas, was ich heute sofort erreicht habe – das muss über ein Leben lang wachsen und zunehmen. Das Vertrauen darauf, dass Gott mich nicht im Stich lässt, wird immer weiter wachsen, und ich kann immer mehr von mir hergeben – meine Zeit, meinen Besitz, meine Liebe. Schon heute merke ich, dass ich doch eigentlich beschenkt bin, wenn ich Zeit opfere oder anderen mit meinem Besitz etwas Gutes tue. Wer großzügig gibt, wer wirklich etwas von sich hergibt, der wird großzügig empfangen. Und ich bin sicher: Die etwas verrückte Witwe im Evangelium, die alles hergegeben hat, ist von Gott garantiert nicht vergessen worden – sie wird ihren reichen Lohn für ihre Gabe erhalten haben. Hören wir nun das Evangelium.

Evangelium
Mk 12,41–44

Aus dem heiligen Evangelium nach Markus.
Als Jesus einmal dem Opferkasten gegenübersaß, sah er zu, wie die Leute Geld in den Kasten warfen.
Viele Reiche kamen und gaben viel.
[42] Da kam auch eine arme Witwe und warf zwei kleine Münzen hinein.

⁴³ Er rief seine Jünger zu sich und sagte: Amen, ich sage euch: Diese arme Witwe hat mehr in den Opferkasten hineingeworfen als alle andern. ⁴⁴ Denn sie alle haben nur etwas von ihrem Überfluss hergegeben; diese Frau aber, die kaum das Nötigste zum Leben hat, sie hat alles gegeben, was sie besaß, ihren ganzen Lebensunterhalt.

Fürbitten

Gott kennt unsere Bedürfnisse und kommt uns in grenzenloser Liebe entgegen. Zu ihm beten wir voll Vertrauen:

○ Für alle Christen: Wir bitten dich um die Bereitschaft, dass wir uns immer mehr auf dich einlassen und aus dem Vertrauen auf dich Freiheit und Gelassenheit gewinnen. Gott, unser Vater:

Wir bitten dich, erhöre uns.

○ Für alle Menschen, die heute arm und in Not sind: Wir bitten dich, dass sie die Hoffnung nicht aufgeben und dass ihnen geholfen wird.

○ Für uns selbst: Wir bitten dich um den Mut und die Bereitschaft, dass wir uns für eine gute Sache einsetzen und dafür Zeit opfern.

○ Für unsere Verstorbenen und alle, die um einen lieben Menschen trauern: Wir bitten dich um deinen Beistand.

Gott, du hast uns bedingungslos geliebt und deinen Sohn in unsere Welt gesandt, damit wir das Leben haben. Hilf uns, deine Liebe anzunehmen und aus ihr zu leben. Darum bitten wir durch Christus, unseren Bruder und Herrn.

LESEJAHR C

1. ADVENTSSONNTAG C
FRIEDE BEGINNT IM KLEINEN

Jer 33,14–16; Lk 21,25–28.34–36

Material *Blumentopf mit einem kleinen Spross*

Einführung Heute ist der „Erste Advent". Mit diesem Sonntag beginnt die Adventszeit. Diese Zeit bis Weihnachten ist eine Zeit der Vorbereitung und des Wartens. Manche von uns freuen sich auf diese Zeit, andere können es vielleicht gar nicht abwarten, bis endlich Weihnachten ist, und zählen schon, wie oft sie noch schlafen müssen. Warten ist gar nicht so einfach. Es braucht Geduld. Daran erinnert uns auch der Adventskranz. Bis Weihnachten müssen wir noch ein bisschen wachsen ...

Blumentopf mit dem kleinen Spross schon mal zeigen!

Bevor wir darüber heute näher nachdenken, bitten wir gemeinsam Jesus um Verzeihung, wenn wir mal wieder ungeduldig waren.

Kyrie-Rufe Herr Jesus, du hast versprochen, dass du wiederkommst.
Herr Jesus, du wirst uns den Frieden bringen.
Herr Jesus, wir wollen dir im Advent entgegengehen.

Gebet Herr, unser Gott, alles steht in deiner Macht; du gibst uns die Kraft, wenn wir etwas tun. Hilf uns, dass wir auf dem Weg der Gerechtigkeit Christus entgegengehen und uns durch Taten der Liebe auf seine Ankunft vorbereiten. Wir warten voll Sehnsucht auf den Frieden, den Christus bringen wird. Er, der in der Einheit des Heiligen Geistes mit dir lebt und herrscht in alle Ewigkeit.

Hinführung zur Lesung

Geduld braucht es, eine Pflanze wachsen zu lassen: Man sät ein kleines Korn in die Erde, dort bricht das Korn auf, ein kleiner Spross wächst langsam dem Licht entgegen. Solch einen Spross habe ich heute mitgebracht: eine Pflanze, unscheinbar und klein. Der junge Spross schaut gerade aus der Erde heraus. Und doch steckt er voller Leben und wird eine große Pflanze. Von einem solchen Spross hören wir jetzt auch in der Lesung. Sie stammt aus dem Buch des Propheten Jeremia und kommt aus einer Zeit, in der sich die Menschen in Jerusalem und im Land Juda ganz stark nach Gerechtigkeit und Frieden gesehnt haben. Ihnen verspricht Gott, der Herr, einen „gerechten Spross".

Lesung

Jer 33,14–16

Lesung aus dem Buch des Propheten Jeremia.

Seht, es werden Tage kommen – Spruch des Herrn –, da erfülle ich das Heilswort, das ich über das Haus Israel und über das Haus Juda gesprochen habe.

[15] In jenen Tagen und zu jener Zeit werde ich für David einen gerechten Spross aufsprießen lassen. Er wird für Recht und Gerechtigkeit sorgen im Land.

[16] In jenen Tagen wird Juda gerettet werden, Jerusalem kann in Sicherheit wohnen. Man wird ihm den Namen geben: Der Herr ist unsere Gerechtigkeit.

Auslegung

Dieser Spross, von dem in der Lesung die Rede war, ist ein ganz besonderer Spross, eben keine Pflanze. Der Prophet kündet einen Menschen an und bezeichnet ihn als Spross. Vielleicht habt ihr Kinder schon einmal mitbekommen, dass manchmal Eltern ihre Kinder „Sprösslinge" nennen: Das ist mein Sprössling, so sagt vielleicht ein Vater und zeigt dabei auf seinen Sohn. Wenn Erwachsene von ihren Sprösslingen reden, dann meinen sie damit: Unsere Kinder sind noch klein, sie müssen noch wachsen und wir müssen auf sie achtgeben und mit ihnen geduldig sein. Der Prophet Jeremia kündet in der Lesung einen ganz besonderen Spross an; einen, der viel Gutes tun wird. Er ist gerecht und er wird für Recht und Gerechtigkeit sorgen. Er wird die Menschen retten und alle werden in Sicherheit leben können.

Das sind doch gute Nachrichten. Denn die Menschen, zu denen der Prophet spricht, sind verzweifelt und mutlos. Die Einwohner von Jerusalem mussten mit ansehen, wie ihre Stadt zerstört und wie ihre Heimat von einem fremden Volk kriegerisch eingenommen wurde. Selbst der Tempel, das Gotteshaus, wurde nicht verschont und zerstört. Und jetzt haben sie in ihrem eigenen Land, in ihrer Heimat nichts mehr zu sagen. Sie fühlen sich ungerecht behandelt.

Die Worte des Propheten waren damals für die Israeliten ein Hoffnungsschimmer. Sie spüren: Gott hat uns nicht verlassen. Er wird uns helfen und wieder Ordnung schaffen. Ruhe und Frieden werden wieder einkehren und auch der Tempel wird wieder aufgebaut. Er wird für Gerechtigkeit sorgen.

Wir Christen verstehen diese Worte des Propheten Jeremia noch einmal anders. Für uns ist Jesus dieser Spross, der alles zum Guten wenden wird. Er ist der Sohn Gottes – Gottes Spross, und durch ihn werden alle Menschen gerettet. Er wird die Menschen wieder aufrichten. Durch sein Leben und durch seine Taten hat er uns gezeigt, was es heißt, friedvoll und gerecht zu leben. Darin ist Jesus uns ein Vorbild. Und er will uns anspornen, dass auch wir friedlich miteinander umgehen und dass es gerecht bei uns zugeht.

Kehren wir noch einmal zurück zu dem kleinen Spross (die kleine Pflanze). Das Bild vom Spross, der aufsprießt und wächst, will uns deutlich machen: Friede und Gerechtigkeit müssen wachsen und reifen. Wir müssen aufpassen, dass diese zarte Pflanze wächst und gedeiht. Wir dürfen sie nicht beschädigen oder gar zertrampeln. Wir sollen da, wo wir leben, mithelfen, dass Friede und Gerechtigkeit bei uns herrschen. Was können wir dazu beitragen? Das geschieht ganz oft im Kleinen, indem wir z.B. den ersten Schritt tun, um uns nach einem Streit wieder zu vertragen. Oder wir versuchen, zwischen zwei Streithähnen zu schlichten, damit sie sich wieder versöhnen. Oder wir achten jetzt in der Adventszeit einmal ganz bewusst darauf, dass niemand in unserer Klasse oder in unserer Familie zu kurz kommt. Und wir achten mal ganz besonders auf die Stillen und Kleinen und auf die, die sich nicht wehren können. Dann wächst auch der Friede bei uns – wie ein kleiner Spross. Aber aus diesem kleinen Spross kann eine große Pflanze werden, an der sich alle freuen.

Im Evangelium erzählt uns Jesus, wie es sein wird, wenn er als „Menschensohn" am Ende der Zeit wiederkommen wird. Große Dinge werden da passieren. Aber wir sollen keine Angst haben. Wir sollen uns nicht durch die Sorgen des Alltags durcheinander bringen lassen, auch nicht durch den Stress vor Weihnachten.

Vorbereiten sollen wir uns, wachsam sein und beten. Ja, vielleicht sollen wir in diesem Advent besonders wachsam sein, wo bei uns kleine Anzeichen des Friedens und der Gerechtigkeit zu wachsen beginnen – demnächst wird Jesus vielleicht nicht auf einer Wolke vom Himmel kommen, aber er ist uns überall dort nahe, wo wir ihm entgegengehen und unseren Mitmenschen mit Liebe und Frieden begegnen.

Evangelium
Lk 21,25–28

Aus dem heiligen Evangelium nach Lukas.
In jener Zeit sprach Jesus zu seinen Jüngern: Es werden Zeichen sichtbar werden an Sonne, Mond und Sternen, und auf der Erde werden die Völker bestürzt und ratlos sein über das Toben und Donnern des Meeres.
[26] Die Menschen werden vor Angst vergehen in der Erwartung der Dinge, die über die Erde kommen; denn die Kräfte des Himmels werden erschüttert werden.
[27] Dann wird man den Menschensohn mit großer Macht und Herrlichkeit auf einer Wolke kommen sehen.
[28] Wenn (all) das beginnt, dann richtet euch auf, und erhebt eure Häupter; denn eure Erlösung ist nahe.

Lk 21,34–36 Nehmt euch in Acht, dass Rausch und Trunkenheit und die Sorgen des Alltags euch nicht verwirren und dass jener Tag euch nicht plötzlich überrascht, [35] so, wie man in eine Falle gerät; denn er wird über alle Bewohner der ganzen Erde hereinbrechen. [36] Wacht und betet allezeit, damit ihr allem, was geschehen wird, entrinnen und vor den Menschensohn hintreten könnt.

Fürbitten Gott will Gerechtigkeit und Frieden. Ihn bitten wir:

o Für die Mächtigen der Welt: dass sie sich zum Wohl der Menschen einsetzen.

Guter Gott:
Wir bitten dich, erhöre uns.

o Für alle Menschen, die unter Krieg, Gewalt, Hass und Feindschaft zu leiden haben: dass sie Frieden und Versöhnungsbereitschaft erfahren.

o Für alle Menschen, die sich für Frieden und Gerechtigkeit einsetzen, auf der Welt und hier bei uns: dass sie spüren, dass sich ihr Einsatz lohnt.

o Für alle Menschen, die sich bewusst auf Weihnachten vorbereiten: dass sie Zeit und Gelassenheit in diesen Tagen des Advents finden.

Gerechter Gott, wir danken dir für deinen Spross Jesus Christus, der durch sein Leben Frieden und Gerechtigkeit in die Welt gebracht hat. Amen.

3. ADVENTSSONNTAG C
GOTT FREUT SICH ÜBER DICH

Zef 3,14–17; Lk 3,10–18

Einführung Freut ihr euch schon auf Weihnachten? Nicht nur ihr freut euch, auch die Kirche freut sich, denn sie nennt den heutigen Sonntag „Gaudete". Das ist lateinisch und heißt: Freut euch! Freut Ihr euch eigentlich nur wegen der Geschenke? Oder freut ihr euch auch auf jemanden? Oder über jemanden? Und die Kirche – warum soll die sich freuen? Nicht wegen der Geschenke. Wenn wir uns an Weihnachten gegenseitig beschenken, dann drückt das unsere Freude aus – über wen eigentlich? Darüber wollen wir heute nachdenken – und ich habe eine ganz großartige Botschaft für euch.
Am Anfang unseres Gottesdienstes rufen wir zu unserem Herrn Jesus Christus.

Kyrie-Rufe Herr Jesus, du willst auch heute in unseren Herzen ankommen.
Herr Jesus, wir freuen uns, weil du in diese Welt gekommen bist.
Herr Jesus, wir vertrauen dir, dass du immer bei uns bist.

Gebet Allmächtiger Gott, sieh gütig auf dein Volk, das mit gläubigem Verlangen das Fest der Geburt Christi erwartet. Mache unser Herz bereit für das Geschenk der Erlösung, damit Weihnachten für uns alle ein Tag der Freude und der Zuversicht werde. Darum bitten wir durch Jesus Christus.

Hinführung zur Lesung *Dialog*

A Du schaust heute so fröhlich aus. Worüber freust du dich denn so?

B Ich freu mich heute riesig, weil ich eine ganz tolle Botschaft an euch alle auszurichten habe! Ich freue

	mich, euch sagen zu können: Gott freut sich über dich! Ja, wirklich: Gott freut sich über dich, und über mich, über uns alle.
A	Woher weißt du denn das?
B	Das habe ich aus der Bibel. Wir hören gleich ein Stück aus der Schrift des Propheten Zefanja. Der wurde vor langer Zeit zum Volk Israel geschickt, weil die Menschen nicht auf Gott gehört haben: Sie waren ungerecht und lieblos. Daher musste Zefanja die Strafe Gottes ankündigen – und die ist auch eingetreten: Der Tempel in Jerusalem wurde von Feinden zerstört und das Volk in ein fremdes Land verschleppt.
A	Na, das ist aber keine frohe Botschaft! Wo bleibt denn die Freude?
B	Ja, die Geschichte ist noch nicht zu Ende: Gott liebt sein Volk sehr. Daher darf die Zefanjaschrift einen neuen Anfang verkünden: Das Volk wird heimkehren und darf wieder in Frieden leben. Das ist Grund zur Freude, und dazu ruft die heutige Lesung auf: Jerusalem, das auch Zion heißt, wird als „Tochter" direkt angesprochen. Gemeint sind damit die Israeliten – sie sollen sich freuen, weil Gott sich über sie freut.
A	Gott freut sich? Also, jetzt bin ich auf die Lesung gespannt …

Lesung
Zef 3,14–17

Lesung aus dem Buch des Propheten Zefanja.
Juble, Tochter Zion! Jauchze, Israel! Freu dich und frohlocke von ganzem Herzen, Tochter Jerusalem!
[15] Der Herr hat das Urteil gegen dich aufgehoben und deine Feinde zur Umkehr gezwungen. Der König Israels, der Herr, ist in deiner Mitte; du hast kein Unheil mehr zu fürchten.
[16] An jenem Tag wird man zu Jerusalem sagen: Fürchte dich nicht, Zion! Lass die Hände nicht sinken!
[17] Der Herr, dein Gott, ist in deiner Mitte, ein Held, der Rettung bringt. Er freut sich und jubelt über dich, er erneuert seine Liebe zu dir, er jubelt über dich und frohlockt, wie man frohlockt an einem Festtag.

Überleitung zum Evangelium

A   Warum hören wir eigentlich diesen alten Text in der Lesung? Ist das nicht schon lange vorbei?

B   Ja, könnte man meinen. Aber wenn das schon alles erledigt wäre, hätte man es nicht aufgeschrieben und immer wieder vorgelesen. Ich glaube, diese Worte gelten immer: Der Herr, dein Gott, ist in deiner Mitte, ein Held, der Rettung bringt. Er freut sich und jubelt über dich, er erneuert seine Liebe zu dir, er jubelt über dich und frohlockt, wie man frohlockt an einem Festtag.
Das gilt nicht nur damals, als das Volk Israel aus dem fremden Land heimkehrte. Das gilt immer wieder, bis heute. Gott freut sich über dich.

A   Das ist ja wie Weihnachten, so sagen wir, wenn wir uns freuen. Hat das was mit Weihnachten zu tun?

B   Und ob. Gott freut sich so über die Menschen, dass er selbst zu ihnen kommen wollte – als Mensch. Und so kommt an Weihnachten Jesus auf die Welt, Gottes Sohn.

A   Haben davon die Propheten nichts gesagt?

B   Doch, vor allem einer hat diese große Tat Gottes unmittelbar vorher angekündigt: Johannes der Täufer. Alle Leute waren sehr gespannt, was passieren würde. Und sie haben gefragt, wie sie sich vorbereiten können. Was sollen wir tun? Und Johannes der Täufer hat ganz einfache Dinge gesagt, etwas, was wir alle tun können.

A   Und, was ist das?

B   Johannes sprach vom Teilen. Wir wissen doch auch: Geteilte Freude ist doppelte Freude. Das erleben wir doch hoffentlich an Weihnachten, wenn wir uns beschenken. Und wir sollen auch für die etwas übrig haben, die nichts haben. Dann wird wirklich Weihnachten.

Evangelium

Lk 3,10–18

Aus dem heiligen Evangelium nach Lukas.

In jener Zeit fragten die Leute Johannes den Täufer: Was sollen wir also tun?

[11] Er antwortete ihnen: Wer zwei Gewänder hat, der gebe eines davon dem, der keines hat, und wer zu essen hat, der handle ebenso.

[12] Es kamen auch Zöllner zu ihm, um sich taufen zu lassen, und fragten: Meister, was sollen wir tun?

[13] Er sagte zu ihnen: Verlangt nicht mehr, als festgesetzt ist.

[14] Auch Soldaten fragten ihn: Was sollen denn wir tun? Und er sagte zu ihnen: Misshandelt niemand, erpresst niemand, begnügt euch mit eurem Sold!

[15] Das Volk war voll Erwartung und alle überlegten im Stillen, ob Johannes nicht vielleicht selbst der Messias sei.

[16] Doch Johannes gab ihnen allen zur Antwort: Ich taufe euch nur mit Wasser. Es kommt aber einer, der stärker ist als ich, und ich bin es nicht wert, ihm die Schuhe aufzuschnüren. Er wird euch mit dem Heiligen Geist und mit Feuer taufen.

[17] Schon hält er die Schaufel in der Hand, um die Spreu vom Weizen zu trennen und den Weizen in seine Scheune zu bringen; die Spreu aber wird er in nie erlöschendem Feuer verbrennen.

[18] Mit diesen und vielen anderen Worten ermahnte er das Volk in seiner Predigt.

Fürbitten

Der gute Gott freut sich über die Menschen und will immer bei uns sein. Daher bringen wir voller Vertrauen unsere Bitten zu ihm:

○ Wir beten für die Kirche: Stärke ihre Hoffnung darauf, dass du wiederkommen und für Gerechtigkeit sorgen wirst.

Gott, unser Vater: Wir bitten dich, erhöre uns.

○ Wir bitten für die Völker der Erde, besonders für Israel und Palästina: Zeige ihnen allen Wege für ein friedliches Miteinander.

223

○ Wir beten für uns: Hilf uns, dass wir uns gut auf das Weihnachtsfest vorbereiten und deine Nähe spüren können.

○ Wir beten für unsere Verstorbenen: Nimm sie auf in deine ewige Freude und tröste alle Trauernden bei uns und überall auf der Welt.

Gott, du bist der Vater unseres Herrn Jesus Christus. Du bist treu und hältst deine Versprechen. Du hörst uns, wenn wir zu dir rufen. Wir danken dir für deine Liebe, die du uns im Geheimnis des Weihnachtsfestes zeigst. Dich loben wir jetzt und in alle Ewigkeit.

4. ADVENTSSONNTAG C
GOTTES GRÖSSTES GESCHENK

Mi 5,1–4a; Lk 1,39–45

Einführung   Könnt ihr das „Gegrüßet seist du, Maria" sprechen? Habt ihr, liebe Schulkinder, dieses Gebet schon gelernt? So mancher Satz daraus ist ja gar nicht so einfach zu verstehen, z. B. der mit „und gebenedeit sei die Frucht deines Leibes". Heute hören wir im Evangelium davon, wer diesen Satz zu Maria gesagt hat. Es war Marias Verwandte Elisabet, die von Maria besucht wurde. Maria war schwanger mit dem Jesus-Kind – und die „Frucht deines Leibes" ist das Jesuskind im Bauch der Maria. Wann wurde das Jesuskind dann geboren? An Weihnachten. Darauf warten wir ja. Aber worauf warten wir an Weihnachten? (–) Auf die Geschenke. So. Und warum schenken sich die Leute an Weihnachten gegenseitig etwas? (–) Fragen über Fragen. Und wenn ich jetzt noch sage, dass das alles etwas mit Betlehem zu tun hat, dann kennt ihr euch gar nicht mehr aus. Ich verspreche euch aber, dass wir miteinander herausfinden, worauf wir an Weihnachten warten und warum wir uns gegenseitig beschenken. Vorher aber wollen wir uns besinnen und an diesem letzten, dem vierten Adventssonntag Jesus um seine Nähe anrufen.

Kyrie-Rufe   Herr Jesus, du bist den Menschen ganz nahe gekommen.
Herr Jesus, du bist in Betlehem geboren.
Herr Jesus, du bist das größte Geschenk Gottes an uns Menschen.

Gebet   Großer und guter Gott, mache unsere Herzen weit für dein großes Geschenk. Die Engel haben uns davon erzählt, dass dein Sohn, Jesus Christus, unter uns Mensch geworden und in Betlehem geboren ist.

Hilf uns, dass wir den Weg mit Jesus zum ewigen Leben bei dir gehen. Darum bitten wir durch ihn, Jesus Christus.

Hinführung zur Lesung

Die heutige Stadt Betlehem liegt nicht im Staat Israel, sondern im palästinensischen Autonomiegebiet. Als Tourist kann man leicht mit dem Bus von Jerusalem aus dorthin fahren. Für die Menschen dort in Betlehem, insbesondere diejenigen von den Palästinensern, die Christen sind, ist das Leben im Alltag nicht leicht. Es gibt viel Hass und Streit an diesem Ort, viele Soldaten, oftmals großes Durcheinander und eine riesige, hässliche Mauer, die die Stadt fast einschließt – ein wenig weihnachtlicher Ort, dieses Betlehem heute. Die Menschen sehnen sich nach Frieden und Sicherheit. Das haben die Menschen in Betlehem heute mit den Leuten gemeinsam, denen vor 2500 Jahren ein Prophet eine Botschaft der Hoffnung gesagt hat. So wenig ändern sich die Zeiten! Dieser Prophet – man hat seine Worte im Buch des Propheten Micha aufgeschrieben – berichtet, dass Gott ihm mitgeteilt hat, wo der Retter geboren wird, der dem Volk Frieden und Sicherheit bringen wird. In Betlehem in Juda wird der neue, gute Hirte geboren. Das ist kein Wunder, denn aus Betlehem stammte schon der König David. Doch Davids Nachfahren, die Könige, haben – bis auf wenige Ausnahmen – vieles falsch gemacht, so dass es dem Volk sehr schlecht erging. So hofft man nun auf einen neuen David, einen Herrscher, der als guter Hirte Frieden und Sicherheit bringt. In Betlehem soll er zur Welt kommen.

Lesung

Mi 5,1–4a

Lesung aus dem Buch des Propheten Micha.
So spricht der Herr: Du, Bétlehem-Éfrata, so klein unter den Gauen Judas, aus dir wird mir einer hervorgehen, der über Israel herrschen soll. Sein Ursprung liegt in ferner Vorzeit, in längst vergangenen Tagen.

² Darum gibt der Herr sie preis, bis die Gebärende einen Sohn geboren hat. Dann wird der Rest seiner Brüder heimkehren zu den Söhnen Israels.

³ Er wird auftreten und ihr Hirt sein in der Kraft des Herrn, im hohen Namen des Herrn, seines Gottes. Sie werden in Sicherheit leben; denn nun reicht seine Macht bis an die Grenzen der Erde.

⁴ Und er wird der Friede sein.

Auslegung

Für uns Christen ist an dieser Stelle von Jesus die Rede. Wir glauben, dass dieser gute Hirt, der Sicherheit und Frieden bringt, Jesus ist. Deswegen ist Jesus auch in Betlehem geboren. Jesus ist nicht wie ein Ritter in goldener Rüstung vom Himmel heruntergekommen, sondern ist als Mensch von einer Frau, von Maria, geboren worden. Das feiern wir an Weihnachten, und das ist auch der Grund dafür, warum überall in unseren Häusern und Schaufenstern, auf Weihnachtskarten und sogar im Playmobil-Sortiment Krippendarstellungen zu finden sind: Gott ist Mensch geworden, ist auf die Erde gekommen – in einem kleinen Kind in der Krippe, in Betlehem. In Betlehem steht eine große Kirche, die Geburtskirche – aber sie hat eine ganz kleine Tür. Erwachsene müssen sich bücken, wenn sie in die Kirche hineingehen wollen. Das erinnert uns daran, dass Gott als kleines Kind auf die Welt gekommen ist. Dieses kleine Kind ist zugleich aber auch das größte Geschenk, das uns Gott je hätte machen können. – Was kriegt ihr an Weihnachten? Wisst ihr noch nicht? (–) Die größten Geschenke von meinen Eltern habe ich immer an Weihnachten bekommen. Einen teuren Computer. Eine elektrische Eisenbahn. Nur an Weihnachten kommen die dicken Spielzeugkataloge mit den teuren Sachen drin ins Haus. Und was schenken sich Millionäre? Einen Ring, der 15.000 Euro kostet. Oder einen neuen Porsche. In bunten Illustrierten stehen solche Sachen. Wisst ihr was? Das ist alles Plunder und Pipifax im Vergleich zu dem größten Geschenk, das je auf Erden gemacht wurde:

Gott hat uns Menschen seinen Sohn Jesus geschenkt, und der ist in Betlehem auf die Welt gekommen. Ein größeres Geschenk gibt es nicht. Jetzt wisst ihr auch, warum man sich an Weihnachten gegenseitig beschenkt: Die Menschen machen Gott nach und beschenken einander, wie Gott uns alle in Jesus Christus beschenkt hat. Viele wissen das nicht mehr und meinen, sie würden selbst das teuerste und beste Geschenk präsentieren. Nein, nein, das größte und beste Geschenk ist das Kind in der Krippe von Betlehem, Jesus. Er ist der Friede.

Wir haben am Anfang noch eine Frage gestellt: Worauf warten wir an Weihnachten? (–)

Aufs Christkind. Aber das Christkind ist kein Rauschgoldengel mit Lockenhaar, der Lebkuchen austeilt. Das „Christkindl" und all das Drumherum an Weihnachten sollen uns daran erinnern, dass wir noch auf jemanden warten. Auf wen? Auf den Retter, der den Frieden bringt. Ich habe doch am Anfang erzählt, dass die Lage in Betlehem heute immer noch schlimm ist, dass da Unfriede herrscht, eine Mauer die Menschen einsperrt, Soldaten patrouillieren. Die Menschen dort, und wir mit ihnen warten noch immer auf den Frieden! Gott hat uns zwar sein größtes Geschenk schon gegeben, indem sein Sohn Jesus Christus Mensch geworden ist – und mit ihm hat das Reich Gottes schon begonnen. Aber es ist noch längst nicht fertig. Jesus hat seinen Freunden, den Jüngern und Aposteln, versprochen, dass er wiederkommen wird – und darauf warten wir noch immer. Wir warten immer – und besonders an Weihnachten – darauf, dass Gott endgültig den Frieden bringt. Das haben wir mit den Menschen jüdischen Glaubens gemeinsam, die ja auch die Verheißung aus dem Buch Micha lesen und hoffen, dass da einst aus Betlehem der gute Hirt kommen wird, der der Friede ist. So warten die Juden auf den Retter und wir Christen warten auf Jesus, der als Retter wiederkommen wird. Und ich, ich ginge zu Fuß von hier nach Betlehem, wenn ich damit Gott dazu bewegen könnte, dass Jesus wiederkommt. Aber das wird nicht funktionieren. Vielleicht können wir aber ein wenig „Betlehem" in unseren Herzen haben – lassen wir Jesus bei uns einkehren, und mit ihm den Frieden. Und wenn schon die Politiker die Mauern in Betlehem bei Jerusalem nicht einreißen können oder wollen, so reißen wir doch die Mauern aus Gehässigkeit und schlechter Laune nieder. Werden wir „Betlehem", also der Ort, wo der Friede zur Welt kommt. Noch ist ein wenig Zeit bis Weihnachten, noch ist es Zeit, friedlicher, freundlicher miteinander umzugehen. Vielleicht kommt dann wirklich das Christkind in unsere Herzen – an Weihnachten

Evangelium
Lk 1,39–45

Aus dem heiligen Evangelium nach Lukas.
In jenen Tagen machte sich Maria auf den Weg und eilte in eine Stadt im Bergland von Judäa. [40] Sie ging in das Haus des Zacharias und begrüßte Elisabet. [41] Als Elisabet den Gruß Marias hörte, hüpfte das Kind in ihrem Leib. Da wurde Elisabet vom Heiligen Geist erfüllt [42] und rief mit lauter Stimme: Gesegnet bist du mehr als alle anderen Frauen und gesegnet ist die Frucht deines Leibes. [43] Wer bin ich, dass die Mutter meines Herrn zu mir kommt? [44] In dem Augenblick, als ich deinen Gruß hörte, hüpfte das Kind vor Freude in meinem Leib. [45] Selig ist die, die geglaubt hat, dass sich erfüllt, was der Herr ihr sagen ließ.

Fürbitten

Unseren Herrn Jesus Christus, in dem Gott zu uns gekommen ist, wollen wir bitten.

○ Herr, bringe uns deinen Frieden; bringe Frieden und Versöhnung ins Heilige Land, nach Israel und Palästina.

Wir bitten dich, erhöre uns.

- Herr, bringe deinen Frieden in unsere Herzen, damit wir an Weihnachten erfahren, wie schön es ist, wenn sich alle lieb haben.

- Herr, stärke in uns die Hoffnung und den Glauben, dass du uns immer nahe bist und auch eines Tages die Welt für immer gut machen wirst.

- Herr, nimm unsere lieben Verstorbenen, die an dich geglaubt und gebetet haben, bei dir auf – und tröste alle, die in diesen Tagen trauern.

Großer und guter Gott, so vieles haben wir auf dem Herzen – du wirst uns nicht vergessen. Dafür danken wir dir und preisen dich durch Christus, unseren Herrn.

JESUS, DAS LICHT DES LEBENS

Jes 60,1–5.19–20; Joh 8,12

Material *Eine große Taschenlampe*

Einführung Jesus ist das Licht der Welt – wer zu Jesus gehört, ist nicht allein, ist nicht in der Finsternis, braucht keine Angst zu haben. Heute erleben die Kommunionkinder in besonderer Weise die Nähe von Jesus: Im heiligen Brot kommt Jesus den Kindern und uns allen ganz nahe.
Liebe Kinder, das ist euer großer Tag – lange habt ihr euch vorbereitet und darauf gefreut. Von heute an könnt ihr euch immer in besonderer Weise stärken, wenn ihr am Sonntag (oder auch unter der Woche) zur Kommunion geht: Jesus ist in eurem Herzen, Jesus ist euer Freund und Begleiter. Eigentlich kann jetzt nichts mehr wirklich schief gehen.
Aber unser Glaube ist keine Garantie dafür, dass immer alles ganz glatt läuft. Manchmal geht einiges daneben. Gerade dann dürfen wir zu Jesus kommen: Wir dürfen bei ihm unsere kleinen und großen Fehler und Sünden abladen. So machen wir das am Beginn jeder Heiligen Messe.

Kyrie-Rufe Manchmal ist es stockdunkel. Dann bekomme ich schon mal Angst. Dann bräuchte ich einen Spaltbreit Licht durch die Tür. – Herr Jesus, du bist das Licht der Welt. Herr, erbarme dich.
Manchmal wird es neblig. Nicht nur auf den Straßen, sondern auch sonst blicke ich manchmal nicht mehr durch. Dann brauche ich eine Leuchte, an der ich mich orientieren kann. – Herr Jesus, wer an dich glaubt, wird nicht im Finstern sein. Christus, erbarme dich.
Manchmal setzt der Sturm ein. Dann heult der Wind schaurig ums Haus. Auch mein Leben wird manch-

mal durcheinandergewirbelt. – Herr Jesus, du sagst mir: Hab keine Angst, ich bin bei dir. Herr, erbarme dich.

Gebet Guter Gott, hier sind wir mit all unserer Festtagsfreude, mit vielen Gästen und mit unserer Gemeinde. Dein Tag ist heute – du beschenkst uns mit deinem Wort und mit der Nähe deines Sohnes Jesus im heiligen Brot. Es ist der Tag, an dem wir spüren: Ja, du bist da mit deiner ganzen Liebe. Dir wollen wir unser Herz öffnen, der du uns nahe bist, jetzt und alle Tage unseres Lebens und in Ewigkeit.

Hinführung zur Lesung

Eine große Taschenlampe zeigen
So eine Taschenlampe ist wichtig. Die kann man gut brauchen, z. B. wenn der Strom ausfällt. Die Kinder spielen auch gerne damit. Dann muss ich darauf achten, dass die Batterien oder Akkus hinterher nicht leer sind. Sonst ist es irgendwann dunkel, und die Taschenlampe geht auch nicht. Das wäre blöd.
Wir Menschen brauchen Licht. Das merken wir vor allem dann, wenn der Strom ausfällt. Oder wenn man in einem Schiff auf hoher See ist und im Sturm den sicheren Hafen sucht – dann ist ein Leuchtturm ein lebensrettendes Signal.
Wir können das auf unser Leben übertragen: Wie oft haben wir es nötig, dass uns ein Licht aufgeht! Wie oft haben wir Angst und meinen, dass alles um uns dunkel wird und neblig. Wie soll ich mich jetzt entscheiden? Was ist mein nächster Schritt? Die Erwachsenen, die schon länger auf der Welt sind und sicher einiges mitgemacht haben, kennen wohl solche dunklen Momente.
Auch das Volk Gottes in der Bibel, im Alten Testament, kennt diese Art von Finsternis – wenn nichts mehr weitergeht, wenn es keinen Ausweg mehr gibt. Und gerade in diesen ganz dunklen Stunden setzen die Menschen der Bibel ihre Hoffnung voll auf Gott. Gott wird kommen und Licht ins Dunkel bringen. Im Buch

des Propheten Jesaja finden wir eine Stelle, in der die Hoffnung und die Freude geradezu überschäumen: Ja, Gott ist unser Licht, Gott wird kommen und dann wird alles gut werden.

Lesung
Jes 60,1–5

Lesung aus dem Buch Jesaja.
Auf, werde Licht, denn es kommt dein Licht und die Herrlichkeit des Herrn geht leuchtend auf über dir.
[2] Denn siehe, Finsternis bedeckt die Erde und Dunkel die Völker, doch über dir geht leuchtend der Herr auf, seine Herrlichkeit erscheint über dir.
[3] Völker wandern zu deinem Licht und Könige zu deinem strahlenden Glanz.
[4] Blick auf und schau umher: Sie alle versammeln sich und kommen zu dir. Deine Söhne kommen von fern, deine Töchter trägt man auf den Armen herbei.
[5] Du wirst es sehen und du wirst strahlen, dein Herz bebt vor Freude und öffnet sich weit. Denn der Reichtum des Meeres strömt dir zu, die Schätze der Völker kommen zu dir. […]

Jes 60,19–20

Bei Tag wird nicht mehr die Sonne dein Licht sein, und um die Nacht zu erhellen, scheint dir nicht mehr der Mond, sondern der Herr ist dein ewiges Licht, dein Gott dein strahlender Glanz.
[20] Deine Sonne geht nicht mehr unter und dein Mond nimmt nicht mehr ab; denn der Herr ist dein ewiges Licht, zu Ende sind deine Tage der Trauer.

Auslegung

In diesem Text aus dem Alten Testament bricht eine große Hoffnung auf: Es wird überhaupt keine Nacht mehr geben, keine Dunkelheit, keine Finsternis, keine Angst.
Gott wird kommen, er wird als ewiges Licht leuchten, es wird keine Trauer mehr geben.
An die Worte aus dem Alten Testament, an die große Hoffnung auf Gott, der Licht ins Dunkel dieser Welt und dieses Lebens bringen wird, knüpft Jesus an: Jesus sagt von sich: Ich bin das Licht der Welt – ich bin das Licht des Lebens.
Das hören wir gleich im Evangelium.

Das heißt auch, dass ein Stück von der großen Hoffnung auf das wahre Licht bereits in Erfüllung geht, wenn wir zu Jesus kommen. Wir leben nicht im Finstern, wir brauchen keine Angst vor dem Leben zu haben, denn wir haben Jesus, unser Leuchtfeuer.

Dazu müssen wir Blickkontakt mit Jesus halten: Immer wieder müssen wir auf Jesu Worte hören. Dazu kommen wir in den Sonntagsgottesdienst, dafür gibt es Religionsunterricht, darüber können Kinder und Eltern reden. „Kommunion" heißt ja: Gemeinschaft – gemeint ist die Gemeinschaft mit Jesus und untereinander. Diese Gemeinschaft halten wir, wenn wir am Leben der Pfarrgemeinde teilnehmen, wenn wir uns einbringen: die Erwachsenen in den verschiedenen Aktivitäten der Pfarrei – ihr Kinder als Ministrantinnen und Ministranten, im Kinder- und Jugendchor, in den Jugendgruppen. So werden wir alle im Miteinander erleben, wie uns der gemeinsame Glaube an Jesus verbindet und Jesus als Licht unseres Lebens unser ständiger Begleiter ist. Und selbst wenn alle Menschen mich verlassen, weiß ich doch, dass Jesus immer zu mir hält. Mein Lieblingslied ist der schöne Satz von Papst Benedikt: Wer glaubt, ist nie allein. Du, Herr, wirst mit uns sein – als Licht und Kraft unseres Lebens. Das immer mehr zu erfahren und zu verstehen, wünschen wir heute unseren Erstkommunionkindern.

Evangelium
Joh 8,12

Aus dem heiligen Evangelium nach Johannes.
Als Jesus ein andermal zu ihnen redete, sagte er: Ich bin das Licht der Welt. Wer mir nachfolgt, wird nicht in der Finsternis umhergehen, sondern wird das Licht des Lebens haben.

Fürbitten Unser Gott will durch seinen Sohn die Welt erhellen und heilen. Wir rufen zu ihm:

○ Es gibt noch so viel Traurigkeit in der Welt. Herr, lass deine Gute Nachricht die Herzen der Menschen wieder froh machen.

Wir bitten dich, erhöre uns.

○ Es gibt so viel Nebel in der Welt. Lass alle Kommunionkinder in den vielen Angeboten der Welt deine Lichtsignale nicht aus den Augen verlieren

○ Es gibt so viele Stürme in der Welt. Lass dein Leuchtfeuer stärker sein als alle Bedrohungen.

○ Es gibt noch so viel Dunkelheit in der Welt. Lass alle neuen Mut schöpfen, die hungern und leiden, die krank und unerwünscht sind.

Guter Gott, das erbitten wir durch den, der uns grünes Licht zeigt zum ewigen Fest in deinem Hafen, durch Christus, unseren Herrn.

JESUS IST MIT UNS IM BOOT

Lesung nach Psalm 42; Lk 8,22–25

Material *ein Stapel A4-Blätter*

Einführung Zu unserem Erstkommuniongottesdienst heißen wir die Kinder, ihre Eltern, Verwandten und Freunde herzlich willkommen. Die Erstkommunionkinder sind in diesem Jahr „mit Jesus im Boot" – das ist ein Bild dafür, dass Jesus bei uns ist und wir keine Angst haben müssen. Heute erleben die Kommunionkinder in besonderer Weise die Nähe von Jesus: Im heiligen Brot kommt Jesus den Kindern und uns allen ganz nahe.
Liebe Kinder, das ist euer großer Tag – lange habt ihr euch vorbereitet und darauf gefreut. Von heute an könnt ihr euch immer in besonderer Weise stärken, wenn ihr zur Kommunion geht: Jesus ist in eurem Herzen, Jesus ist euer Freund und Begleiter. Mit Jesus im Boot wird die Fahrt des Lebens gelingen. Aber unser Glaube garantiert nicht, dass immer alles glatt läuft. Manchmal geht etwas daneben. Gerade dann dürfen wir zu Jesus kommen: Wir bringen ihm unsere kleinen und großen Fehler und Sünden. So machen wir das am Beginn jeder Heiligen Messe.

Bußakt (Kyrie-Rufe)
Manchmal gibt's viel Stress bei uns. Dann weiß ich vor lauter Hektik weder ein noch aus. Da brauche ich jemanden, der mich beruhigt. – Herr, erbarme dich.
Manchmal stürmt viel auf mich ein. Alle wollen etwas von mir. Da brauche ich jemanden, der einfach nur da ist. – Christus, erbarme dich.
Manchmal fällt es schwer, an Gott zu glauben. Ich weiß nicht immer, ob Gott da ist. Da brauche ich ein Zeichen, das mir weiterhilft. – Herr, erbarme dich.

Gebet Guter Gott, hier sind wir mit all unserer Festtagsfreude, mit vielen Gästen und mit unserer Gemeinde. Dein Tag ist heute – du beschenkst uns mit deinem Wort und mit der Nähe deines Sohnes Jesus im heiligen Brot. Es ist der Tag, an dem wir spüren: Ja, du bist da mit deiner ganzen Liebe. Dir wollen wir unser Herz öffnen, der du uns nahe bist, jetzt und alle Tage unseres Lebens und in Ewigkeit.

Hinführung zur Lesung

Der/die Prediger/in spricht in „Werbemanier":

Liebe Eltern,
haben Sie schon das „Rundum-Sorglos"-Versicherungspaket für Ihre Kinder abgeschlossen? Wenn nicht, habe ich hier einen kleinen Vertrag, und gegen eine geringe Gebühr werden Sie alle Sorgen um ihre Kinder mit einem Schlag los. Und die Sorgen der Kinder nehmen wir gleich mit auf. Alles bestens, alles sorgenfrei – ein Leben lang. Sie müssen nur hier, hier und hier unterschreiben.

Der/die Prediger/in hat einen Stapel A4-Blätter dabei und wedelt damit herum.

So, jetzt mal im Ernst, liebe Eltern, liebe Erstkommunionkinder: Würdet Ihr mir glauben, dass irgendeine Versicherung oder überhaupt irgendwer ein sorgenfreies Leben versprechen kann? Manche Leute fallen auf so etwas herein. Damit wir uns gleich recht verstehen: Die Erstkommunion, die wir heute feiern, ist keine „Lebensversicherung" gegen Probleme und Sorgen; die Bibel verspricht uns kein sorgenfreies Leben. Hier finden wir viele Geschichten und Gebete von Menschen, denen es schlecht geht und die sich nach Gott sehnen. Ein solches Gebet hören wir jetzt als Lesung: den Psalm 42. Der Mensch, der hier betet, denkt daran, wie er früher im Haus Gottes gefeiert und gejubelt hat – und daraus schöpft er Hoffnung in seiner Mutlosigkeit.

Lesung

Psalm 42,1–8 Lesung aus Psalm 42.
Wie ein Hirsch nach frischem Wasser lechzt, so sehne ich mich nach dir, mein Gott!
³ Ich dürste nach Gott, nach dem lebendigen Gott. Wann darf ich zu ihm kommen, wann darf ich ihn sehen?
⁴ Tränen sind meine Nahrung bei Tag und Nacht, weil man mich ständig fragt: „Wo bleibt er denn, dein Gott?"
⁵ Wenn ich an früher denke, geht das Herz mir über: Da zog ich mit der großen Schar zum Hause Gottes, da konnte ich jubeln und danken in der feiernden Menge.
⁶ Warum bin ich so mutlos? Muss ich denn verzweifeln? Auf Gott will ich hoffen! Ich weiß, ich werde ihm noch danken, ihm, meinem Gott, der mir hilft.
⁷ Ich weiß nicht mehr aus noch ein! Darum gehen meine Gedanken zu Gott.
⁸ Rings um mich tost es und braust es: Welle auf Welle rollt über mich hin.

Psalm 42,10.12 Ich sage zu Gott, meinem Beschützer: Warum hast du mich vergessen?
¹² Warum bin ich so mutlos? Muss ich denn verzweifeln? Auf Gott will ich hoffen! Ich weiß, ich werde ihm noch danken, ihm, meinem Gott, der mir hilft.

Überleitung zum Evangelium

Dieser Psalm ist von einem Menschen, der große Sorgen hat, der nicht mehr ein noch aus weiß. Er fühlt sich wie in einem Boot auf hoher See in tobendem Sturm: die Wellen schlagen schon ins Boot herein. „Hast du mich vergessen?", schreit dieser Mensch. Und dann schöpft er doch wieder Hoffnung: „Auf Gott will ich hoffen!" Da hat einer trotzdem Glauben! Das wünsche ich unseren Erstkommunionkindern, das wünsche ich euch: dass ihr die Hoffnung nie verliert, dass ihr dem Leben immer traut. Dass ihr nicht verzweifelt, sondern immer auf Gott baut.
Einfach ist es nicht, immer wieder Hoffnung zu schöpfen. Nicht einmal den Freunden von Jesus,

den Jüngern, ist das immer gelungen. Wir hören gleich die Geschichte vom großen Sturm, in den die Jünger mit Jesus im Boot geraten. Jesus schläft aber. Die Wellen werden immer höher, der Wind peitscht, Wasser dringt ins Boot – werden die Jünger verzweifeln?

Evangelium
Lk 8,22–25

Aus dem heiligen Evangelium nach Lukas.

Eines Tages stieg Jesus mit seinen Jüngern in ein Boot und sagte zu ihnen: Wir wollen ans andere Ufer des Sees hinüberfahren. Und sie fuhren ab.
²³ Während der Fahrt aber schlief er ein. Plötzlich brach über dem See ein Wirbelsturm los; das Wasser schlug in das Boot und sie gerieten in große Gefahr.
²⁴ Da traten sie zu ihm und weckten ihn; sie riefen: Meister, Meister, wir gehen zugrunde! Er stand auf, drohte dem Wind und den Wellen, und sie legten sich und es trat Stille ein.
²⁵ Dann sagte er zu den Jüngern: Wo ist euer Glaube? Sie aber fragten einander voll Schrecken und Staunen: Was ist das für ein Mensch, dass sogar die Winde und das Wasser seinem Befehl gehorchen?

Auslegung

Jesus ist mit den Jüngern im Boot, und doch haben sie Angst. Ihr Glaube muss noch wachsen. Sie fragen sich: Was ist das für ein Mensch? Nach Ostern wissen sie es: Jesus ist Gottes Sohn, der gestorben und auferstanden ist – jetzt haben sie Glauben und Mut und erzählen allen davon.

Auch wir haben Ostern gefeiert, auch wir glauben an Jesus, der von den Toten auferstanden ist. Jesus lebt! Wenn wir jetzt die Heilige Messe feiern, ist Jesus im Zeichen von Brot und Wein wirklich da – und ihr Kommunionkinder dürft zum ersten Mal das heilige Brot empfangen.

Jesus ist auch mit uns im Boot – dieses Bild soll euch zeigen, dass euch Jesus auf euren Lebenswegen begleitet. In allen Sorgen und Problemen, bei aller Angst und „hohen Wellen" dürft ihr eure Hoffnung auf Jesus setzen.

Die große Kirchenlehrerin Theresia von Ávila hat gesagt: „Nada te turbe, nada te espante; quien a Dios tiene nada le falta. Solo Dios basta." Auf Deutsch: Lass dich nicht ängstigen, lass dich nicht quälen. Wer sich an Gott hält, dem wird nichts fehlen. Gott allein genügt.

Fürbitten Unser Gott will durch seinen Sohn Jesus die Welt heilen. Wir rufen zu Gott:

o Es gibt noch so viel Traurigkeit in der Welt. Guter Gott, lass deine Gute Nachricht die Herzen der Menschen wieder froh machen.

Wir bitten dich, erhöre uns.

o Es gibt viel Hektik in unserem Leben. Lass die Kommunionkinder bei aller Betriebsamkeit dich als die Hauptsache nicht vergessen.

o Es gibt viele Stürme in unserem Leben. Lass uns erfahren, dass Jesus mit im Boot ist.

o Es gibt so viel Dunkelheit in der Welt. Lass alle neuen Mut schöpfen, die hungern und leiden, die krank und unerwünscht sind.

Das erbitten wir durch den, der mit uns im Boot ist und uns zum ewigen Fest bei Gott führen will: Jesus Christus, unser Herr.

KEINER KANN UNS DER GUTEN HAND GOTTES ENTREISSEN

Röm 8,35–39; Joh 10,27–30

Material   *eine Marionette*

Einführung   Seid ihr heute gerne zum Gottesdienst gekommen? Es gibt doch so vieles, was uns abhält: Vielleicht kommt schon im Fernsehen was Tolles, vielleicht müssten wir zum Sport oder Training. Oder vielleicht ist da ein Freund, eine Freundin, die uns belächeln, weil wir in die Kirche gehen. Sie finden es wichtiger, zusammen zu spielen, als zum Gottesdienst zu gehen. Es gibt so viele Dinge, die sich in unser Leben drängen und die behaupten, wichtiger als Gott, Jesus und die Gemeinschaft in der Kirche zu sein. Lassen wir uns nicht verrückt machen: Jetzt sind wir da, und das ist gut so. Wir brauchen diese Gemeinschaft und wir brauchen das Wort Gottes – immer wieder müssen wir uns sagen lassen, dass Gott uns liebt. Nichts kann uns von dieser Liebe trennen. Es tut gut, das zu hören. Besinnen wir uns am Anfang auf die vergangene Woche: Was war da nicht in Ordnung? Geben wir alles, was uns belastet, in die liebende Hand des Herrn.

Kyrie-Rufe   Herr Jesus Christus, du bist der gute Hirt.
Herr Jesus, du rufst uns, dass wir auf dich vertrauen sollen.
Herr Jesus, deine schützende Hand ist uns nicht fern.

Gebet   Großer und guter Gott, in deinem Sohn Jesus Christus bist du uns ganz nahe gekommen. Jesus ist der Gute Hirte, dem wir vertrauen wollen. Enttäusche uns nicht, leite uns in unserem Leben, damit wir immer wieder deine helfende Hand spüren. Darum bitten wir durch Jesus Christus.

Hinführung zur Lesung

Zeigen der Hand

Eine Hand ist mehr als nur eine Hand. Das Wort Hand steht in unserer Sprache für viele Dinge. Die Kinder haben einige Beispiele gesammelt:
Wenn ich älter werde, habe ich mehr Selbstvertrauen und Mut. Ich nehme mein Leben selbst in die Hand.
Wenn ich mich in der Schule für ein Wahlfach entscheiden muss, reden meine Eltern mir nicht rein. Ich habe da freie Hand.
Manchmal komme ich mir wie ein Pferd vor: Meine Mutter sagt, bei mir muss man die Zügel fest in der Hand haben.
Unser Lehrer ist wie ein Kapitän: Er hat das Steuer im Griff, er hat die Klasse fest in der Hand.
Wenn man etwas Wichtiges gemeinsam erreichen will, muss einer die Fäden in die Hand nehmen.
Wir merken an diesen Redensarten, dass die Hand oft für „Macht" und „Einfluss" steht. Das kann manchmal auch sehr unangenehm sein:
Manchmal fühle ich mich einsam, weil niemand da ist, der mir die Hand reicht.
Wenn es in der Schule hart auf hart geht, bräuchte ich jemanden, der seine schützende Hand über mich hält.
Mein Banknachbar hat gemerkt, dass ich die Hausaufgabe nicht habe – hoffentlich verpetzt er mich nicht. Jetzt hat er mich in der Hand.

Zeigen der Marionette

Wenn ich einen Menschen in der Hand habe, kann ich mit ihm machen, was ich will. „Hand" bedeutet „Macht". Ich möchte nicht, dass mich ein anderer Mensch in der Hand hat, ich möchte keinem Menschen in die Hände fallen – wer weiß, was der mit mir macht.

Marionette weg!

Aber manchmal bräuchte ich doch eine starke und
schützende Hand. Wem kann ich vertrauen? Wer
nimmt mich an der Hand? Die Bibel spricht auch
manchmal von der Hand Gottes und betont damit Gottes Macht. Die ganze Erde hat Gott geschaffen, alles
hat Gottes Hand gemacht. Wir lesen bei Jesaja:

So spricht der Herr: Der Himmel ist mein Thron
und die Erde der Schemel für meine Füße. ... all das
hat meine Hand gemacht; es gehört mir ja schon –
Spruch des Herrn. (Jes 66,1–2)

Nicht nur die Erde, sondern auch die Menschen und
Gottes geliebtes Volk sind in Gottes Hände eingeschrieben. Kinder schreiben oft das, was ihnen gerade wichtig ist, in die Hände – so hat Gott seine geliebten Menschen in seine Hände geschrieben. Noch
einmal lesen wir bei Jesaja:

Kann denn eine Frau ihr Kindlein vergessen, eine
Mutter ihren leiblichen Sohn? Und selbst wenn sie
ihn vergessen würde: ich vergesse dich nicht. Sieh
her: Ich habe dich eingezeichnet in meine Hände,
dich habe ich immer vor Augen. (Jes 49,15–16)

Es gibt ein schönes Lied, das singt davon, dass Gott
alles in seiner Hand hat: He's got the whole world in
his hand. Wir singen es auf Deutsch:

Lied

Er hat die ganze Welt in seiner Hand.

Man kann es immer wieder mal erleben, dass Menschen einen fallen lassen. Schon die jungen Kinder
unter uns haben ihre Enttäuschungen in Freundschaften erlebt. Bei Gott dagegen bin ich mir sicher:
Gott lässt mich nicht fallen. Aus der Hand Gottes
können wir gar nicht herausfallen. Vielleicht kennt
ihr diese Art von Traum: Man träumt, dass man irgendwie fällt und fällt und fällt. Manchmal fällt
man dabei aus dem Bett. Oder man wacht angst-
voll auf. Wenn ich daran denke, fällt mir zugleich

ein, dass am Ende immer die Hand Gottes da sein wird. Freundschaften können zerbrechen, Verträge, die man per Handschlag geschlossen hat, können gebrochen werden, aber auf Gott kann ich mich immer verlassen. Menschen können ihre Hand zurückziehen und uns nicht mehr die Hand zur Versöhnung reichen – Gott streckt uns immer seine Hand entgegen.

Der Apostel Paulus hat in seinem Leben viel Schlimmes erfahren müssen, Schlimmeres, als wir je erfahren werden (hoffentlich!). Aber Paulus war sich sicher, dass er nie von der liebenden Hand Gottes, die uns in Jesus Christus entgegengekommen ist, getrennt werden kann. Er verwendet ein hartes Bild aus den Psalmen: Er fühlt sich manchmal wie ein Schaf, das man zum Schlachten bestimmt hat. So bedroht und verfolgt war Paulus. Er hätte sich zu Tode fürchten können – aber er hatte keine Angst. Paulus war sich sicher, dass er nie die Liebe Christi verlieren würde, dass er nie aus der liebenden Hand Gottes herausfallen kann. Was immer kommen mag, auf Gott kann man sich hundertprozentig verlassen. Dieses große Bekenntnis hat uns Paulus in seinem Brief an die Römer hinterlassen. Daraus hören wir nun ein Stück.

Lesung
Röm 8,35–39

Lesung aus dem Brief des Apostels Paulus an die Römer.

Was kann uns scheiden von der Liebe Christi? Bedrängnis oder Not oder Verfolgung, Hunger oder Kälte, Gefahr oder Schwert?

[36] In der Schrift steht: Um deinetwillen sind wir den ganzen Tag dem Tod ausgesetzt; wir werden behandelt wie Schafe, die man zum Schlachten bestimmt hat.

[37] Doch all das überwinden wir durch den, der uns geliebt hat.

[38] Denn ich bin gewiss: Weder Tod noch Leben, weder Engel noch Mächte, weder Gegenwärtiges noch Zukünftiges, weder Gewalten

[39] der Höhe oder Tiefe noch irgendeine andere Kreatur können uns scheiden von der Liebe Gottes, die in Christus Jesus ist, unserem Herrn.

Überleitung zum Evangelium

Von der Liebe Gottes kann uns nichts und niemand trennen – immer wird Gott seine schützende Hand über uns halten. Das heißt nicht, dass wir in Watte gepackt durchs Leben gehen – die großen und kleinen, bösen und guten Überraschungen bleiben uns nicht erspart. Aber gerade dann, wenn es hart kommt und wir eine Hand brauchen – dann ist unser Glaube an Gott eine Stütze, dann kommt uns Gottes helfende Hand entgegen. Was auch kommen mag, wir werden nicht zugrunde gehen. Das hat uns Jesus selbst versprochen.

Wir hören im Evangelium einen Abschnitt aus der Rede, in der sich Jesus als der Gute Hirte bezeichnet. Wie sich Schafe auf ihren Hirten verlassen und auf ihn vertrauen, so soll unser Verhältnis zu Jesus sein. Unser Vertrauen und unsere Hoffnung sollen wir nicht auf Menschen und schon gar nicht auf Dinge, auf Geld und Besitz, setzen – all das ist vergänglich, von all dem können wir enttäuscht werden. Aber aus der Hand Jesu, die die liebende Hand Gottes ist, kann uns nichts und niemand entreißen. Gott ist größer als alle, mächtiger als alle – und seine Hand macht uns nicht klein, sondern lässt uns wachsen und groß werden. Gott stützt uns immer, auch wenn wir es nicht immer merken. Wenn Gott mich in seiner Hand hat – dann bin ich nicht allein, dann wird alles gut.

Evangelium
Joh 10,27–30

Aus dem heiligen Evangelium nach Johannes.
In jener Zeit sprach Jesus:
[27] Meine Schafe hören auf meine Stimme; ich kenne sie und sie folgen mir.
[28] Ich gebe ihnen ewiges Leben. Sie werden niemals zugrunde gehen und niemand wird sie meiner Hand entreißen.

²⁹ Mein Vater, der sie mir gab, ist größer als alle, und niemand kann sie der Hand meines Vaters entreißen.
³⁰ Ich und der Vater sind eins.

Fürbitten Unser Vater im Himmel hat uns seinen Sohn Jesus Christus zum Guten Hirten gegeben. Bei ihm finden wir Orientierung. So bitten wir ihn:

o Herr Jesus Christus, hilf deinen Gläubigen, dass sie in den vielen Kleinigkeiten des Alltags nicht aus den Augen verlieren, was wirklich wichtig ist.

Wir bitten dich, erhöre uns.

o Hilf allen, die sich nicht geliebt fühlen. Gib ihnen ein Zeichen der Hoffnung und Zuversicht, dass du bei ihnen bist.

o Hilf allen, die krank sind: Lass sie nicht verzweifeln, schenke ihnen immer wieder Erfahrungen deiner Nähe und deines Trostes.

o Hilf uns und allen Christinnen und Christen, treu zum Glauben zu stehen. Gib uns die Kraft, allen davon zu erzählen, dass du immer bei uns bist.

Gütiger Gott, wer zu Jesus Christus gehört, ist bei dir geborgen. Wir danken dir für den Glauben und deine großen Verheißungen und preisen dich jetzt und allezeit.

Segen Gott, ich danke dir für deine Hand. –
Deine Hand ist gut, in dir fühle ich mich geborgen.
Deine Hand ist stark. Du kannst mir immer helfen.
Deine Hand schützt mich. – Du hältst mich, wenn ich Angst habe.
Deine Hand ist immer da. – Du weist mich nie zurück.
Deine Hand trägt mich.

Vorschlag *Diesen Text auf „Handflächen" aus Papier: Kinderhand, Umrisse zeichnen, 2 x DIN A 5 = A4, drucken, von den Kindern ausschneiden und anmalen lassen, verteilen.*

6. SONNTAG DER OSTERZEIT C
JESUS IST DA

1 Joh 3,18–24; Joh 14,23–29

Einführung   Wieder sind wir am Sonntag versammelt – aber nicht als irgendeine Gruppe oder ganz zufällig, sondern weil wir gerufen sind, eingeladen von Jesus. Er will uns heute besonders Mut zusprechen – und er gibt uns den echten Frieden, nach dem wir uns alle sehnen. Jesus, der uns hier und jetzt Gutes tun will, wollen wir unsere Sorgen und Schwächen anvertrauen. Wir rufen ihn um Erbarmen an.

Kyrie-Rufe   Herr Jesus, du hast uns deinen Frieden hinterlassen.
Herr Jesus, du sprichst uns Mut zu.
Herr Jesus, du bist uns zum Vater vorausgegangen.

Gebet   Allmächtiger Gott, lass uns die österliche Zeit in herzlicher Freude begehen und die Auferstehung unseres Herrn preisen, damit das Ostergeheimnis, das wir in diesen fünfzig Tagen feiern, unser ganzes Leben prägt und verwandelt. Darum bitten wir durch Jesus Christus.

Hinführung zur Lesung

Schlägt euer Herz noch? (Hand aufs Herz legen) Hilfe, denkt ihr jetzt, will er uns erschrecken? Nein, ich will euch nicht erschrecken, aber daran erinnern, dass euer Herz schlägt. Meistens denken wir nämlich nicht daran. Aber das Herz ist auch so da und schlägt, Takt für Takt. Auch wenn wir nicht daran denken. Mit Jesus ist es ähnlich: Jesus ist da, auch wenn wir nicht an ihn denken. Jetzt ist aber Zeit, dass wir uns wieder einmal klar machen, dass Jesus für uns da ist, dass wir in seiner Gegenwart leben. Daher dürfen wir beruhigt sein.

Lesung

1 Joh 3,18–24

Lesung aus dem ersten Johannesbrief.

Meine Kinder, wir wollen nicht mit Wort und Zunge lieben, sondern in Tat und Wahrheit.

[19] Daran werden wir erkennen, dass wir aus der Wahrheit sind, und werden unser Herz in seiner Gegenwart beruhigen.

[20] Denn wenn das Herz uns auch verurteilt – Gott ist größer als unser Herz und er weiß alles. Der von seinem Gewissen verurteilte Christ weiß, dass er auf das göttliche Erbarmen hoffen kann.

[21] Liebe Schwestern und Brüder, wenn das Herz uns aber nicht verurteilt, haben wir gegenüber Gott Zuversicht;

[22] alles, was wir erbitten, empfangen wir von ihm, weil wir seine Gebote halten und tun, was ihm gefällt.

[23] Und das ist sein Gebot: Wir sollen an den Namen seines Sohnes Jesus Christus glauben und einander lieben, wie es seinem Gebot entspricht.

[24] Wer seine Gebote hält, bleibt in Gott und Gott in ihm. Und dass er in uns bleibt, erkennen wir an dem Geist, den er uns gegeben hat.

Auslegung

Wie sieht unsere Beziehung zu Jesus aus? Vielleicht denken wir nicht allzu oft an Jesus, vielleicht beten wir nur selten – aber doch ist diese Beziehung da. Die Lesung aus dem ersten Johannesbrief, die wir gerade gehört haben, spricht von dieser Beziehung. Da heißt es am Anfang, dass wir nicht mit Wort und Zunge lieben wollen, sondern in Tat und Wahrheit. Es zählen also nicht die großen Worte oder tolle Sprüche, sondern es zählt das, was in unserem Herzen ist. In unserem Herzen aber ist die Liebe zu Jesus eingepflanzt, sonst wären wir nicht hier. Aber meist denken wir gar nicht an unser Herz, es schlägt auch so zuverlässig, Takt für Takt. So ist es auch mit unserer Beziehung zu Jesus: Sie ist da, auch wenn wir nicht so oft an Jesus denken. Wenn wir uns von der Liebe zu Jesus in unserem Herzen leiten lassen, dann werden wir genau das tun, was Gott gefällt –

dann werden wir Gottes Gebot der Liebe erfüllen, das auf unserem Herzen steht.

Aber wir können uns auch dagegen entscheiden, und das machen wir dann bewusst und mit Absicht. Dann werfen wir Jesus aus unserem Herzen hinaus. Dann handeln wir mit Absicht böse, und das wird unsere Umgebung und unser Gemüt vergiften.

Das Evangelium wird uns das gleich noch einmal mit den Worten Jesu selbst sagen: „Wenn mich jemand liebt, dann wird er an meinem Wort festhalten. Mein Vater wird ihn lieben und wir werden zu ihm kommen und bei ihm wohnen. Wer mich nicht liebt, hält an meinen Worten nicht fest." Vielleicht können wir das so sagen: Wer Jesus liebt, der hält zu ihm und lässt sich von Jesus einladen, die Liebe weiterzugeben. Und so kommt Gott, der Vater, in unser Leben herein. Aber man kann sich auch dagegen entscheiden und nicht auf Jesus hören. Dann gibt es eben keine Liebe, keinen Frieden, keine Ruhe, sondern Hartherzigkeit und Angst. Jesus will uns aber nicht nur warnen, sondern auch trösten: Er spricht uns Mut zu. Jesus verspricht uns seinen Beistand. Das Evangelium nennt ihn den „Heiligen Geist". Wann immer wir im Geiste Jesu liebevoll handeln, steht uns der Heilige Geist bei. Hoffentlich kennen wir diese Erfahrung: Wenn wir es im Guten und mit Liebe angehen, gelingt unser Vorhaben. Wo Menschen freundlich, hilfsbereit, liebevoll miteinander umgehen, ist Jesus mittendrin. Auch wenn wir vielleicht nicht gerade an ihn denken, sowenig, wie wir an unseren Körper und unser Herz denken, und doch sind sie da.

Evangelium
Joh 14,23–29

Aus dem heiligen Evangelium nach Johannes.

In jener Zeit sagte Jesus: Wenn jemand mich liebt, wird er an meinem Wort festhalten; mein Vater wird ihn lieben, und wir werden zu ihm kommen und bei ihm wohnen.

[24] Wer mich nicht liebt, hält an meinen Worten nicht fest. Und das Wort, das ihr hört, stammt nicht von mir, sondern vom Vater, der mich gesandt hat.

²⁵ Das habe ich zu euch gesagt, während ich noch bei euch bin.

²⁶ Der Beistand aber, der Heilige Geist, den der Vater in meinem Namen senden wird, der wird euch alles lehren und euch an alles erinnern, was ich euch gesagt habe.

²⁷ Frieden hinterlasse ich euch, meinen Frieden gebe ich euch; nicht einen Frieden, wie die Welt ihn gibt, gebe ich euch. Euer Herz beunruhige sich nicht und verzage nicht.

²⁸ Ihr habt gehört, dass ich zu euch sagte: Ich gehe fort und komme wieder zu euch zurück. Wenn ihr mich lieb hättet, würdet ihr euch freuen, dass ich zum Vater gehe; denn der Vater ist größer als ich.

²⁹ Jetzt schon habe ich es euch gesagt, bevor es geschieht, damit ihr, wenn es geschieht, zum Glauben kommt.

Fürbitten

„Euer Herz beunruhige sich nicht und verzage nicht", sagt Jesus und verspricht seinen Jüngern, immer bei ihnen zu sein. Im Vertrauen auf diese Zusage dürfen wir unsere Anliegen vor ihn bringen und beten:

o Für alle Christen: dass sie immer wieder aus dem Wort Gottes Orientierung für ihr Leben finden und in schwierigen Lebenslagen Trost, Mut und Hoffnung bekommen.

Herr Jesus Christus: Wir bitten dich, erhöre uns.

o Wir beten für die christlichen Kirchen, die den Dialog untereinander, mit anderen Religionen und mit der modernen Welt führen müssen: dass sie sich immer wieder neu am Evangelium orientieren und sich aus seinem Geist erneuern.

o Wir beten für die Völker der Erde: dass sie in Frieden und in gegenseitiger Achtung zusammenleben.

o Wir beten für alle Kinder und Jugendlichen: dass sie zu selbstständigen und verantwortungsbewussten Menschen heranwachsen.

○ Schenke unseren Verstorbenen jenen Frieden, den die Welt nicht gegen kann, und tröste alle, die um einen lieben Menschen trauern.

Herr und Gott, vollende du in uns, was wir aus eigener Kraft nicht können. Bleibe bei uns mit deinem Geist, und führe uns alle in deinen Frieden. Wir loben und preisen dich, jetzt und in Ewigkeit.

DER TRAUM VON DER KÜNFTIGEN STADT

Offb 21,10–23; Joh 14,23–29

Einführung

Wieder ist Sonntag, schon der sechste Sonntag nach Ostern, und wir haben uns versammelt, um das Wort Gottes zu hören. Wir wissen: Jesus ist bei uns. Er hat schon seinen Jüngern gesagt, dass er immer bei ihnen sein wird bis zum Ende der Welt. Damit wollte er ihnen Mut machen, seine Botschaft weiterzusagen. Jesus hat sich mit seinem Leben dafür eingesetzt, dass Gottes Reich unter uns anfängt und immer weiter wächst.

Wenn Jesus am Ende der Zeit wiederkommt, dann wird er das Reich Gottes vollenden und alle Menschen werden bei Gott sein. Dann gibt es keine Not, keine Sorgen und keine Schuld mehr. Jetzt haben wir das alles noch: ein schlechtes Gewissen, Sorgen, Traurigkeit. All das wollen wir vor Gott hinbringen und Jesus um Erbarmen bitten, dass er uns Mut und Hoffnung gebe.

Kyrie-Rufe

Herr Jesus, du hast uns deinen Frieden hinterlassen.
Herr Jesus, du sprichst uns Mut zu.
Herr Jesus, du bist uns zum Vater vorausgegangen.

Gebet

Allmächtiger Gott, lass uns die Oster-Zeit mit großer Freude feiern und die Auferstehung unseres Herrn Jesus preisen, damit das Geheimnis des Lebens, das den Tod überwunden hat, unser ganzes Leben prägt und verwandelt. Darum bitten wir durch Jesus Christus.

Hinführung zur Lesung

Ihr Kinder könnt etwas, das wir Erwachsenen nicht mehr so gut können. Manche von uns haben es sogar verlernt, aber auch wer es kann: So gut wie ein

Kind schafft er das kaum. Und Kinder tun das, worüber ich rede, gern! Sie denken: Wie soll man das verlernen? Das macht man doch automatisch! Das ist doch ganz easy! – Ja, was könnte das wohl sein? (–)
Ich spreche vom Spielen. So richtig gut spielen können nur die Kinder. Und Kinder brauchen das Spielen auch. Nur wenn sie genug Zeit zum Spielen haben, können sie gesund und froh sein. Kinder lernen auch beim Spielen. Und was für eine Phantasie sie dabei haben! Ganz toll finde ich das. Im Spiel könnt ihr eine Welt erschaffen, wie ihr sie euch vorstellt, wie ihr sie euch erträumt, wie ihr sie euch wünscht. Kleine Kinder zum Beispiel bauen gern im Sandkasten. Sie backen Sandkuchen oder bauen Burgen. Die Burgen haben Tore, Gräben und Tunnels. Manchmal entsteht eine ganze Stadt. Größere Kinder bauen tolle Städte mit Lego-Bausteinen. Da kann man wirklich staunen! Die Kinder bauen alles so, wie sie sich ihre Stadt wünschen.
Die Lesung, die wir heute hören, ist aus der „Offenbarung des Johannes". Johannes lebte auf der griechischen Insel Patmos. Jesus hat ihm gezeigt, wie es am Ende der Zeit sein wird. So sieht Johannes eine Stadt. Er hat sie sich aber nicht einfach „zusammenträumt", wie Kinder das beim Bauen tun oder Erwachsene, wenn sie überlegen, wo sie gerne leben wollen. Die Stadt, von der Johannes erzählt, ist ein Geschenk Gottes. Lasst uns hören, was Johannes darüber berichtet.

Lesung
Offb 21,10–14

Lesung aus der Offenbarung des Johannes.
Ein Engel entrückte mich in der Verzückung auf einen großen, hohen Berg und zeigte mir die heilige Stadt Jerusalem, wie sie von Gott her aus dem Himmel herabkam,
[11] erfüllt von der Herrlichkeit Gottes. Sie glänzte wie ein kostbarer Edelstein, wie ein kristallklarer Jaspis.
[12] Die Stadt hat eine große und hohe Mauer mit zwölf Toren und zwölf Engeln darauf. Auf die Tore sind

Namen geschrieben: die Namen der zwölf Stämme der Söhne Israels.

¹³ Im Osten hat die Stadt drei Tore und im Norden drei Tore und im Süden drei Tore und im Westen drei Tore.

¹⁴ Die Mauer der Stadt hat zwölf Grundsteine; auf ihnen stehen die zwölf Namen der zwölf Apostel des Lammes. […]

Offb 21,21–23 Die zwölf Tore sind zwölf Perlen; jedes der Tore besteht aus einer einzigen Perle. Die Straße der Stadt ist aus reinem Gold, wie aus klarem Glas.

²² Einen Tempel sah ich nicht in der Stadt. Denn der Herr, ihr Gott, der Herrscher über die ganze Schöpfung, ist ihr Tempel, er und das Lamm.

²³ Die Stadt braucht weder Sonne noch Mond, die ihr leuchten. Denn die Herrlichkeit Gottes erleuchtet sie und ihre Leuchte ist das Lamm.

Auslegung

Johannes erzählt von der Stadt, die er im Traum gesehen hat. Sie ist ein Bild dafür, wie es sein wird, wenn Jesus wieder ganz bei uns ist. Denn das Lamm, von dem Johannes erzählt, das ist Jesus. – Von hohen Mauern spricht Johannes. Diese Mauern schützen die Menschen, die zusammen in der Stadt wohnen. Sicher und geborgen werden wir uns hier fühlen. Auch von Toren ist die Rede. Die Tore kann man öffnen. Nach allen Seiten hin gibt es in der neuen Stadt diese Durchgänge. Diese Stadt ist offen für jeden, der kommen möchte, niemand wird ausgeschlossen. Alle Menschen auf der ganzen Welt sind eingeladen, alle sind willkommen in der neuen Stadt. Die Engel an diesen Toren zeigen uns, dass sie in der Stadt bei uns sein werden. Auf ihren Grundsteinen ist die Stadt sicher gebaut. Hier stehen die Namen der Apostel. Auch sie werden in der Stadt leben. Johannes träumt von der Gemeinschaft froher Menschen, die von allen Sorgen und aller Traurigkeit erlöst sind. Sie leben in der leuchtenden Stadt Gottes – hohe Mauern geben Sicherheit und die Tore sind für alle Völker der Erde offen.

Allen Menschen bietet die leuchtende Stadt Sicherheit und Frieden, ewiges Glück und echte Freude. Die Menschen in dieser Stadt sind zusammen mit denen, die sie lieben. Sie brauchen keinen Tempel, keine Kirche mehr, denn die ganze Stadt ist wie eine lebendige Kirche: Gott ist immer da, Jesus Christus erleuchtet die Stadt. Er, Jesus, der auferstanden ist, regiert als König dieser Stadt. Das ist ein Traum für die Zukunft, aber dieser Traum erzählt auch von der Gegenwart. Johannes hat es gesehen, und er erzählt, wie es ist, wenn wir in Gemeinschaft Gott nahe kommen. Ein bisschen ist es schon jetzt so, wenn wir zum Gottesdienst zusammen gekommen sind. Und wir wissen: Auf diese Stadt dürfen wir immer hoffen, auch wenn wir traurig sind und uns allein fühlen. Im Evangelium verspricht uns Jesus, dass er bei uns wohnen will – und dass er am Ende der Zeit wiederkommen wird und uns in die Gemeinschaft mit Gott führen wird.

Evangelium
Joh 14,23–29

Aus dem heiligen Evangelium nach Johannes.

In jener Zeit sprach Jesus: Wenn jemand mich liebt, wird er an meinem Wort festhalten; mein Vater wird ihn lieben und wir werden zu ihm kommen und bei ihm wohnen.

[24] Wer mich nicht liebt, hält an meinen Worten nicht fest. Und das Wort, das ihr hört, stammt nicht von mir, sondern vom Vater, der mich gesandt hat.

[25] Das habe ich zu euch gesagt, während ich noch bei euch bin.

[26] Der Beistand aber, der Heilige Geist, den der Vater in meinem Namen senden wird, der wird euch alles lehren und euch an alles erinnern, was ich euch gesagt habe.

[27] Frieden hinterlasse ich euch, meinen Frieden gebe ich euch; nicht einen Frieden, wie die Welt ihn gibt, gebe ich euch. Euer Herz beunruhige sich nicht und verzage nicht.

[28] Ihr habt gehört, dass ich zu euch sagte: Ich gehe fort und komme wieder zu euch zurück. Wenn ihr

mich lieb hättet, würdet ihr euch freuen, dass ich zum Vater gehe; denn der Vater ist größer als ich. [29] Jetzt schon habe ich es euch gesagt, bevor es geschieht, damit ihr, wenn es geschieht, zum Glauben kommt.

Fürbitten Jesus wird unser König sein in der neuen Stadt. Ihn wollen wir bitten:

○ Für alle, die sich nach dem Frieden in deiner Stadt sehnen.

Christus, unser König: Wir bitten dich, erhöre uns.

○ Für die Menschen, deren Leben dunkel ist.

○ Für die Menschen, die in der Fremde keine Gastfreundschaft erfahren.

○ Für die Menschen, denen die Hoffnung auf deine Stadt fehlt, weil sie nicht mehr an dich glauben können.

○ Für alle, die krank sind und Schmerzen leiden.

○ Für alle Menschen, die gestorben sind.

Jesus, du bist das Licht in der neuen Stadt. Wir danken dir, dass du uns führst. Amen.

5. SONNTAG IM JAHRESKREIS C
VON GOTT ERZÄHLEN

Jes 6,1–2a.3–8; Lk 5,1–11

Einführung

Wer hat euch denn schon einmal von Gott erzählt? Die Mama, der Papa? Die Oma, der Opa? Die Lehrerin in der Schule? Der Herr Pfarrer?
Es gibt viele Menschen, die von Gott erzählen. Wenn man die fragen würde, ob das leicht oder schwer ist – was meint ihr, sagen die dann?
Liebe Eltern, ist es schwer für Sie, Ihren Kindern von Gott zu erzählen? Ich gebe zu, dass es mir auch schwer fällt. Es ist mein Beruf, von Gott zu erzählen, und mittlerweile kann ich das auch einigermaßen. Und doch gibt es immer wieder Momente, in denen es schwer fällt, von Gott zu reden. Warum ich und Sie, ihr und viele andere Menschen dennoch immer wieder von Gott erzählen können – darüber wollen wir heute nachdenken. Bevor wir aber über Gott reden wollen, beten wir zu Jesus Christus.

Kyrie-Rufe

Herr Jesus, deine Jünger und Apostel haben allen, zu denen sie kamen, deine Botschaft vom Reich Gottes weitergesagt. – Herr, erbarme dich.
Herr Jesus, du hast den Menschen die Wahrheit über Gott erzählt und vorgelebt. – Christus, erbarme dich.
Herr Jesus, du sendest auch heute Menschen aus, damit sie von dir erzählen und Gottes Barmherzigkeit verkünden. – Herr, erbarme dich.

Gebet

Guter Gott, viele Menschen erzählen immer wieder von dir. Sie sagen, dass du gut bist und uns hilfst. Darauf vertrauen wir, darauf hoffen wir. Hilf uns, dich immer tiefer zu verstehen. Beschütze uns auf allen unseren Wegen. Darum bitten wir durch Jesus Christus.

Hinführung zur Lesung

Gespräch mit einer Religionslehrerin / Grundschule

Frage   Liebe Kinder, liebe Eltern, fragen wir doch mal eine Lehrerin, die auch Religion unterrichtet, ob es schwerer ist, Lesen und Rechnen beizubringen oder von Gott zu erzählen.

Lehrerin   *in etwa, sinngemäß*
Lesen und Rechnen, das lernt jeder irgendwann und irgendwie. Und dann kann man es eben. Aber mit Gott ist das schwieriger.

Frage   Und warum ist das so?

Lehrerin   Dass zwei plus zwei vier ist, das kann man leicht verstehen. Das kann man sogar sehen. Aber Gott selbst ist unsichtbar. Man kann nur seine Spuren auf der Erde sehen. Manchmal fällt es ganz leicht, an Gott zu glauben – und manchmal ist man ganz ratlos und versteht die Welt und Gott nicht mehr. Auch als Erwachsener.

Frage   Ja, das stimmt. Manchmal geht es im Leben leicht, alles ist wunderbar, und dann kann man gut an Gott glauben und auf Gott vertrauen. Aber dann passieren wieder schlimme Dinge, bei denen man fragt: Wo ist Gott da gewesen?

Lehrerin   Eigentlich haben wir ja die Bibel, in der viel über Gott steht.

ggf. große Bibelausgabe zeigen!

Aber das muss man ja erst einmal verstehen, was da so steht.

Frage   Das stimmt. Aber ich meine, es gehört noch mehr dazu, als nur über die Bibel nachzudenken, wenn man von Gott erzählen will. Wir hören jetzt die Geschichte, in der Prophet Jesaja erzählt, wie er berufen worden ist, von Gott zu erzählen – und welche Schwierigkeiten er damit hatte und wie er es dann doch geschafft hat.

Lesung aus dem Buch des Propheten Jesaja.
Im Todesjahr des Königs Usija sah ich den Herrn. Er saß auf einem hohen und erhabenen Thron. Der Saum seines Gewandes füllte den Tempel aus. ²ª Serafim standen über ihm. Sie riefen einander zu: Heilig, heilig, heilig ist der Herr der Heere. Von seiner Herrlichkeit ist die ganze Erde erfüllt. ⁴ Die Türschwellen bebten bei ihrem lauten Ruf und der Tempel füllte sich mit Rauch. ⁵ Da sagte ich: Weh mir, ich bin verloren. Denn ich bin ein Mann mit unreinen Lippen und lebe mitten in einem Volk mit unreinen Lippen und meine Augen haben den König, den Herrn der Heere, gesehen. ⁶ Da flog einer der Serafim zu mir; er trug in seiner Hand eine glühende Kohle, die er mit einer Zange vom Altar genommen hatte. ⁷ Er berührte damit meinen Mund und sagte: Das hier hat deine Lippen berührt: Deine Schuld ist getilgt, deine Sünde gesühnt. ⁸ Danach hörte ich die Stimme des Herrn, der sagte: Wen soll ich senden? Wer wird für uns gehen? Ich antwortete: Hier bin ich, sende mich!

Auslegung

Eine sehr beeindruckende Szene! Jesaja sieht Gott, den Herrn, auf einem Thron sitzen. Aber das stimmt gar nicht. Habt ihr genau hingehört? Der Saum des Gewandes füllt den Tempel aus – stellt euch das mal vor, wie groß dieser Gott ist, wenn sein Mantelsaum die Kirche ausfüllt! Riesig! So weit kann Jesaja gar nicht sehen! Also hat er Gott gar nicht richtig gesehen, höchstens seinen Mantelsaum. Und schon gehen die Schwierigkeiten los, von diesem riesigen Gott zu erzählen. Außerdem bekommt er es mit der Angst zu tun: Vor diesem großen Gott muss man ja erschrecken! Jesaja fühlt sich klein und verloren. Und da passiert etwas Seltsames: Einer der Engel um Gottes Thron bringt eine glühende Kohle und berührt damit Jesajas Mund. Ist das nicht furchtbar? Wenn wir uns das bildlich vorstellen!

Mit Weihrauchkohle andeutungsweise demonstrieren.

Bildlich – das ist das Stichwort. Jesaja hat ja „nur" eine Vision, eine Art Traum. Also geht es gar nicht um eine glühende Kohle, sondern um ein anderes „Feuer". Wenn jemand so richtig begeistert von einer Sache oder von einem geliebten Menschen ist, dann sagen wir: Der hat „Feuer gefangen". So ist es auch hier: Jesaja hat Feuer gefangen. Erstmal, so heißt es, ist alles verbrannt, was Jesaja noch an Sünden auf seinem Gewissen hat. Und dann kann Jesaja begeistert zu Gott sagen: Hier bin ich, sende mich! Gott hat Jesaja wirklich als Propheten zu den Menschen gesandt, und Jesaja hat mit Begeisterung und Feuer von Gott erzählt – auch wenn es oft schwierig war.

Das ist es, was beim Erzählen von Gott noch dazu kommen muss: Wer wirklich von Gott erzählen will, der muss innerlich begeistert sein – Gott muss „Feuer" in ihm gelegt haben. Das ist dann kein Strohfeuer, das gleich wieder ausgeht, wie das mit vielen Dingen, mit Spielzeug, Popstars, Filmstars, Hobbys usw. ist, die wir bald toll finden und bald wieder sein lassen. Ein „Feuer", das von Gott kommt, begeistert das ganze Leben lang – wer mit Gott eine Beziehung eingeht, wird sein Leben lang davon getragen. Die Freundschaft mit Gott hält.

Wir hören gleich im Evangelium eine ganz ähnliche Geschichte. Der Apostel Petrus, der eigentlich Simon heißt, begegnet Jesus. Es geschieht ein Wunder: Der Fischer Simon fängt gegen jede Erfahrung eine riesige Menge Fische. Simon durchzuckt es wie ein Blitz, und er und seine Freunde erschrecken, wie schon Jesaja vor Gott erschrocken ist. Simon weiß jetzt: Jesus ist der Meister und Herr. Jesus sagt zu Simon: Fürchte dich nicht, von jetzt an wirst du Menschen fangen. Was meint Jesus damit? Simon Petrus, du wirst begeistert sein und andere für Jesus und Gott begeistern, du wirst von Gott erzählen und viele, viele werden sich anschließen. Und so ist es gewesen. Wenn wir auf Jesaja und Simon Petrus schauen, sehen wir, dass es nicht ganz so einfach ist, von Gott zu erzählen. Aber es geht – wenn man sich traut, mit Gott eine Beziehung, eine Freundschaft anzufangen. Dann kann Gott in jedem von uns „Feuer legen", Begeisterung wecken – und dann werden auch wir, Kinder, Eltern, Lehrerinnen und Lehrer, Omas, Opas, die ganze Gemeinde viele Menschen „fangen" und für Gott begeistern.

Evangelium
Lk 5,1–11

Aus dem heiligen Evangelium nach Lukas.

Als Jesus am Ufer des Sees Gennesaret stand, drängte sich das Volk um ihn und wollte das Wort Gottes hören.
² Da sah er zwei Boote am Ufer liegen. Die Fischer waren ausgestiegen und wuschen ihre Netze.
³ Jesus stieg in das Boot, das dem Simon gehörte, und bat ihn, ein Stück weit vom Land wegzufahren. Dann setzte er sich und lehrte das Volk vom Boot aus.
⁴ Als er seine Rede beendet hatte, sagte er zu Simon: Fahr hinaus auf den See! Dort werft eure Netze zum Fang aus!
⁵ Simon antwortete ihm: Meister, wir haben die ganze Nacht gearbeitet und nichts gefangen. Doch wenn du es sagst, werde ich die Netze auswerfen.
⁶ Das taten sie, und sie fingen eine so große Menge Fische, dass ihre Netze zu reißen drohten.
⁷ Deshalb winkten sie ihren Gefährten im anderen Boot, sie sollten kommen und ihnen helfen. Sie kamen und gemeinsam füllten sie beide Boote bis zum Rand, sodass sie fast untergingen.
⁸ Als Simon Petrus das sah, fiel er Jesus zu Füßen und sagte: Herr, geh weg von mir; ich bin ein Sünder.
⁹ Denn er und alle seine Begleiter waren erstaunt und erschrocken, weil sie so viele Fische gefangen hatten;
¹⁰ ebenso ging es Jakobus und Johannes, den Söhnen des Zebedäus, die mit Simon zusammenarbeiteten. Da sagte Jesus zu Simon: Fürchte dich nicht! Von jetzt an wirst du Menschen fangen.

¹¹ Und sie zogen die Boote an Land, ließen alles zurück und folgten ihm nach.

Fürbitten Jesus ist zu uns Menschen gekommen, um uns alle zu Gott zu führen. Wir bitten Gott, den Vater:

○ Guter Gott, immer wieder hast du zu den Menschen durch die Propheten gesprochen. Sende auch heute Boten, die begeistert von dir erzählen.

Wir bitten dich, erhöre uns.

○ Jesus hat Freunde gesucht, die er als Apostel ausgesandt hat. Auch wir heute brauchen Apostel: Männer und Frauen, die als Menschenfischer uns zu dir führen.

○ Jesus hat zu Petrus gesagt: „Fürchte dich nicht" – gib auch uns viel Mut und Zuversicht, unseren Glauben zu bekennen.

○ Der Glaube an dich soll alle Menschen trösten. Hilf allen, die traurig oder krank oder einsam sind.

Du, Gott, bist unser guter Vater. Du sorgst dich um uns, du bist uns nahe. Wir wollen dir immer vertrauen. Lass unsere Hoffnung nicht vergebens sein. Darum bitten wir durch Christus, unseren Herrn.

GOTT IST AUF DEINER SEITE

Lk 6,17.20–26

Einführung Wir feiern heute alle miteinander den Sonntag. Dazu sind wir in die Kirche gekommen, und da wollen wir auf Jesus und sein Wort hören. Er hat uns heute eine wichtige Botschaft auszurichten ... Vorher wollen wir uns vorbereiten und Jesus ansprechen.

Kyrie-Rufe Herr Jesus, du bist in unserer Mitte.
Herr Jesus, du bringst uns durch dein Wort zum Nachdenken.
Herr Jesus, du verkündest uns die Nähe Gottes.

Gebet Gott, du liebst deine Geschöpfe, und es ist deine Freude, bei den Menschen zu wohnen. Gib uns ein neues und reines Herz, das bereit ist, dich aufzunehmen. Darum bitten wir durch Jesus Christus.

Hinführung zum Evangelium

Vor der Gemeinde stehen zwei Dreiergruppen (A, B) von Kindern oder Jugendlichen. Dazwischen ein Kind (C).

(1) *Der/die Prediger/in (P) geht auf Gruppe A zu:*

P Na, was habt ihr denn da?

Antworten Meine Playstation/Gameboy/Nintendo DS – mein neues Super-Handy – Sieh mal, 50 Euro, mein Taschengeld für diesen Monat!

ggf. die Gegenstände zeigen

P Donnerwetter!

P geht auf Gruppe B zu:

Na, und ihr?

Antworten	Ich habe nichts dabei. – Meine Eltern haben kein Geld, um mir ein Handy zu kaufen. – Ich kriege 2 Euro in der Woche Taschengeld.
P	*fragt das Kind in der Mitte:* Und du? Wo willst du dazugehören?
C	*deutet auf Gruppe A.*
P	Klar. Und auf welcher Seite steht Gott? –
(2)	*Gruppe A reicht Schokoriegel oder dergleichen herum.*
P	Na, euch geht's aber gut!
Antworten	Klar. Ist lecker!
P	*geht auf Gruppe B zu:* Na, und ihr?
Antworten	Ich hab' keine Brotzeit dabei. – Frühstück hatte ich auch nicht. – Mir knurrt der Magen.
P	*fragt das Kind in der Mitte:* Und du? Wo willst du dazugehören?
C	*deutet auf Gruppe A.*
P	Klar. Und auf welcher Seite steht Gott? –
(3)	*Gruppe A lacht und „blödelt" herum.*
P	Worüber lacht ihr denn?
Antworten	Ha, der dicke „Kloß" ist heute im Sport wieder vom Barren runtergefallen – das hat vielleicht gekracht! Wir haben uns kringelig gelacht!
P	*geht auf Gruppe B zu, bei der ein Kind weint:* Was ist denn mit euch los?
Antworten	Wir sind traurig. Mich hat's vom Barren runtergehauen, und alle haben gelacht. Immer hacken sie auf uns rum.
P	*fragt das Kind in der Mitte:* Und du? Wo willst du dazugehören?

C	*deutet auf Gruppe A.*
P	Klar. Und auf welcher Seite steht Gott? – Wir hören mal, was Jesus dazu sagt.
Evangelium	Aus dem heiligen Evangelium nach Lukas.
Lk 6,17	In jener Zeit stieg Jesus mit den Jüngern den Berg hinab. In der Ebene blieb er mit einer großen Schar seiner Jünger stehen und viele Menschen aus ganz Judäa und Jerusalem und dem Küstengebiet von Tyrus und Sidon strömten herbei.
Lk 6,.20–26	Jesus richtete seine Augen auf seine Jünger und sagte: Selig, ihr Armen, denn euch gehört das Reich Gottes.

²¹ Selig, die ihr jetzt hungert, denn ihr werdet satt werden. Selig, die ihr jetzt weint, denn ihr werdet lachen.

²² Selig seid ihr, wenn euch die Menschen hassen und aus ihrer Gemeinschaft ausschließen, wenn sie euch beschimpfen und euch in Verruf bringen um des Menschensohnes willen.

²³ Freut euch und jauchzt an jenem Tag; euer Lohn im Himmel wird groß sein. Denn ebenso haben es ihre Väter mit den Propheten gemacht.

²⁴ Aber weh euch, die ihr reich seid; denn ihr habt keinen Trost mehr zu erwarten.

²⁵ Weh euch, die ihr jetzt satt seid; denn ihr werdet hungern. Weh euch, die ihr jetzt lacht; denn ihr werdet klagen und weinen.

²⁶ Weh euch, wenn euch alle Menschen loben; denn ebenso haben es ihre Väter mit den falschen Propheten gemacht.

Auslegung	
P	Das ist ja eigenartig. Jesus sagt: „Selig, ihr Armen, denn euch gehört das Reich Gottes" – das heißt doch: Obwohl ihr arm seid, habt ihr's doch gut, denn Gott steht auf eurer Seite! Gott ist ganz anders als wir Menschen. Wir wollen zu den Reichen gehören, zu denen, die Geld und tolle Spielsachen haben. Und wir wollen zu denen gehören, die gutes zu essen haben,

die satt sind – und wir wollen bei denen sein, die lachen. Wer will schon bei den Loosern stehen oder zu denen gehören, über die alle lachen? Gott, so sagt es Jesus in seiner Frohen Botschaft an alle Menschen, Gott ist anders! Gott ist bei den Armen, bei denen, die Hunger haben, bei denen, die weinen und traurig sind, bei denen, die verlacht werden. Ihnen sagt Jesus: „Selig seid ihr" – das heißt so viel wie: „Glückwunsch!", oder: „Gut habt ihr's!"

zu Gruppe B gewandt

Ob euch das weiterhilft? Was sagt ihr dazu? Jesus sagt: „Selig seid ihr" – wenn ihr kein Geld habt, nichts zu essen, wenn ihr immer die Verlierer seid … Gott ist auf eurer Seite!

Antworten Doch, jetzt bin ich wenigstens nicht mehr ganz allein! – Wenn ich weiß, Gott denkt an mich, tut mir das gut. – Wenn ich traurig bin, brauche ich jemanden, der mich lieb hat. Es ist gut, dass Jesus sagt: Gott liebt dich. – Gott ist auf deiner Seite!

P Genau das will uns Jesus heute sagen: Gott ist auf deiner Seite, gerade wenn du dort stehst, wo keiner hin will.

zeigt Richtung Gruppe B

Ich finde das schon stark.

Richtung Gruppe A

Aber was machen wir jetzt mit euch? „Weh euch, ihr Reichen", sagt Jesus. „Weh euch, die ihr jetzt satt seid und die ihr jetzt lacht" – was heißt das jetzt? Seid nun plötzlich ihr die Looser, die Verlierer? Dreht Gott einfach alles um?

Mögliche Antworten aus Gruppe A

Das wäre aber nicht fair! – Wir können doch nichts dafür, dass wir Geld haben! – Darf ich jetzt überhaupt nicht mehr lachen? –

P Keine einfache Sache! Jesus sagt: „Weh euch" – ich glaube, das ist noch kein endgültiges Urteil („ihr seid jetzt erledigt"). Jesus meint das als Warnung: Wenn ihr reich seid und zu essen habt und es euch gut geht – und ihr kümmert euch nicht darum, dass es anderen viel schlechter geht, dann wird Gott über euch zornig. Wenn ihr über andere lacht, statt ihnen zu helfen, wenn ihr einfach weitergeht, statt zu trösten – dann wird Gott über euch zornig.
Gott ist auf der Seite der Armen, der Hungrigen, der Traurigen –

deutet Richtung Gruppe B

wenn ihr wollt, dass Gott auf eurer Seite ist, müsst ihr rübergehen!

an die ganze Gemeinde

Das Evangelium hat allen etwas zu sagen. Wer arm und hungrig ist, darf sich von Jesus trösten lassen: Nein, du bist nicht der letzte Dreck, sondern ganz wertvoll in Gottes Augen! Wer traurig ist, darf sich von Jesus aufmuntern lassen. – Wer aber reich ist, wer genug zu essen hat, wer fröhlich ist, der sollte nicht einfach zufrieden sein, sondern sollte sich mal umschauen: Ist da vielleicht jemand, der meine Hilfe braucht? Ist da jemand traurig, der ein gutes Wort nötig hat? – Wo Gott steht, das hat uns Jesus gesagt: bei den Armen, den Hungernden, den Traurigen. Wenn wir dort nicht sind, weil es uns sehr gut geht, dann sollten wir mal rübergehen, vielleicht treffen wir Gott dort.

Ggf. Schluss der Spielszene: Immer ein Kind von Gruppe A geht auf ein Kind von Gruppe B zu und sagt:

Du, wenn du mal zu Hause anrufen musst, leihe ich dir mein Handy! – Hier, du kannst auch was von meiner Brotzeit haben. – Willst du mal mit meiner Playstation/Gameboy/Nintendo DS spielen? Ist wirklich witzig! – Tut mir leid, dass wir vorhin gelacht haben. Kann ich dir irgendwie helfen?

Alle gehen gemeinsam in die Bänke bzw. zu den Sitzen zurück …

Fürbitten

Zu Gott, der auf der Seite der Armen steht, bringen wir unsere Bitten:

○ Guter Gott, hilf, dass alle Menschen genug zu essen haben.

Wir bitten dich, erhöre uns.

○ Guter Gott, sei denen nahe, die einsam und traurig sind.

○ Guter Gott, öffne die Augen der Reichen, dass sie endlich helfen.

○ Guter Gott, sei bei uns in allen Lagen und an allen Tagen unseres Lebens.

Guter Gott, das sind die Bitten, die wir aussprechen – noch mehr liegt uns auf dem Herzen, und du kennst es. Hilf uns in diesen Tagen und lass uns spüren, dass du uns zur Seite stehst. Amen.

FREUDE UND FRIEDEN SIND UNSERE BOTSCHAFT

Jes 66,10–14a; Lk 10,1–9

Material *Geldtasche mit Kleingeld, Einkaufstüte, feste Wanderschuhe*

Einführung Wer von euch hat denn noch ein kleines Baby zu Hause (oder gar im Gottesdienst dabei)? Oder wer kann sich noch erinnern, wie der kleine Bruder oder die kleine Schwester noch ein Baby war?
Warum erzähle ich heute von Babys? Weil ein Baby Grund zur Freude ist und – vor allem wenn es schläft – ein schönes, friedliches Bild ist.
Aber was hat das mit der Kirche zu tun? Das werden wir dann sehen!

Kyrie-Rufe Herr Jesus, du bist als Kind in diese Welt gekommen.
Herr Jesus, du bist der Grund unserer Freude.
Herr Jesus, du willst, dass wir den Frieden weitertragen.

Gebet Guter Gott, du hast ein großes und weites Herz für uns Menschen. Du bist uns in Jesus, deinem Sohn, ganz nahe gekommen. Er ist klein geworden, um uns groß zu machen. Er hat uns die Freude gebracht – hilf uns, dass wir heute Freude erfahren und den Frieden finden. Darum bitten wir durch ihn, Jesus Christus.

Hinführung zur Lesung
Jetzt seid ihr sicher schon neugierig, was das mit den Babys vom Anfang soll. Soviel habe ich ja schon verraten: Ein Baby ist ein Grund zur Freude. Das kann man ausprobieren: Kaum taucht irgendwo

ein Kinderwagen auf, schauen die Leute rein und lächeln. Wenn ein Baby einen so richtig anstrahlt und gluckst, dann kann man nicht anders, man muss lächeln, und die schlechteste Laune verfliegt. Das geht fast automatisch. Das Lachen eines kleinen Kindes macht die Herzen aller, die es sehen, froh. Das macht sich die Bibel zunutze: Wir hören heute eine Stelle aus dem Buch Jesaja. Darin wird eine große Freude für alle angekündigt – aber es wird nicht nur gesagt „Freut euch doch mal", sondern die Bibel verwendet das Bild von Babys und Kindern. Der Text ist ziemlich schwer, deswegen muss ich noch ein bisschen was vorweg erklären: Es geht um die Stadt Jerusalem, die für die Israeliten damals ein Ort der Hoffnung war, der Ort, an dem man Gott besonders nahe ist. Nun aber wurde Jerusalem von Feinden erobert und zerstört. Darüber waren alle Israeliten sehr, sehr traurig. Aber Gott wäre nicht Gott, wenn er nicht nach diesem Untergang einen neuen Anfang schenken würde. Und so wird Jerusalem wieder aufgebaut – es soll wieder Freude und Frieden geben. Dazu ruft der Prophet in der Lesung auf: „Freut euch mit Jerusalem!" – Und dieser Prophet, dessen Worte ganz am Ende des langen Jesaja-Buches stehen, geht noch weiter: Er stellt sich Jerusalem, die Stadt Gottes, wie eine Mutter vor, und die Menschen, die kommen, sollen sich freuen wie Babys, die an der Brust der Mama trinken dürfen! Warum sagen wir da „stillen"? Weil jedes schreiende und zeternde Baby still wird, wenn es an der Brust trinken darf! Und das Baby findet an der Brust der Mutter nicht nur Milch, sondern auch Wärme, Nähe, Trost, Geborgenheit. Darüber freut sich jedes Baby. Und genau dieses Bild wird auf Jerusalem, Gott und die Menschen übertragen: Die Menschen, die Israeliten, haben damals ihren Trost und ihre Freude erfahren, wenn sie nach Jerusalem gekommen sind und dort Gott besonders nahe waren. Für uns heute ist „Jerusalem" überall dort, wo wir zusammenkommen, um miteinander Gottesdienst zu feiern – da ist uns Gott besonders nahe, da sollen wir Trost und Freude erfahren. Hören wir jetzt die Lesung – und achten wir mal besonders darauf, wie oft uns darin Gott und seine Stadt Jerusalem als Mutter begegnen.

Lesung

Jes 66, 10–14a

Lesung aus dem Buch Jesaja.

Freut euch mit Jerusalem! Jubelt in der Stadt, alle, die ihr sie liebt. Seid fröhlich mit ihr, alle, die ihr über sie traurig wart.

[11] Saugt euch satt an ihrer tröstenden Brust, trinkt und labt euch an ihrem mütterlichen Reichtum!

[12] Denn so spricht der Herr: Seht her: Wie einen Strom leite ich den Frieden zu ihr und den Reichtum der Völker wie einen rauschenden Bach. Ihre Kinder wird man auf den Armen tragen und auf den Knien schaukeln.

[13] Wie eine Mutter ihren Sohn tröstet, so tröste ich euch; in Jerusalem findet ihr Trost.

[14a] Wenn ihr das seht, wird euer Herz sich freuen und ihr werdet aufblühen wie frisches Gras.

Die folgenden Zeilen können von Kindern vorgelesen werden:

Trost, Frieden und Freude will uns Gott schenken – es soll uns so gut gehen, wie es einem Baby an der Brust seiner Mutter geht. Wie eine Mutter ihren Sohn tröstet, so will uns Gott trösten.

Überleitung zum Evangelium

Das ist eine großartige Botschaft – die sollen wir weitersagen! Vom Weitersagen handelt auch unser Evangelium heute: Jesus hat den Menschen eine „frohe Botschaft" gebracht, und er will, dass diese Botschaft weitergesagt wird. Dazu sucht Jesus Leute aus, die seine gute Nachricht verkünden. Diese Leute werden „Jünger" genannt. Jesus schickt seine Jünger los: ohne Geldbeutel,

Geldtasche mit Kleingeld schütteln

ohne Vorratstasche,

Einkaufstüte o. ä.

ohne Schuhe.

Feste Wanderschuhe zeigen – und wieder wegtun

Was soll das? Die Jünger sollen nichts verkaufen, denn Gottes Freude ist kostenlos!

Die Jünger brauchen keine Vorräte, denn Gottes Freude steckt an, und wenn sich alle freuen, werden die Jünger eingeladen und nicht hungrig fortgeschickt.

Die Jünger brauchen auch keine festen Wanderschuhe, weil sie nicht weit und lange laufen sollen, sondern sehr bald damit anfangen sollen, ihre frohe Botschaft auszurichten.

Und was ist ihr erstes Wort? Nicht irgendeine leere Grußformel, nicht ein läppisches „Hallo", sondern: „Friede diesem Haus!"

Das ist die Botschaft, die wir bis heute verkünden: Freude und Friede von Gott, der uns Vater und Mutter ist, und von Jesus Christus. Ich wünsche uns allen, dass wir heute und in diesen Tagen ganz besonders den Frieden und die Freude Gottes erfahren dürfen.

Evangelium
Lk 10,1–9

Aus dem heiligen Evangelium nach Lukas.

In jener Zeit suchte der Herr zweiundsiebzig andere Jünger aus und sandte sie zu zweit voraus in alle Städte und Ortschaften, in die er selbst gehen wollte.

² Er sagte zu ihnen: Die Ernte ist groß, aber es gibt nur wenig Arbeiter. Bittet also den Herrn der Ernte, Arbeiter für seine Ernte auszusenden.

³ Geht! Ich sende euch wie Schafe mitten unter die Wölfe.

⁴ Nehmt keinen Geldbeutel mit, keine Vorratstasche und keine Schuhe! Grüßt niemand unterwegs!

⁵ Wenn ihr in ein Haus kommt, so sagt als erstes: Friede diesem Haus!

⁶ Und wenn dort ein Mann des Friedens wohnt, wird der Friede, den ihr ihm wünscht, auf ihm ruhen; andernfalls wird er zu euch zurückkehren.

[7] Bleibt in diesem Haus, esst und trinkt, was man euch anbietet; denn wer arbeitet, hat ein Recht auf seinen Lohn. Zieht nicht von einem Haus in ein anderes! [8] Wenn ihr in eine Stadt kommt und man euch aufnimmt, so esst, was man euch vorsetzt. [9] Heilt die Kranken, die dort sind, und sagt den Leuten: Das Reich Gottes ist euch nahe.

Fürbitten

Gott, unser Vater, will allen Menschen nahe sein und ihnen Freude bringen. Alle lädt er ein, in ihm das Leben und den Frieden zu finden. Wir rufen zu Gott:

○ Tröste alle Menschen, die trauern, und schenke ihnen immer wieder Erfahrungen der Freude und des Friedens.

Guter Gott:
Wir bitten dich, erhöre uns.

○ Hilf allen Menschen, die deine Botschaft von Freude und Friede weitersagen – bei uns und überall auf der Welt.

○ Gib uns die Kraft, unsere Lebensfreude weiterzugeben und im Alltag nach Wegen zum Frieden zu suchen.

○ Nimm alle unsere Verstorbenen in deine Freude und deinen Frieden auf.

Gott, es ist deine Freude, bei den Menschen zu wohnen. Wenn wir uns in deinem Namen in der Kirche versammeln, bist du mitten unter uns. Dafür danken wir dir durch deinen Sohn, Jesus Christus, unsern Herrn.

HAUPTSACHE UND NEBENSACHE

Gen 18,1–10a; Lk 10,38–42

Einführung „Fußball ist die schönste Nebensache der Welt", das merken wir besonders, wenn wieder einmal Welt- oder Europameisterschaft ist. Dann ist für viele Fußball sogar die Hauptsache. Was ist für euch gerade die Hauptsache? (–) Die Schülerinnen und Schüler denken bestimmt: Hauptsache, bald sind Sommerferien. Hauptsache, Nebensache – manchmal verwechseln wir das. Jetzt jedenfalls ist die Hauptsache, dass wir im Gottesdienst zusammenkommen und auf Gott und Jesus hören. Dazu werden wir kurz still.

Kyrie-Rufe Herr Jesus, du bist in unserer Mitte und die Hauptsache in dieser Stunde.
Herr Jesus, wir wollen dir einen wichtigen Platz in unserem Herzen geben.
Herr Jesus, klopfe immer wieder bei uns an, wenn wir dich vergessen.

Gebet Herr, unser Gott, schau in Liebe auf uns alle, die du uns in dein Haus gerufen hast. Hilf uns, dich als die Hauptsache zu erkennen. Mache uns stark in Glaube, Hoffnung und Liebe, damit wir merken, was wirklich zählt im Leben. Darum bitten wir durch Jesus Christus.

Hinführung zur Lesung

Prediger/in geht geschäftig hin und her, flüstert, schaut sich um; verbreitet Unruhe ...

So, ist jetzt alles in Ordnung? Geht das Mikrofon? Könnt ihr mich hören? Ok. Und die Frisur sitzt auch? Na dann. Ist mein Zettel da? Könnt ihr gut sitzen? Passt das Wetter? Ob wohl nachher die Sonne scheint? –

dann, viel ruhiger:

Was sind das nur alles für Gedanken! Das ist doch jetzt Nebensache, werdet ihr sagen. Stimmt. Unruhe und Durcheinander kommen immer dann auf, wenn jemand die Hauptsache und die Nebensache miteinander verwechselt. Das habe ich gerade getan. Es ist doch nicht so wichtig, ob meine Frisur und meine Kleidung „sitzen"! Wichtig ist doch, dass ich euch jetzt was Ordentliches erzähle! Und wichtig ist nicht, ob ihr gut sitzt, sondern ob ihr wach und aufmerksam seid, wenn gleich etwas Wichtiges vorgelesen wird!

Aber es ist nicht immer leicht zu entscheiden, was Haupt- und was Nebensache ist, was also wichtig und was weniger wichtig ist.

Selbst dem Abraham in der Bibel ist es einmal so gegangen, dass er vor lauter Geschäftigkeit beinahe das Wichtige verpasst hätte. Wir hören gleich einen Abschnitt aus der Abrahamgeschichte. Was bisher geschah: Gott hat Abraham viele Nachkommen versprochen, aber Abraham und seine Frau Sara haben kein Kind. Und sie sind schon alt. Sie beginnen zu zweifeln, ob das noch etwas wird. Da bekommt Abraham Besuch – und wie sich das im Orient so gehörte, wird dieser Besuch sehr gastfreundlich aufgenommen. Hört mal zu und stellt euch dabei vor, wie Abraham total geschäftig herumwuselt. Das Wichtigste aber kommt ganz am Schluss!

Lesung Lesung aus dem Buch Genesis.
Gen 18,1–10a In jenen Tagen erschien der Herr Abraham bei den Eichen von Mamre. Abraham saß zur Zeit der Mittagshitze am Zelteingang.

² Er blickte auf und sah vor sich drei Männer stehen. Als er sie sah, lief er ihnen vom Zelteingang aus entgegen, warf sich zur Erde nieder und sagte: Mein Herr, wenn ich dein Wohlwollen gefunden habe, geh doch an deinem Knecht nicht vorbei!

⁴ Man wird etwas Wasser holen; dann könnt ihr euch die Füße waschen und euch unter dem Baum ausruhen.

⁵ Ich will einen Bissen Brot holen und ihr könnt dann nach einer kleinen Stärkung weitergehen; denn deshalb seid ihr doch bei eurem Knecht vorbeigekommen. Sie erwiderten: Tu, wie du gesagt hast. ⁶ Da lief Abraham eiligst ins Zelt zu Sara und rief: Schnell drei Eimer feines Mehl! Rühr es an und backe Brotfladen! ⁷ Er lief weiter zum Vieh, nahm ein zartes, prächtiges Kalb und übergab es dem Jungknecht, der es schnell zubereitete. ⁸ Dann nahm Abraham Butter, Milch und das Kalb, das er hatte zubereiten lassen, und setzte es ihnen vor. Er wartete ihnen unter dem Baum auf, während sie aßen. ⁹ Sie fragten ihn: Wo ist deine Frau Sara? Dort im Zelt, sagte er. ¹⁰ᵃ Da sprach er: In einem Jahr komme ich wieder zu dir, dann wird deine Frau Sara einen Sohn haben.

Auslegung

Unglaublich, was Abraham da alles organisiert! Das ist kein Imbiss für drei Leutchen, das ist ein Festmahl für einen König und sein Gefolge! Wie sich später herausstellt, ist der Besuch Gott selbst, der zu Abraham kommt. Und für Gott selbst kann man sich schon mal ins Zeug legen und einiges an Essen auffahren. Aber der Besuch sagt nichts über sich und verliert auch kein Wort über das großartige Gastmahl mit Kalbfleisch – eine andere Botschaft ist wichtiger: Sara wird einen Sohn bekommen. Das ist die Information des Tages. Sara und Abraham können das kaum fassen. Sie sind so mit sich und mit der Bewirtung beschäftigt, dass sie die Worte zuerst einmal für einen Witz halten und darüber lachen. Geht es uns nicht auch manchmal so, dass wir den Kopf voll haben mit allerlei Dingen und dann nicht mehr merken, was wirklich wichtig ist? Dass wir also Hauptsache und Nebensache nicht mehr unterscheiden können? Was würdet ihr dazu sagen: Ihr seid auf einem Kindergeburtstag – und das Geburtstagskind ist stolz auf die Tischdekoration, auf das prima Essen, das Mama oder Papa gekocht hat, auf die vielen Geschenke, und es packt die Geschenke aus und fängt an, damit – allein – zu spielen. Dabei vergisst es seine Gäste, die sich beschweren, dass das Geburtstagskind keine Zeit für sie hat. Schade.

Oder in der Schule: Da ist einer blitzgescheit und schreibt immer Einsen; er lernt nur noch und hat keine Zeit mehr für Freunde oder einfach nur zum Spielen – ein Musterkind, aber traurig. Hauptsache? Nebensache? – Schwer zu entscheiden! Was ist beim Tennisclub die Hauptsache? Das Tennisspielen, klar. Aber was ist, wenn nur noch – und dann ganz verbissen – Tennis gespielt wird und sonst nichts mehr? Dann wird der Tennisclub an Olympia teilnehmen, weil alle so hart trainiert haben! Nein, alle werden irgendwann traurig oder wütend auseinandergehen. Zur „Hauptsache" Tennisspielen muss noch hinzukommen, dass man sich gut versteht, dass man zusammenhält, dass man miteinander Freude hat.

Und in der Kirche: Da kommt Jesus Sonntag für Sonntag zu Besuch. Da müssen wir sauber angezogen sein, brav und artig sein, schön mitsingen – und was weiß ich noch alles. Schöne und wichtige Nebensachen – aber die Hauptsache ist doch, dass du weißt, dass Jesus zu dir kommt. Da sollst du dein Herz offen haben und aufmerksam sein und zuhören. Aber manche haben so viel anderes im Kopf, dass Jesus traurig wieder weggeht. –

Wir hören gleich eine ganz bekannte Geschichte: Jesus war zu Besuch bei Marta und Maria, zwei Schwestern. Die eine ist ganz Ohr für Jesus, setzt sich hin und hört zu. Die andere verschwindet in der Küche, um allerlei herzurichten. Hm. Ist ja nett von ihr, aber Jesus hätte auch ihr gern etwas gesagt. Am liebsten würde Jesus in die Küche rufen: He, komm doch mal raus, ich möchte dir etwas Wichtiges sagen. Aber er ist höflich und sagt nichts. Erst, als sich die eifrige Gastgeberin über die „Faulheit" ihrer Schwester beschwert, muss Jesus deutlich sagen, was die Hauptsache ist, wenn er da ist: Augen, Ohren und Herz offen haben für das, was Jesus sagt. Und Zeit haben für Jesus. Ich weiß nicht, was Jesus den Schwestern Wichtiges gesagt hat – aber wir lernen viel aus dieser Geschichte: Es ist wichtig, dass wir für Gott Zeit haben und zuhören, dabei auch ruhig werden und nachdenken. Das ist die Hauptsache, auch im Gottesdienst. Wir machen das hier alles, weil Jesus in unser Herz kommt, weil er unser Freund sein will und uns tröstet. Wir machen das hier, weil Jesus uns zur Liebe aufruft und wir miteinander in Frieden leben, weil Gott uns in seinem Wort lehrt, wie wir gut miteinander auskommen, weil wir gemeinsam vom einen Brot essen und daher zusammenhalten. Wenn das stimmt, stimmt die Hauptsache.

Evangelium
Lk 10,38–42

Aus dem heiligen Evangelium nach Lukas.

In jener Zeit kam Jesus in ein Dorf. Eine Frau namens Marta nahm ihn freundlich auf.

[39] Sie hatte eine Schwester, die Maria hieß. Maria setzte sich dem Herrn zu Füßen und hörte seinen Worten zu.

[40] Marta aber war ganz davon in Anspruch genommen, für ihn zu sorgen. Sie kam zu ihm und sagte: Herr, kümmert es dich nicht, dass meine Schwester die ganze Arbeit mir allein überlässt? Sag ihr doch, sie soll mir helfen!

[41] Der Herr antwortete: Marta, Marta, du machst dir viele Sorgen und Mühen.

[42] Aber nur eines ist notwendig. Maria hat das Bessere gewählt, das soll ihr nicht genommen werden.

Fürbitten

Jesus kommt im Gottesdienst zu uns zu Besuch; er ist in unserer Mitte da. Zu ihm bringen wir unsere Bitten und Anliegen:

○ Wir bitten für alle, die sich in vielen Nebensächlichkeiten verirren und nicht mehr wissen, was im Leben wirklich zählt: Herr, gib ihnen Orientierung!

Wir bitten dich, erhöre uns.

○ Wir bitten für alle, denen Glaube und Kirche nicht mehr wichtig sind: Geh ihnen entgegen!

○ Wir bitten für alle, die keine Hoffnung mehr haben, die krank und traurig sind: Komm zu ihnen und schenke ihnen neue Freude!

○ Wir bitten für unsere Vereine: Lass sie zu Orten der Gemeinschaft und Nächstenliebe werden.

○ Wir bitten für die Schulkinder: Hilf ihnen, dass sie das wirklich Wichtige erkennen, und schenke ihnen erholsame Ferien!

○ Wir bitten für unsere Verstorbenen: Nimm sie auf in deine Herrlichkeit!

Gott, du unser Vater, in Jesus kommst du uns ganz nahe, und du kennst die Sorgen und Wünsche unseres Herzens. Darauf hoffen wir und dafür danken wir durch Christus, unseren Herrn.

GOTT SCHENKT IMMER WIEDER EINEN NEUEN ANFANG

Hos 11,1–9 (gekürzt); Lk 15,11–32

Einführung

Nach dem Urlaub und den Ferien haben wir wieder angefangen – mit der Arbeit, mit der Schule. Manche sind unter euch, die haben einen großen Anfang hinter sich: Unsere Erstklässler. Für sie beginnt ein großer neuer Lebensabschnitt. Wir wünschen ihnen und uns allen einen guten Anfang mit dem Segen Gottes.

Nicht immer kann man wieder neu anfangen. Manchmal ist etwas zu Ende, etwas ganz aus. Zum Beispiel eine Freundschaft. Manchmal kann man nicht mehr verzeihen. Dann ist es aus. Das ist so unter Menschen. Bei Gott ist es nicht so. Dazu hören wir heute eine großartige Geschichte von Jesus.

Kyrie-Rufe

Herr Jesus, du hast den Menschen immer wieder von Gott erzählt.

Herr Jesus, du hast gesagt, dass Gott immer wieder verzeiht.

Herr Jesus, du schenkst uns immer wieder einen neuen Anfang.

Gebet

Gott, du bist barmherzig. Immer wieder dürfen wir mit unseren Sorgen und Fehlern zu dir kommen. Schau uns freundlich an lass uns erfahren, dass wir bei dir geborgen sind, was immer geschieht. Das schenke uns durch Jesus Christus.

Hinführung zur Lesung

Die „Großen" unter euch haben es bestimmt schon einmal erlebt, dass eine Freundschaft in die Brüche gegangen ist. Ich meine jetzt, so richtig. Dass man mal streitet, ist ja ganz normal, und dann verträgt man sich wieder. Aber es gibt schon auch den Fall, dass es ganz aus ist, dass man nie wieder miteinander redet. In einer Zeitschrift habe ich gelesen, dass ein Junge seiner Freundin in einer SMS geschrieben hat, dass er jetzt mit ihr „Schluss macht". Ziemlich herzlos, nicht wahr? Und danach war wohl wirklich Schluss – und der Ofen aus.

Man kann als Mensch viel verzeihen, man kann immer wieder nachgeben. Und das muss man wohl auch – unsere Schulkinder (und vielleicht auch schon die Kindergartenkinder) müssen lernen, dass man sich nach einem Streit auch wieder vertragen kann, dass man sich versöhnt.

Aber je älter man wird, umso mehr Enttäuschungen wird man erleben, und irgendwann wird der Punkt kommen, an dem man nicht mehr verzeihen kann. So zerbrechen Freundschaften, Liebesbeziehungen, aber auch die Beziehung zwischen Eltern und (den jetzt erwachsen gewordenen) Kindern kann so zerbrechen.

Ich erzähle mal ein Beispiel: Ein Mann hat ein gut gehendes Unternehmen, eine Fabrik. Und er zeigt seinem Sohn, wie es geht, diese Fabrik zu leiten. Der Sohn ist ein kluger Kerl, er lernt schnell. Dann lässt sich der Sohn einen Teil des Unternehmens als Erbe überschreiben. Der Sohn ist noch erfolgreicher als der Vater – er macht ein Konkurrenzunternehmen auf und arbeitet gegen seinen Vater. Der Vater macht pleite – beinahe. Denn es dreht sich die wirtschaftliche Lage, wie das heute ebenso geht. Plötzlich ist das Unternehmen des Sohnes in den roten Zahlen und geht bankrott, während der Vater wieder gut da steht. Werden die beiden noch miteinander reden können? Wird der Vater verzeihen können, dass sein Sohn zu seinem geschäftlichen Gegner, zum Feind geworden ist? Vielleicht kann der Vater nie mehr verzeihen, und ich könnte das auch verstehen.

Die spannende Frage für mich ist, wie das bei Gott ist. Ist da auch irgendwann einmal der Ofen aus? Im Alten Testament wird die lange Geschichte des Volkes Israel mit Gott erzählt. Immer wieder hat

Gott den Menschen die Freundschaft angeboten. Gott hat sogar die Israeliten aus einer schlimmen Unterdrückung befreit. Da hätten sie eigentlich dankbar sein müssen. Aber was machen sie? Sie basteln sich selber einen Gott aus Gold. Sie vergessen die Freundschaft mit ihrem eigentlichen Gott. Und Gott ist sehr wütend und traurig über die Israeliten. So wütend und traurig, wie ihr Großen es seid, wenn euer Freund, eure Freundin „Schluss" macht. Oder wie der Vater, dessen eigener Sohn zum schlimmsten Konkurrenten wird. Irgendwann sind Menschen so wütend und traurig, dass nichts mehr geht. Und Gott?

Im Alten Testament ist Gott zwar zuerst zornig, dann aber verzeiht er den Israeliten immer wieder. Sie können immer wieder neu anfangen. Gott macht nicht „Schluss". Beim Propheten Hosea lesen wir:

Lesung
Hos 11,1–2a
Gott spricht: Als Israel jung war, gewann ich ihn lieb, ich rief meinen Sohn aus Ägypten. ²ᵃ Je mehr ich sie rief, desto mehr liefen sie von mir weg.

Hos 11,8a
Wie könnte ich dich aufgeben, Israel? Mein Herz wendet sich gegen mich, mein Mitleid lodert auf.

Hos 11,9
Ich will meinen glühenden Zorn nicht vollstrecken. Denn ich bin Gott, nicht ein Mensch, der Heilige in deiner Mitte. Darum komme ich nicht in der Hitze des Zorns.

Auslegung
Gott bleibt nicht zornig. Gott hat ein großes Herz, größer als das von Menschen. Die Kleineren unter uns kennen das von ihren Eltern (und die Größeren können sich hoffentlich erinnern): Wie ist das, wenn man etwas angestellt hat? Wenn man etwas zerbrochen oder kaputt gemacht hat, und man weiß genau, dass Mama oder Papa deswegen furchtbar wütend und traurig sind? Es gibt vielleicht ein Donnerwetter, großen Ärger – aber dann ist auch wieder Zeit zum Versöhnen, dann ist man wieder gut miteinander. So ist Gott auch. Und zwar immer. Und

immer wieder. Bei uns Menschen ist irgendwann Schluss. Bei Gott aber kann man immer wieder neu anfangen.

Deswegen, liebe Kinder und Jugendliche, ist es gut, wenn man nicht nur Menschen, sondern auch Gott zum Freund hat. Wenn ich das Gefühl habe, dass mich gar keiner mehr mag – dann weiß ich doch, dass Gott zu mir steht. Egal, was ist. Und wenn alle sagen, du hast keine Chance mehr – Gott gibt dir immer eine Chance. Und wenn die Menschen sagen: Es ist Schluss, du kannst nicht mehr neu anfangen – dann schenkt dir Gott einen neuen Anfang.

In den nächsten Tagen und Wochen wird hoffentlich vieles gelingen – aber es wird auch manches schief gehen, es wird Streit geben, Sorgen, Ärger. Da ist es gut zu wissen, dass wir im Zweifelsfall immer zu Gott kommen können und Gott unsere Sorgen sagen können. Gott jagt uns nicht fort, und wenn wir den größten Mist gebaut haben.

Da könnte man fast neidisch werden: Ich strenge mich an, ein guter Mensch zu sein – und der andere da, der gemein war und herzlos, der viel falsch gemacht hat, den nimmt Gott genauso an und verzeiht ihm? Ja, so erzählt es uns Jesus in seiner Geschichte, aber er sagt auch: Du brauchst nicht neidisch werden. Sei froh, dass Gott allen verzeiht und immer wieder eine neue Chance gibt.

Für euch Kinder ist „Freundschaft" etwas ganz Wichtiges; es ist großartig, einen Freund oder eine Freundin zu haben.

Ich möchte euch heute fürs neue Schuljahr mitgeben, dass ihr einen Freund im Himmel habt, auf den ihr euch immer verlassen könnt, und der nie Schluss macht: Gott.

Evangelium Aus dem heiligen Evangelium nach Lukas.
Lk 15,11–32 In jener Zeit sagte Jesus: Ein Mann hatte zwei Söhne. [12] Der jüngere von ihnen sagte zu seinem Vater: Vater, gib mir das Erbteil, das mir zusteht. Da teilte der Vater das Vermögen auf.

[13] Nach wenigen Tagen packte der jüngere Sohn alles zusammen und zog in ein fernes Land. Dort führte er ein zügelloses Leben und verschleuderte sein Vermögen.

[14] Als er alles durchgebracht hatte, kam eine große Hungersnot über das Land und es ging ihm sehr schlecht.

[15] Da ging er zu einem Bürger des Landes und drängte sich ihm auf; der schickte ihn aufs Feld zum Schweinehüten.

[16] Er hätte gern seinen Hunger mit den Futterschoten gestillt, die die Schweine fraßen; aber niemand gab ihm davon.

[17] Da ging er in sich und sagte: Wie viele Tagelöhner meines Vaters haben mehr als genug zu essen und ich komme hier vor Hunger um.

[18] Ich will aufbrechen und zu meinem Vater gehen und zu ihm sagen: Vater, ich habe mich gegen den Himmel und gegen dich versündigt.

[19] Ich bin nicht mehr wert, dein Sohn zu sein; mach mich zu einem deiner Tagelöhner.

[20] Dann brach er auf und ging zu seinem Vater. Der Vater sah ihn schon von weitem kommen und er hatte Mitleid mit ihm. Er lief dem Sohn entgegen, fiel ihm um den Hals und küsste ihn.

[21] Da sagte der Sohn: Vater, ich habe mich gegen den Himmel und gegen dich versündigt; ich bin nicht mehr wert, dein Sohn zu sein.

[22] Der Vater aber sagte zu seinen Knechten: Holt schnell das beste Gewand und zieht es ihm an, steckt ihm einen Ring an die Hand und zieht ihm Schuhe an.

[23] Bringt das Mastkalb her und schlachtet es; wir wollen essen und fröhlich sein.

[24] Denn mein Sohn war tot und lebt wieder; er war verloren und ist wiedergefunden worden. Und sie begannen, ein fröhliches Fest zu feiern.

[25] Sein älterer Sohn war unterdessen auf dem Feld. Als er heimging und in die Nähe des Hauses kam, hörte er Musik und Tanz.

²⁶ Da rief er einen der Knechte und fragte, was das bedeuten solle.

²⁷ Der Knecht antwortete: Dein Bruder ist gekommen und dein Vater hat das Mastkalb schlachten lassen, weil er ihn heil und gesund wiederbekommen hat.

²⁸ Da wurde er zornig und wollte nicht hineingehen. Sein Vater aber kam heraus und redete ihm gut zu.

²⁹ Doch er erwiderte dem Vater: So viele Jahre schon diene ich dir, und nie habe ich gegen deinen Willen gehandelt; mir aber hast du nie auch nur einen Ziegenbock geschenkt, damit ich mit meinen Freunden ein Fest feiern konnte.

³⁰ Kaum aber ist der hier gekommen, dein Sohn, der dein Vermögen mit Dirnen durchgebracht hat, da hast du für ihn das Mastkalb geschlachtet.

³¹ Der Vater antwortete ihm: Mein Kind, du bist immer bei mir, und alles, was mein ist, ist auch dein.

³² Aber jetzt müssen wir uns doch freuen und ein Fest feiern; denn dein Bruder war tot und lebt wieder; er war verloren und ist wiedergefunden worden.

Fürbitten

Unser Gott will der Freund aller Menschen sein und freut sich, wenn sich die Menschen ihm zuwenden. Wir bitten ihn:

○ Gott, steh allen Menschen bei, die sich von dir entfernt haben und nicht mehr dein Gebot der Liebe befolgen. Gib ihnen den Mut, wieder auf deinen Weg zurückzukehren.

Wir bitten dich, erhöre uns.

○ Gott, hilf uns, dass wir erkennen, wenn du uns vergibst. Gib uns Einsicht in unsere Fehler und lass uns deine große Geduld erfahren.

○ Gott, hilf allen Schulkindern. Stifte gute Freundschaften und hilf allen, dich als Freund zu finden.

○ Gott, unsere Verstorbenen sind schon in deiner Hand geborgen. Schenke ihnen das ewige Leben und stärke unsere Hoffnung.

Guter Gott, wir lassen uns immer wieder auf dich ein und wissen, dass wir nicht enttäuscht werden. Für jedes Zeichen deiner Nähe danken wir dir von Herzen. Amen.

GOTT „DANKE" SAGEN

Dtn 26,1–11; Lk 16,19–31

Einführung
An diesem Wochenende begehen wir das Erntedankfest. Die Ernte war zu allen Zeiten für die Menschen etwas ungeheuer Wichtiges: Ob sie gut oder schlecht ausfällt, entscheidet darüber, wie man die nächsten Monate überlebt. Daher ist die Ernte immer mit einem Fest des Dankes verbunden. Bei uns geht es nicht mehr ums Überleben – und schon fangen wir an, den Dank zu vergessen. Wir müssen uns wieder erinnern, woher alles kommt. Die kleinen Kindern lehrt man, immer „Danke" zu sagen, wenn sie etwas bekommen. Ich glaube, auch wir müssen wieder lernen, Gott „Danke" zu sagen.

Kyrie-Rufe
Herr Jesus, in dir wurde alles erschaffen, das Sichtbare und das Unsichtbare. – Kyrie eleison.
Herr Jesus, du hast den Menschen Brot gegeben und deinem Vater gedankt. – Christe eleison.
Herr Jesus, dein Heiliger Geist erneuert immerfort alle Schöpfung. – Kyrie eleison.

Gebet
Guter Gott, wir freuen uns über die Ernte des Jahres, über Körner und Brot, über Gemüse und Obst, über Trauben und Wein. Oft vergessen wir, woher wir das haben. Heute denken wir daran, dass du alles wachsen lässt. Wir danken dir für deine wunderbare Schöpfung, für unser tägliches Brot, für alles Gute, das wir erfahren dürfen. Gepriesen bist du, Gott, unser Herr, in alle Ewigkeit.

Hinführung zur Lesung
Dreimal spricht die Bibel vom Erntedankfest. So wichtig ist ihr das. Eine Stelle schauen wir uns genauer an. Der Text, den wir gleich hören, stammt aus dem Buch Deuteronomium, dem fünften Buch

des Mose. Zuerst wird gesagt, wie Erntedank gefeiert werden soll: Man soll Früchte in einen Korb tun und zum Priester bringen – wie es die Kinder heute tun! (Merkt ihr: Seit dreitausend Jahren machen das die Menschen so!) Dann aber soll man etwas sagen und bekennen. In diesem Bekenntnis, das eine Art Glaubensbekenntnis ist, wird die ganze Geschichte des Volkes Israel in wenigen Sätzen zusammengefasst. Der „heimatlose Aramäer", von dem da die Rede ist, ist der Vater Jakob – aus ihm wurde das Volk Israel in Ägypten. Es lebte dort in Unterdrückung und Sklaverei – Gott hat es befreit und in ein wunderbares Land geführt. Beim Erntedank wird also nicht nur für die Früchte gedankt, sondern überhaupt dafür, dass Gott bei seinem Volk ist, dem Volk beisteht, es aus schlimmen Notlagen rettet. Vielleicht haben auch wir schon mal erfahren, dass Gott uns aus einer Notlage gerettet hat, uns befreit hat – dafür können wir auch an Erntedank danken. Und jetzt hören wir den Text aus dem Buch Deuteronomium.

Vielleicht könnte man die folgende Lesung spielen: Ein Kind verkleidet sich „israelitisch" (z. B. mit einem großen Tuch zum Umhängen) und hat einen Korb. Während der Text vorgelesen wird, klaubt es einige Früchte symbolisch vom Gabentisch in den Korb und gibt ihn dem/der Leiter/in des Gottesdienstes. Den kursiven Text soll das Kind vorlesen. Den Schluss der Lesung übernimmt wieder der/die Lektor/in.

Lesung
Dtn 26,1–11

Lesung aus dem Buch Deuteronomium.
Wenn du in das Land, das der Herr, dein Gott, dir als Erbbesitz gibt, hineinziehst, es in Besitz nimmst und darin wohnst,
² dann sollst du von den ersten Erträgen aller Feldfrüchte, die du in dem Land, das der Herr, dein Gott, dir gibt, eingebracht hast, etwas nehmen und in einen Korb legen. Dann sollst du zu der Stätte ziehen, die der Herr, dein Gott, auswählt, indem er dort seinen Namen wohnen lässt.

³ Du sollst vor den Priester treten, der dann amtiert, und sollst zu ihm sagen: Heute bestätige ich vor dem Herrn, deinem Gott, dass ich in das Land gekommen bin, von dem ich weiß: Er hat unseren Vätern geschworen, es uns zu geben.

⁴ Dann soll der Priester den Korb aus deiner Hand entgegennehmen und ihn vor den Altar des Herrn, deines Gottes, stellen.

⁵ Du aber sollst vor dem Herrn, deinem Gott, folgendes Bekenntnis ablegen:

Kind	*Mein Vater war ein heimatloser Aramäer. Er zog nach Ägypten, lebte dort als Fremder mit wenigen Leuten und wurde dort zu einem großen, mächtigen und zahlreichen Volk.* ⁶ *Die Ägypter behandelten uns schlecht, machten uns rechtlos und legten uns harte Fronarbeit auf.* ⁷ *Wir schrien zum Herrn, dem Gott unserer Väter, und der Herr hörte unser Schreien und sah unsere Rechtlosigkeit, unsere Arbeitslast und unsere Bedrängnis.* ⁸ *Der Herr führte uns mit starker Hand und hoch erhobenem Arm, unter großem Schrecken, unter Zeichen und Wundern aus Ägypten,* ⁹ *er brachte uns an diese Stätte und gab uns dieses Land, ein Land, in dem Milch und Honig fließen.* ¹⁰ *Und siehe, nun bringe ich hier die ersten Erträge von den Früchten des Landes, das du mir gegeben hast, Herr.*
Lektor	Wenn du den Korb vor den Herrn, deinen Gott, gestellt hast, sollst du dich vor dem Herrn, deinem Gott, niederwerfen. ¹¹ Dann sollst du fröhlich sein und dich freuen über alles Gute, das der Herr, dein Gott, dir und deiner Familie gegeben hat: du, die Leviten und die Fremden in deiner Mitte.
Auslegung	Das Wichtigste steht am Schluss: Du sollst fröhlich sein und dich freuen über alles Gute, das der Herr, dein Gott, dir und deiner Familie gegeben hat, du,

die Leviten und die Fremden in deiner Mitte. – Wir wollen uns heute freuen über die Ernte des Jahres. Und wir wollen auch die „Leviten und Fremden" nicht vergessen – wer das ist? Das waren die Armen unter den Israeliten, die kein eigenes Land hatten und darauf angewiesen waren, dass sie etwas von den Erträgen der Ernte bekamen. Es gibt heute immer noch viele arme Menschen auf der Welt. Wir können nicht direkt von unseren Erträgen abgeben, wir müssen es über Geld machen – aber die Hilfe für die Armen soll nie vergessen werden, auch das ist ein wichtiges Thema der Bibel.

Wir haben einen Text aus der Bibel zum Erntedank gehört, und wir haben gesehen, dass wir – fast so ähnlich wie die Israeliten vor zwei- oder dreitausend Jahren – heute immer noch Erntedank feiern. Das ist gut so, und wir wollen heute auch befolgen, was wir am Schluss gehört haben: dass wir – mit unseren Familien – fröhlich vor Gott feiern.

Jesus erzählt heute im Evangelium die Geschichte vom reichen Mann und dem armen Lazarus. Ich frage mich, warum am Ende der Reiche so schrecklich bestraft wird – was hat er falsch gemacht? Man wird nicht deswegen bestraft, weil man reich ist. Wenn ihr genau zuhört, merkt ihr es: Der Reiche kümmert sich überhaupt nicht darum, dass da vor seiner Tür ein armer Mensch, Lazarus mit Namen, nicht einmal das Nötigste zum Leben hat: kein Essen, keinen Arzt für seine Krankheit. Der reiche Mann hat den armen Lazarus gar nicht sehen wollen, und er hat wahrscheinlich etwas gesagt, was unter den Kindern eine beliebte Wendung ist: „Ist mir doch egal". (Stimmt's, das sagt ihr oft, oder?) Jesus sagt: Es ist nicht egal. Dass der Reiche dem Armen nicht geholfen hat, ist ein Fehler, den der Reiche am Ende nicht wieder gut machen kann. Jesus will uns mit dieser Geschichte, die sehr gut zum Erntedank passt, daran erinnern, dass uns die anderen nicht egal sein sollen: die anderen, die nicht so viel haben wie wir, die etwas von uns brauchen. Wir Erwachsene müssen uns ernsthafte Gedanken darüber machen – gerade an Erntedank –, wie wir den Hungernden und Armen dieser Welt helfen können. Ihr Kinder sollt aufeinander achten, dass ihr helft, wo einer von euch Hilfe braucht. Das kann schon im Kindergarten losgehen. Und ihr könnt euch an Aktionen beteiligen, wenn Kinder für andere Kinder Geld sammeln, z. B. bei der Sternsingeraktion.

„Ist mir doch egal" – den Satz sollten wir alle streichen und nicht mehr verwenden: Wenn da einer ist, der arm ist und Hilfe braucht, dann darf mir das nicht egal sein.

Evangelium Aus dem heiligen Evangelium nach Lukas.

Lk 16,19–31 In jenen Tagen erzählte Jesus folgendes Gleichnis: [19] Es war einmal ein reicher Mann, der sich in Purpur und feines Leinen kleidete und Tag für Tag herrlich und in Freuden lebte. [20] Vor der Tür des Reichen aber lag ein armer Mann namens Lazarus, dessen Leib voller Geschwüre war. [21] Er hätte gern seinen Hunger mit dem gestillt, was vom Tisch des Reichen herunterfiel. Stattdessen kamen die Hunde und leckten an seinen Geschwüren. [22] Als nun der Arme starb, wurde er von den Engeln in Abrahams Schoß getragen. Auch der Reiche starb und wurde begraben. [23] In der Unterwelt, wo er qualvolle Schmerzen litt, blickte er auf und sah von weitem Abraham, und Lazarus in seinem Schoß. [24] Da rief er: Vater Abraham, hab Erbarmen mit mir und schick Lazarus zu mir; er soll wenigstens die Spitze seines Fingers ins Wasser tauchen und mir die Zunge kühlen, denn ich leide große Qual in diesem Feuer. [25] Abraham erwiderte: Mein Kind, denk daran, dass du schon zu Lebzeiten deinen Anteil am Guten erhalten hast, Lazarus aber nur Schlechtes. Jetzt wird er dafür getröstet, du aber musst leiden.

²⁶ Außerdem ist zwischen uns und euch ein tiefer, unüberwindlicher Abgrund, sodass niemand von hier zu euch oder von dort zu uns kommen kann, selbst wenn er wollte.
²⁷ Da sagte der Reiche: Dann bitte ich dich, Vater, schick ihn in das Haus meines Vaters!
²⁸ Denn ich habe noch fünf Brüder. Er soll sie warnen, damit nicht auch sie an diesen Ort der Qual kommen.
²⁹ Abraham aber sagte: Sie haben Mose und die Propheten, auf die sollen sie hören.
³⁰ Er erwiderte: Nein, Vater Abraham, nur wenn einer von den Toten zu ihnen kommt, werden sie umkehren.
³¹ Darauf sagte Abraham: Wenn sie auf Mose und die Propheten nicht hören, werden sie sich auch nicht überzeugen lassen, wenn einer von den Toten aufersteht.

Dankrufe

Der heutige Tag steht im Zeichen der Dankbarkeit Gott gegenüber. So bringen wir an Stelle der Fürbitten unseren Dank vor Gott. Wir rufen nach jeder Akklamation: Wir loben dich, wir danken dir.

○ Gott, du bist gut und beschenkst uns mit deinen Gaben. Nimm unseren Dank an: Wir loben …

○ Wir danken dir, guter Gott, für unser Leben, für Kraft und Gesundheit, für Phantasie und Kunstfertigkeiten, für unseren Verstand und unsere Lebensfreude.

○ Wir danken dir, guter Gott, für die Welt, in der wir leben: für die Rohstoffe aus der Erde, für die Schönheit der Natur, für Pflanzen und Tiere.

○ Wir danken dir, guter Gott, für die Früchte der Erde und der menschlichen Arbeit, für unsere Nahrung, für die Ernte dieses Jahres.

○ Wir danken dir, guter Gott, für die Gemeinschaft, für unsere Familien, für unsere Pfarrgemeinde.

- Wir danken dir, guter Gott, für dein Wort, für die Bibel, die uns von deiner Güte erzählt, wir danken dir für deine Gegenwart unter uns

- Wir danken dir, guter Gott, für deine Liebe, die du uns in deinem Sohn Jesus Christus gezeigt hast. Er schenkt sich uns in unseren Gaben von Brot und Wein.

Gott, du schenkst uns viel mehr, als unser Dank ausdrücken kann. Wandle unsere Herzen, damit wir nach deinem Plan die Welt gut gestalten. Amen.

MITEINANDER TEILEN (IST GAR NICHT SO EINFACH)

Lesung: Aus dem Leben des heiligen Martin;
Mt 25,31–40 (nacherzählt)

Material *Martinslaterne*

Einführung In diesen Tagen, genauer am 11. November, feier(te)n wir den Tag des heiligen Martin. Kennt ihr denn die Geschichte vom heiligen Martin? Wer von euch möchte sie mir erzählen? – Gut, überlegt mal, wir beten erst noch, dann könnt ihr mir die Geschichte erzählen.
Wir wissen, dass wir nicht immer richtig handeln. Die Heiligen, besonders der heilige Martin, erinnern uns daran, dass wir besser sein könnten. Daher rufen wir zu Jesus.

Kyrie-Rufe Herr Jesus Christus, die Heiligen sind deine besonderen Freunde
Herr Jesus Christus, der heiligen Martin hat deine Liebe den Menschen gebracht.
Herr Jesus Christus, in deinen Heiligen finden wir dich.

Gebet Guter Gott, wir feiern den Martinstag und freuen uns. Martin hat den Menschen geholfen, weil er zu Christus gehörte. Auch wir gehören zu Christus und wollen helfen. Gib uns, großer Gott, deinen guten Geist, der uns stark machen kann. Darum bitten wir durch Jesus Christus.

Hinführung zur Lesung
Wer möchte uns nun die Geschichte vom heiligen Martin erzählen? –

Kinder fragen

Das war schon sehr schön (?) – vielleicht hören wir es noch einmal miteinander, wie das mit Martin war.

Die folgende Lesung kann ein Kind aus der Grundschule (3./4. Klasse) vortragen; bitte erklären, dass Amiens „Amijah" ausgesprochen wird.

Lesung

Aus dem Leben des heiligen Martin.

Martin ritt zu der Stadt Amiens und wollte gerade in das Stadttor einbiegen – da sah er vor dem Tor einen Bettler sitzen. Der hatte nur Lumpenfetzen am Leibe und fror und hungerte. Martin mochte nicht mit ansehen, wie der arme Mann vor Kälte zitterte. Darum zog er das Schwert, nahm seinen roten Soldatenmantel und schnitt ihn mitten entzwei. Die eine Hälfte reichte er dem Bettler, die andere wickelte er sich um die Schultern. Ehe der Mann danken konnte, war Martin schon weitergeritten.

Auslegung

Wie geht es weiter? Nachts im Traum erscheint dem Martin Jesus – Martin erkennt ihn sofort, denn er trägt die Wunden an Händen und Füßen, die Jesus am Kreuz geschlagen wurden. Und Jesus hat den halben roten Soldatenmantel dabei, er sagt: Martin hat mich mit diesem Mantel bekleidet. Martin ist ganz verwirrt, und als er die Christen in der Gemeinde von Amiens fragt, sagen sie ihm: Was du für den armen Bettler getan hast, das hast du für Jesus getan. Martin wird nun Christ und gründet sogar ein Kloster. Weil er so überzeugend ist, wollen ihn die Leute in der Stadt Tours zum Bischof haben. So wird Martin zum Bischof von Tours und später zu einem Heiligen.

Was machen denn die Kinder am Martinstag? – Einen Laternenumzug!

Eine Martinslaterne mitbringen und anzünden

Und warum ziehen wir mit Lichtern durch die Nacht? Das ist eine schwere Frage. Der heilige Martin hat in einer dunklen und unsicheren Zeit durch seinen

Glauben und seine Hoffnung vielen Menschen das Licht gebracht. Und wenn wir an seine berühmte Tat denken, wie er da den Mantel mit dem armen Bettler teilte, geht uns auch ein Licht auf: So sollen wir es auch machen! Oft ist es mit dem Teilen aber gar nicht so einfach. Manchmal behalten wir lieber alles für uns. Oder wir geben nur das her, was wir sowieso nicht mehr brauchen – Altkleider zum Beispiel. Oder altes Spielzeug, mit dem wir nicht mehr spielen. Aber dem Banknachbarn die neuen Buntstifte mal ausleihen? Das fällt schon schwerer. Vielleicht geht es beim Teilen auch nicht immer um Dinge. Was könnte man noch miteinander teilen? Was könnte man noch von sich für andere hergeben? – Etwas von der eigenen Zeit. Manchmal müssten wir in der Familie bei etwas helfen, z. B. beim Aufräumen – aber wir spielen lieber für uns, wir sagen: Ich habe keine Zeit. Oder wir haben keine Lust, in die Chorprobe zu gehen – wir wollen die Zeit für uns selber haben. Manchmal tun wir etwas Gutes deswegen nicht, weil wir unsere Zeit nicht opfern wollen. Die Geschichte vom heiligen Martin lässt uns heute ein Licht aufgehen: Wenn wir etwas von unserer Zeit für andere hergeben – dann tun wir das für Jesus. Wenn ihr Kinder vom Chor und ihr Ministranten heute eure Sonntagszeit opfert – dann tut ihr das für Jesus. Wenn ihr euch Zeit nehmt, jemanden, der traurig ist, zu trösten – dann tut ihr das für Jesus. Wenn ihr jemanden besucht oder euch für sonst eine gute Sache einsetzt – dann tut ihr das für Jesus. Und Jesus wird sich das merken. Irgendwann wird Jesus uns dafür belohnen. Dafür steht der heilige Martin, und das hat uns Jesus auch versprochen.

Martinslied

Wir wollen hören, was uns Jesus heute, am Tag seines Freundes, des heiligen Martin, sagen will.

Evangelium
nach
Mt 25,31–40

Jesus sagt: „Einmal werde ich wieder auf die Erde kommen. Wenn ich wiederkomme, dann werde ich alle Menschen auf der ganzen Welt zu mir rufen. Alle sollen vor mir stehen. Dann will ich sagen: Kommt näher zu mir." Jesus wird viele, die da stehen, lieb anschauen und sie noch näher zu sich rufen. Er spricht: „Euch schenke ich die schöne, neue, heile Welt. Euch schenke ich das Reich meines Vaters. Bei euch will ich wohnen – bei euch will ich bleiben. Denn:
Ich hatte Hunger ihr habt mir zu essen gegeben.
Ich hatte Durst ihr habt mir zu trinken gegeben.
Ich hatte nichts anzuziehen – ihr habt mir Kleider gegeben.
Ich war krank – ihr habt mich besucht.
Ich war traurig – ihr habt mich getröstet.
Ich hatte kein Haus – ihr habt mich in eure Wohnung eingeladen."
Dann werden die Menschen, die Jesus bei seinen Worten angeschaut hat, verwundert fragen: „Wo haben wir dich hungrig, durstig, ohne Kleider, krank, traurig und ohne Haus gesehen?
Wann haben wir dir zu essen oder zu trinken gegeben? Wann haben wir dir Kleider oder eine Wohnung gegeben? Wann haben wir dich getröstet und wo haben wir dich besucht?"
Jesus wird antworten:
„Was ihr den Menschen gegeben habt, die ärmer sind als ihr, das habt ihr mir selbst gegeben.
In allen armen, hungrigen, kranken, traurigen, leidenden Menschen begegnet ihr mir."

Fürbitten

Am Fest des heiligen Martin rufen wir zu unserem Herrn Jesus Christus:

○ Für alle Christinnen und Christen: Herr, gib, dass sie sich von deinem Vorbild leiten lassen. – *Stille* – Christus, höre uns.

A   Christus, erhöre uns.

o Für alle, die sich für ihre Mitmenschen einsetzen: Lohne ihnen, was sie für andere an Gutem tun. – *Stille* – Christus, höre uns.

o Für die Armen und die Hungernden: Bewege uns dazu, mit ihnen zu teilen. – *Stille* – Christus, höre uns.

o Für unsere Pfarrgemeinde: Lass unser Leben ein helles Vorbild sein, das den Menschen leuchtet und sie zum Guten führt. – *Stille* – Christus, höre uns.

Großer Gott, du hast den heiligen Bischof Martin zum Vorbild für alle gemacht, die den Namen „Christen" tragen. Hilf uns, seinem Beispiel nachzufolgen. Darum bitten wir durch Christus, unseren Herrn.

Gabengebet Gott, unser Vater, wir haben die Gaben von Brot und Wein bereitet. Wir sagen dir, dass wir andern Menschen Freude machen wollen. Hilf uns immer wieder dabei. Darum bitten wir durch Christus, unseren Herrn.

Schlussgebet Guter Gott, mit unsern Lichtern feiern wir heute das Fest des heiligen Martin Wir danken dir, dass wir deine Gäste sein dürfen. Wir wollen unser Licht und unsere Liebe zu den Menschen bringen. Hilf uns dabei. Darum bitten wir durch Christus, unseren Herrn.

AUFERSTEHUNG DER TOTEN

Weish 3,1–5; Lk 20,27–38

Material *Werbeprospekt mit Grabschmuck*

Einführung Der November ist ein trüber Monat: Es wird sehr kalt, die Blätter fallen von den Bäumen, es gibt viel Nebel. In diesem Monat denken die Menschen besonders an ihre Verstorbenen; man geht auf den Friedhof. Warum wir das tun, darüber wollen wir heute nachdenken.

Bevor wir Gottes Wort hören und im heiligen Mahl an Jesus denken, wollen wir uns vorbereiten: Was ist in der vergangenen Woche nicht so gut gelaufen? Wo haben wir uns falsch verhalten? Wenn wir zu Jesus rufen, wird er uns vergeben.

Kyrie-Rufe Jesus, du gibst den Menschen Trost und Zuversicht. Jesus, du bist von den Toten auferstanden. Jesus, du willst, dass alle Menschen bei Gott ihren Frieden finden.

Gebet Großer und barmherziger Gott, wir gehören dir, du hast uns in deine Hand geschrieben. Halte fern von uns, was uns in Gefahr bringt, und nimm weg, was uns Angst macht. Darum bitten wir durch Jesus Christus.

Hinführung zur Lesung

Werbeprospekt mit1Grabschmuck mitbringen und ein kurzes Gespräch anfangen:

Wart ihr an Allerheiligen oder Allerseelen auf dem Friedhof? …

Warum schmücken die Menschen die Gräber ihrer Verstorbenen? …

Es gibt viele Gründe, die Gräber zu schmücken: Wir fühlen uns mit den Toten über den Tod hinaus verbunden, die Liebe zu ihnen hört mit dem Tod nicht einfach auf; wir wollen sie nicht vergessen usw. Bei all dem dürfen wir aber eines nicht vergessen: Wir glauben fest daran, dass unsere Toten nicht einfach „tot" sind, also weg, aus und vorbei. Wir glauben, dass die Toten auferstehen, dass sie jetzt schon bei Gott sind. Die „Auferstehung der Toten" ist auch ein Satz in unserem Glaubensbekenntnis, das wir nachher besonders aufmerksam miteinander sprechen werden. Ist eigentlich die „Auferstehung der Toten" eine Erfindung der Christen? Manche denken das. Aber schon bevor Jesus auf die Erde gekommen ist, haben die Juden den Glauben an die Auferstehung der Toten entwickelt. Das kam so: Immer wieder mussten Menschen erleben, wie andere Menschen, die ganz treu und fromm zu Gott und seiner Weisung gehalten haben, die sehr gerecht und gläubig gelebt haben und gebetet haben und auf Gott vertraut haben, viel zu früh verstorben sind: Sie sind schwer krank geworden und daran verstorben, oder es kam ein Krieg, in dem sie umgebracht wurden. So stellte sich die Frage: Kann Gott es zulassen, dass die Menschen, die so fest an ihn geglaubt haben, einfach im Staub vermodern, und das viel zu früh? Nein, Gott hält auch nach dem Tod zu ihnen, er nimmt sie zu sich auf. Die Menschen dachten damals oft, dass ein zu früher Tod eine Strafe und ein Unglück sei – aber der Glaube an die Auferstehung sagt, dass das Sterben eigentlich die Heimkehr zu Gott ist. Diesen Trost finden wir zum Beispiel im Buch der Weisheit im Alten Testament. Daraus hören wir nun ein Stück.

Lesung

Weish 3,1–5

Lesung aus dem Buch der Weisheit.

Die Seelen der Gerechten sind in Gottes Hand und keine Qual kann sie berühren.

[2] In den Augen der Toren sind sie gestorben, ihr Heimgang gilt als Unglück,

³ ihr Scheiden von uns als Vernichtung; sie aber sind in Frieden.
⁴ In den Augen der Menschen wurden sie gestraft; doch ihre Hoffnung ist voll Unsterblichkeit.
⁵ Ein wenig nur werden sie gezüchtigt; doch sie empfangen große Wohltat. Denn Gott hat sie geprüft und fand sie seiner würdig.

Überleitung zum Evangelium

Die Lesung spricht gar nicht von Tod und Sterben – sie nennt das Heimgang, Scheiden von uns, und sie redet von der Hoffnung auf Unsterblichkeit. Die Gerechten, die zu früh verstorben sind – Gott hat sie nicht bestraft, sondern zu sich in seinen Frieden geholt. So haben sich die Menschen getröstet, und das ist ein schöner Gedanke, der auch uns weiterhilft: Unsere lieben Verstorbenen sind nicht „weg" und im Unglück, sondern erleben ihren Frieden bei Gott.
Nicht alle haben das sofort geglaubt. Noch bis in die Zeit Jesu gab es eine Gruppe unter den Juden, die nicht an die Auferstehung der Toten geglaubt haben: die Sadduzäer. Jesus dagegen hat zusammen mit den anderen jüdischen Gruppen, z. B. den Pharisäern, an die Auferstehung der Toten geglaubt. Darüber streiten sich die Leute – und so kommen auch eines Tages die Sadduzäer zu Jesus und konstruieren einen völlig verrückten Fall: Sieben Brüder heiraten hintereinander die gleiche Frau. Immer wieder stirbt ein Bruder, ohne Nachkommen zu haben, und der jeweils jüngere Bruder heiratet die Frau. Schließlich stirbt auch der jüngste Bruder und dann auch die Frau. Preisfrage: Mit wem wird die Frau nach der Auferstehung der Toten verheiratet sein? Hören wir mal genau zu, was Jesus darauf antwortet!

Evangelium
Lk 20,27–38

Aus dem heiligen Evangelium nach Lukas.
Von den Sadduzäern, die die Auferstehung leugnen, kamen einige zu Jesus und fragten ihn:
²⁸ Meister, Mose hat uns vorgeschrieben: Wenn ein Mann, der einen Bruder hat, stirbt und eine Frau hin-

terlässt, ohne Kinder zu haben, dann soll sein Bruder die Frau heiraten und seinem Bruder Nachkommen verschaffen.

29 Nun lebten einmal sieben Brüder. Der erste nahm sich eine Frau, starb aber kinderlos.

30 Da nahm sie der zweite,

31 danach der dritte und ebenso die anderen bis zum siebten; sie alle hinterließen keine Kinder, als sie starben.

32 Schließlich starb auch die Frau.

33 Wessen Frau wird sie nun bei der Auferstehung sein? Alle sieben haben sie doch zur Frau gehabt.

34 Da sagte Jesus zu ihnen: Nur in dieser Welt heiraten die Menschen.

35 Die aber, die Gott für würdig hält, an jener Welt und an der Auferstehung von den Toten teilzuhaben, werden dann nicht mehr heiraten.

36 Sie können auch nicht mehr sterben, weil sie den Engeln gleich und durch die Auferstehung zu Söhnen Gottes geworden sind.

37 Dass aber die Toten auferstehen, hat schon Mose in der Geschichte vom Dornbusch angedeutet, in der er den Herrn den Gott Abrahams, den Gott Isaaks und den Gott Jakobs nennt.

38 Er ist doch kein Gott von Toten, sondern von Lebenden; denn für ihn sind alle lebendig.

Auslegung Habt ihr gehört, was Jesus geantwortet hat? Mit wem wird die Frau nach der Auferstehung der Toten verheiratet sein? Falsche Frage, sagt Jesus. Nach der Auferstehung der Toten lebt man in einer anderen Welt, in der nicht geheiratet wird. Manche Menschen stellen sich nämlich die Auferstehung wie eine bloße Verlängerung dieses Lebens hier ins Unendliche vor – das wäre schrecklich: man müsste unentwegt lernen, zur Schule gehen, arbeiten – ewig. Furchtbar. Nein, das Leben nach der Auferstehung bei Gott ist ganz anders. Wie genau, das wissen wir nicht. Die Lesung sprach von Frieden und „in Gottes Hand sein". Mir reicht das schon, mehr will ich jetzt gar nicht wissen.

Ich vertraue darauf, dass mit dem Tod nicht alles aus ist, sondern dass danach Gott auf uns wartet und in seiner Hand geborgen hält. Die jedenfalls, die Gott für würdig hält. Hoffen wir darauf, dass wir dann dabei sind, und leben wir froh und gerecht aus dieser Hoffnung heraus. Wir sprechen jetzt unser Glaubensbekenntnis – und denken dabei besonders an den Satz: Ich glaube ... an die Auferstehung der Toten und das ewige Leben.

Glaubensbekenntnis

schließt sich an.

Fürbitten Jesus hat uns Gott als den Gott der Lebenden und des Lebens vorgestellt. Ihn bitten wir voller Vertrauen:

○ Wir bitten dich für alle, die dein Wort verkünden und die Menschen lehren: Herr, lass sie glaubwürdige Zeugen sein.

Wir bitten dich, erhöre uns.

○ Wir bitten dich für alle, die nicht glauben können und keine Hoffnung mehr haben: Lass sie Trost finden.

○ Wir bitten dich für alle Kinder, die unter Ungerechtigkeit leiden und in schlimmen Verhältnissen leben: Schenke ihnen eine gute Zukunft.

○ Wir bitten dich für unsere Verstorbenen und alle, die um einen lieben Menschen trauern: Schenke ihnen die Gewissheit des Friedens bei dir.

Guter Gott, du bist der Gott des Lebens, auf dich vertrauen wir – heute und auch in der Zukunft. Amen.

BIBELSTELLENREGISTER